散户可以打败庄家　行情可以有效预测

一个农民的
亿万传奇

1年半从5万到1.2亿的财富故事

真人真事　刷新金融投资市场盈利倍数

傅海棠◎口述　沈　良◎主编

Individual investors can beat the dealer
The market can effectively predict

A Farmer's Hundreds of Millions of Wealth Legend

中国经济出版社
CHINA ECONOMIC PUBLISHING HOUSE
北京

图书在版编目（CIP）数据

一个农民的亿万传奇/沈良主编；傅海棠口述
—北京：中国经济出版社，2013.4（2025.12 重印）
ISBN 978-7-5136-2268-4

Ⅰ.①一… Ⅱ.①沈… ②傅… Ⅲ.①期货市场—投资—经验—中国 Ⅳ.①F832.5

中国版本图书馆 CIP 数据核字（2013）第 017534 号

责任编辑 叶亲忠
责任印制 李　伟
封面设计 久品轩

出版发行 中国经济出版社
印 刷 者 河北宝昌佳彩印刷有限公司
经 销 者 各地新华书店
开　　本 710mm×1000mm 1/16
印　　张 16.5
字　　数 260 千字
版　　次 2013 年 4 月第 1 版
印　　次 2025 年 12 月第 28 次
书　　号 ISBN 978-7-5136-2268-4
定　　价 36.00 元
广告经营许可证 京西工商广字第 8179 号

中国经济出版社 **网址** www.economyph.com **社址** 北京市东城区安定门外大街 58 号 **邮编** 100011
本版图书如存在印装质量问题，请与本社销售中心联系调换（联系电话：010-57512564）

前 言

作为一个基层出身的个人投资者，我本不想出书，也不奢望出书。但从 2011 年以来，越来越多的朋友建议我把自己的投资经历、投资感悟、期货故事用出书的方式写出来和大家分享。我推托好几次，但似乎越是推托，建议的人越多。

于是，我就想，如果自己的投资经历、投资理念、分析方法、操作方法，能给大家带来一些帮助，那么出一本书就有个落脚点，有一点价值，也算是给朋友们一个交代。

但我自己文化水平有限，不善写作，如何才能成书呢？说来也巧，刚好在我出书的念头定下来之时，在普陀山认识了金融作家、七禾网的创始人沈良。我和他算是有缘分的，我的很多观点他都认同，我有一些观点、道理、逻辑，说出来很多人都听不懂但他就能听懂，他关于投资和宇宙的观点我也十分欣赏，所以我们之间互相有点相见恨晚的感觉。

2012 年 4 月底，我去杭州办事，沈良先生送给我一本他新出版的《时间财富》，看着他写的书，又从朋友处得悉他已经出过十来本书，我突然觉得或许他能帮我完成出书一事，便和他提及此事，没想到他也有此意，于是我们决定用“傅海棠口述、沈良主编”方式完成此书。我们商量后，决定用第一人称的方式书写，以此表明该书记录的事件和观点源于“傅海棠本人”的经历和总结。

在全书创作的过程中，我只是负责把自己有代表性的经历和主要的投资观点说出来，而沈良先生则进行了后续的大量工作，从记录到整理，到逻辑梳理，再到编辑成书，工作量很大，但却在较短的时间内完成了，真是难为了他，在此我真要由衷感谢沈良先生！

做期货是很难的事情。行情千变万化，我曾被它那涨涨跌跌的图形所迷惑，也被它的“高杠杆赚大钱”、“炒短线赚快钱”所诱惑，在期货市场足足煎熬近十年，多次感受从天堂直接坠落到地狱的极大痛苦，直到满心伤痕、暗自流泪却依然无法成功。

做期货又是很简单的事情。行情纵使千变万化，我却能透过它的现象看价格波动的本质动力。一个品种上涨或下跌，不是画线画出来的，而是其基本面供求力量推动的，供求力量的博弈和动态平衡的实现是价格运行的本源所在，全面深入研究供求关系就是期货交易的成功路径。期货市场是人类的金融游戏，人类生活在地球上，地球存在于宇宙中，期货市场的运行必然受宇宙规律的支配，明白了宇宙的核心规律便能解开期货之谜。

期货市场的魅力极大。我就是一个沉迷其中不能自拔的交易者，它给了我其他行业不可能给予的自由，而且它所给予的自由是全方位的，财务自由只是常人的说法，我更多感受到的是思想的自由和时间的自由。我想这个市场还将继续吸引众多向往自由的人群进来参与，我希望越来越多的参与者能够洞悉期货市场的本质规律，价格运行的本源动力。

在 2009 年、2010 年，我仍认为自己做期货的方法是“独家秘密”，不打算说给任何人听，后来出来和朋友们交流多了，自己也学到了很多东西，也就慢慢改变了原有的想法。而如今，既然要把“秘密”说出来了，我就希望能说透，不然对不起别人，也对不起自己。

本人语言表达能力不太好，有些事情虽然心里非常明白，但就是说不太清楚，另外经历过的某些事情、场景、地点等，也可能因为时隔太久而记忆模糊了，因此在书中有些不周全、不清晰，甚至是错误的地方，还请各位读者谅解，同时，也希望大家能指出我的错误。

我个人的经历未必给每个投资者带来启发，我的个人观点亦有较多值得商榷之处，该书的出版，应有不尽人意的地方。但它若能给读者在投资方面、处事方面一点参考，便是我莫大的开心。总之，出书已是冒昧之事，希望大家多多批评指正。

傅海棠

2013 年 1 月

目 录 CONTENTS

天下大势，浩浩荡荡，顺之者昌，逆之者亡。

——孙中山

大势是天定的，人只能顺势而为。

——傅海棠

宇宙永恒，天道平衡，变化循环，持续发展。

——傅海棠

洞悉市场运行的规律，财富将滚滚而来。

——沈良

“天”是宇宙，同时也是宇宙运行的必然规律。

“天”是不以人的意志为转移的大势，也是大势的运行方式。

“天”在不断变化，但它的变化是有规律的，并且是有迹可循的。

“天”是经济运行的本质规律，“天”是行情运行本质规律，“天”是已然存在供求关系。

“天”是强大的客观，“我”是渺小的主观。

“我”必须顺从“天”，才能得“势”。

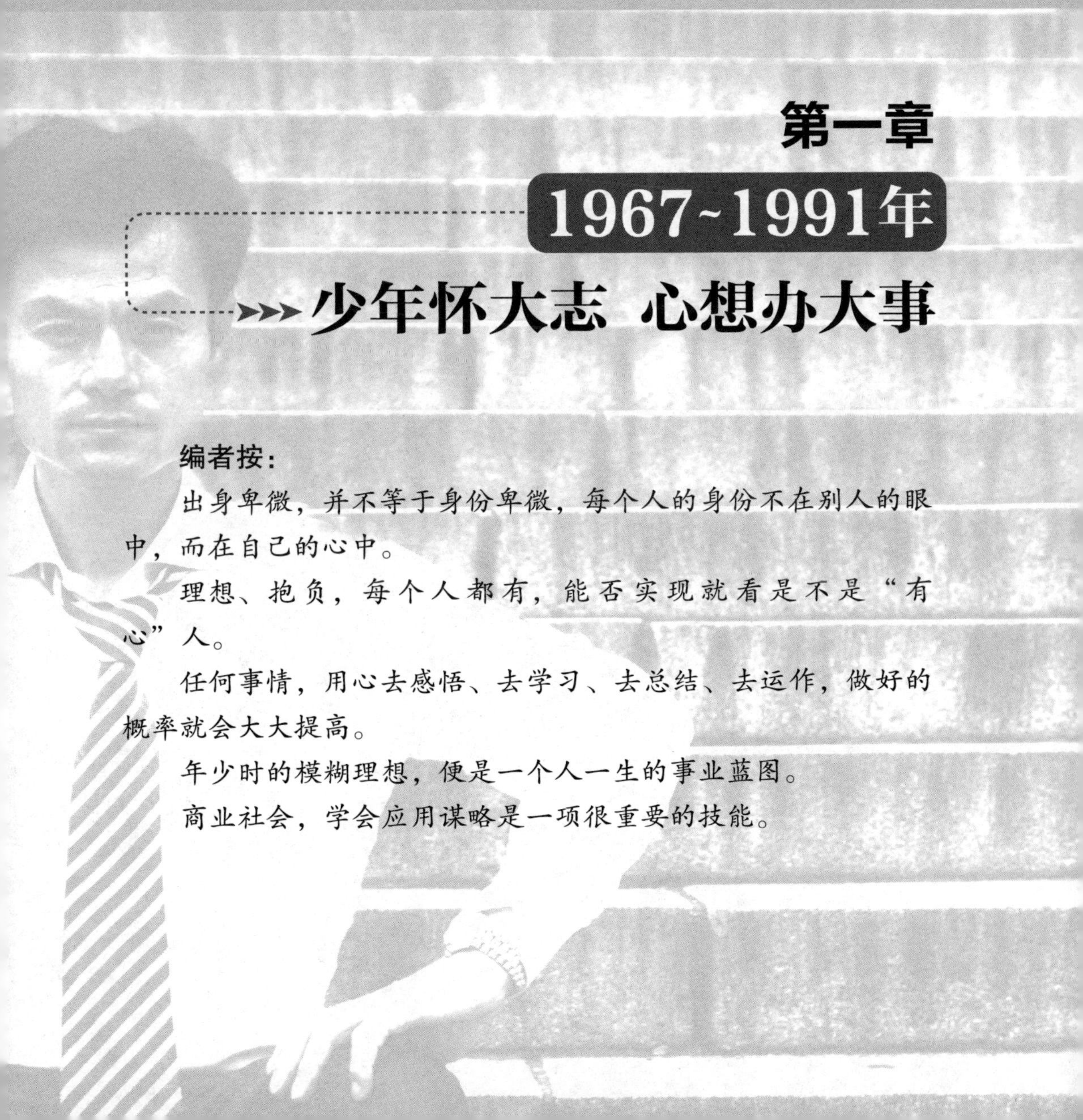

第一章

1967~1991年

少年怀大志 心想办大事

编者按：

出身卑微，并不等于身份卑微，每个人的身份不在别人的眼中，而在自己的心中。

理想、抱负，每个人都有，能否实现就看是不是“有心”人。

任何事情，用心去感悟、去学习、去总结、去运作，做好的概率就会大大提高。

年少时的模糊理想，便是一个人一生的事业蓝图。

商业社会，学会应用谋略是一项很重要的技能。

生于山东农村 从小木讷 但爱学习

我生于1967年，是山东省济宁市嘉祥县付庄村人，在家里排行老大，还有一个弟弟，两个妹妹。我以前是一个地地道道的农民，亲过土，种过地，养过猪，有些人对自己的农民身份是不齿的，而我却感到骄傲。农村的广袤大地所能教给我的生存技能、交往艺术、生活智慧、投资方法和哲学思想，拥挤和世俗的城市根本不可能教会我。我一直以我的农民身份为荣。虽然我现在生活在城市，但农民是我最质朴、最本源的身份，我一辈子都喜欢这个身份。

我十来岁的时候，感觉自己和同学、伙伴们相比，是比较傻、比较呆，或是比较另类的，似乎有点像《射雕英雄传》里面的“郭靖”。

和同伴们一起玩的时候，他们说到一个词，我不知道是什么意思，可是他们都知道，只有我一个人是“另类”，所以常被玩伴们取笑。我也觉得自己就是比他们笨，智慧不如别人。

慢慢地，我不敢在公开场合说话，因为一说话就是错的，就是跟不上“潮流”的，甚至见人都会脸红，走路不敢抬头。

不过，我内心是个不服输的人，我不喜欢自己那样的状态，我想要比其他小伙伴更优秀，更善于交流，更被别人认可。于是，我默默地观察、学习和模仿我所“仰慕”的大人们的言行举止。比如，我去留意他们见面第一句话怎么说的，“你们家的收成怎么样啊？今年种了几亩地啊?”，一听到这些“有用”的开场白，我就暗暗记下，并告诉自己千万别忘了，以后自己也可以用。就这样我不断学习、模仿，不断体悟、提高，到了我成家立业的年纪时，似乎自然而然都能熟练应用了，村里人也都说我为人大方、处事贴切了。

我喜欢和老年人沟通，用心向他们学习，因为很多的人生经验和生存技能是他们几十年的生活感悟和成败总结，是他们人生的精华所在。向老年人学习，不管是成功的经验还是失败的教训，对年轻人来说都有莫大的帮助。对善于学习、善于吸取经验的人来说，向老年人学习，可以少走很多弯路，成长速度相对快一点，错误少犯一些。

记得在七八岁时，我听到了司马光的故事，说他从小就是个有心人，擅于思考，懂得向身边的大人学习。在他小的时候有一次和小朋友们一起玩，有一个小朋友不小心掉进了水缸，大家都急得不知该怎么办，司马光却非常镇定，抱起石头砸破了水缸，救了那个小朋友。听了这个故事之后，**我突然有所领悟：要做成事，要有所成就，就必须做一个有心人。**所谓的有心，就是指平时看到、听到一些有用的或有启发的事情，就用心去学习、领悟、总结、应用。

一个人是不是一个有心人，在七八岁的时候就会有所体现，就会在他的学习态度、处事方式上表现出来。主动地、持续地、充满热情地向生活学习，向身边的“智者”、“能人”学习，并不断地自我反思、自我总结，从自己和别人的经验教训中成长，这是有心人在学习进步方面的重要特征。

小时候，我从老年人身上学到不少东西，树立了较多的处事原则，很多当年学到的、总结的处事方式到如今也是适用的，比如“己所不欲勿施于人”就是我小时候就确立直到现在也在运用的处事理念。我从小喜欢听老年人讲话，喜欢和他们聊天，反而不太喜欢和小伙伴们玩耍，直到现在我和同龄人的共同语言也比较少（反而和比我年长很多、比我年轻很多的“有缘人”有着说不完的话题）。

我从十几岁开始，出门从未被偷过东西，因为我听村里的老人讲过出门要怎么防备，身上带着钱，在表情上、语言上、行动上要怎么表现才能不被“贼人”关注。比如坐公交车，人多的时候别着急上车，让别人先上车，自己最后一个上，用“你挤我退”的方法，不给“贼人”动手脚的机会。多年来，我出门在外也从未中过坏人们骗人的圈套，那时骗子比较多，什么翻牌的、套圈的、撒瓜子的、丢人民币的（一捆假钱，骗你说捡到了钱一起分）、利用健力宝易拉罐中大奖的等。因为我经常听老人讲“想巧就有拙”、“天上不会掉馅饼”、“没有免费的午餐”、“为人不图三分利，没人起个早五更”、“害人之心不可有，防人之心不可无”、“从北京到南京，买的没有卖的精”……从老人身上学到的智慧确定了我辨别是非的能力和标准。

在我十五六岁初中还没毕业时，我会攒钱到新华书店和书摊上买书看。那时很多同龄人喜欢看故事书、小说，我则喜欢看一些知识性的书，特别是农业方面有针对性的书。这些书有的是关于种植、养殖的，比如小麦、玉米、大豆的种植，或是养猪、养鸡、特种养殖等，也有关于天气、农谚的书。我一般一个晚上不睡觉，十来个小时就能看完一本。这些书对我以后种大蒜、养猪、做期货投资都很有帮助。

我岳父是个懂天文、历史的人，在第一次见他之前我留了个心，在几天时间内看了好几本历史方面的书，这样和他聊天才会有共同语言，才能获得他的好感。我正因为知道自己笨，才迫使自己提前准备、提前学习，从而养成了学习的习惯、养成了把事物研究透彻的习惯，这对我以后的生活、性格、处事、做生意、做投资等都有很大的帮助。

父亲对我的影响

在我的心目中，父亲是个能人，他在村里和周边小范围地区有着很好的声望，大家都愿意和我父亲聊天，遇到事情愿意听我父亲的意见，做生意愿意和我父亲合作。

在我的记忆中，父亲很早就开始“做生意”了。在五六十年代，他就贩过鱼、宰过羊（我从小没少喝羊架汤），后来就去做贩卖皮毛、买卖金银器等生意。

父亲是一个非常勤劳、很能吃苦、敢于闯荡的人，在他同辈人当中，算是出去闯荡比较多的了。父亲除了把地种好，还有一定的生意头脑，很多“商机”他总能先人一步看到，并且敢想敢做。父亲也非常节俭，能花一块钱办的事情，绝不会花两块钱，能自己做的事情，绝不会花钱请人做，我们一家在父亲的“经营”下，生活水平上在村里算是比较领先的。

父亲这一代人，是伟大的。在国家苦难的时候，他们默默地自我坚强，在国家需要发展的时候，他们辛苦劳作，为国家创造财富。在他们的心目中，劳动创造是光荣的，好逸恶劳是可耻的。他们为这个国家付出了很多，但却没有过分的要求，甚至连一些合理的要求都不会向政府提出，他们只是默默耕耘，至于回报，能有一些就满足了。他们的劳作，几乎是停不下来的，如今（2012年）父亲已经70多岁了，还在干活。

父亲对我的影响是很大的，我的生意思维、勇敢果断都是从父亲身上耳濡目染学到的。只是父亲的节俭我没有继承，在父亲眼中我是一个花钱大手大脚的人，为此父亲经常会“教训”我。

我感觉自己从小就有“善于投资”思想，能花一个小时就做好的事情，就不愿意花两个小时；能花点小钱请别人做好的事情，就不愿意自己做；能不通过劳动只通过投资买进卖出就赚到钱的事情，就不愿意用劳动去换取财富。在父亲眼中似乎我不愿意好好“干活”，有时候他会说我生性懒惰，认为我不脚踏实地。我的“投资思想”和“投资行为”，父亲是看不惯的，他经常会反对我的一些“不务实”的想法和做法。

我是一个好自己做主的人，父亲也是一个喜欢做主的人，这一点我是从父亲身上遗传的。但两个喜欢自己做主的人在一起，就难免会有点小矛盾。我做的某件事情如果他看不惯，可能会教训我。

不过，总体上父亲还是开明的。我很感谢父亲给了我自由思考的环境，让我拥有自己的思想和价值观，很感谢父亲给我相对自由的空间，让我做自己认为对的事情。

在意见不合时，父亲会和我争论，甚至明确反对我，但这些都只体现在语言上，一旦我决定要做的时候，他还是会支持的，至少不会在行动上干预我、反对我。

父亲口中的韩信　给我很多启发

父亲这个人是个朴实、沉稳的人，他只是闷头做实事，很少和我聊聊天、讲讲故事，但还是给我讲过一个关于韩信的故事。

后来我长大了，对楚汉相争时期的韩信有了进一步的了解，知道父亲给我讲的这个故事多半是后人杜撰的，不过我没有去深究，因为一个历史人物的故事的意义在于它能给后人多少启发，而不是它的真假程度。

父亲说，韩信小时候生活在一个大家庭，他们家地有千顷、楼有百间、银子压塌了楼板、骡马成群（意思是说韩信家是大户人家，家大业大，有很多财富）。在韩信“高不过膝、粗不过掐、黄皮寡瘦、抠了着个眼”的时候（这是夸张的说法，说的是在韩信年纪很小的时候很瘦弱），就很聪明、很有智慧。

有一次丫鬟叫他吃饭，他不吃，躺在床上。丫鬟叫不起来，就去禀告他父母。父母叫他，他还是不起。父母就问他“为什么不吃饭?”他说“让我吃饭也可以，得让我当家一年”。

父母听了，心想“这小孩，又瞎闹了”，以为他在玩耍、胡闹。

可韩信说“不让我当家，我饿死不起!”，父母看他是认真的，怕他饿坏了，又是家里唯一的男孩，也就答应他了，想着家里反正有钱，一年当家当坏了也损失不了多少，无大碍。

韩信就真的当起家来了。到了开春种地的时候，管家问：“小少爷，咱今年地里种什么呀?”

韩信答：“种黍子。”

管家又问：“种多少啊?”

“所有的地全部种上!”

管家心想“这小孩当家，尽会胡闹”（黍子这个作物单产低，只是在一些地力不好的地块稍微种一些，当做杂粮，换换口味）。

不过既然老爷已经允许他当家了，也拿他没办法，管家只好让雇工们把所有的地都种上了黍子。

黍子种上后，他不让家里的雇工们下地干活，进行田间管理，却让他们去喝茶，到树荫下休息。

浇水、除草等下地劳动的事情，韩信全部让家里的小姐、姑娘们去干，不去干活就不让吃饭，还得挨罚。小姐、姑娘们心里对他是咬牙切齿“你这小鬼，发神经，整我们干嘛!”。村里的人也都笑话韩信。这让家里的大人们哭笑不得，搞不懂他想干嘛，对他的做法都无法理解，但因为答应让他当家在先，也只好由他了。

小姐、姑娘们原本一个个不下绣楼、细皮嫩肉，哪里经得起风吹日晒，没过几天，一个个脸上都晒得崩起皮来。一两个月后，她们都变成了又黑又瘦的“丑小鸭”。

到了秋天，黍子收获的季节。朝廷发下榜文，比往年高了很多的价格大量收购黍子，民间的黍子价格涨了好几倍，韩信家由此赚了不少钱。这时人们开始对韩信有点佩服了，“这小孩真神，他怎么知道朝廷会收黍子，黍子会涨价啊?”

过了一段时间，朝廷派人来选美，到了韩信家，一看家里的小姐、姑娘们一个个又黑又瘦、都不美，一个也没被选上。

话说当时的皇帝是个昏君，喜欢在旱地上放黍子，然后在黍子上面走船玩，选美过去的女孩有的拉船，有的陪他玩，他喜怒无常，很多女孩都受罚、受罪。这下韩信家的小姐、姑娘们开心了，多亏韩信让她们躲过一劫。人们都说韩信能掐会算，对他佩服得五体投地。

又过了一段时间，韩信当家的事情越传越远，有一天传到了朝廷，皇帝一听，这小子厉害大了，我心里想的他提前全知道了，这还了得，要是他长大了造反怎么办，我不是他的对手啊！于是派了一员大将去杀韩信。这大将就骑着大马、拿着大刀来找韩信了。

有一天，韩信起床后，走到父母身边，给父母跪下磕头，说，“我以后不能在二老身边行孝了，你们要多多保重，我要走了。”

父母追问原因，韩信摇头不语，只是说，“你们别担心我，也不要打听我的去处，我没事。”父母不知为何，也舍不得他走，但是“管不住”他，只好由他走了。

大将到韩信家，一看韩信已经逃走了，就马上去追他。韩信还小，跑不快，眼看就要被大将追上了。于是他心生一计，在一个坟头下边拉了大便，还在大便边上撒了一泡尿，然后头枕着大便，脚搭着坟头，头朝下，脚朝上，睡了。

大将追上了韩信，一看，原来是个傻子，杀他何用，传言不实。就决定不杀了，走了。

大将回朝廷复命，军师说，“你被韩信耍了，这是他的计谋，现在你赶紧去，这次一定要把他杀了”。

韩信知道大将又来追杀他了，逃到大江边的一颗大树下时又心生一计，咬破手指，在这棵大树上用血写下“某某死于此树下”，树下有很多蚂蚁，蚂蚁过来吃血，爬满了这些字。

韩信找了一条小船，过江而去。

大将到这棵树下，看到很多蚂蚁，而且这些蚂蚁刚好排成了“某某死于此树下”，心想韩信应是上天指派的人物，现在上天要我死，天命不可违，我就死吧。于是就拔剑自杀了。

可能有些朋友会觉得这个故事很荒诞（估计父亲也是听说书的人说的），但它却给了我很多的启发，故事中韩信的智慧如此之高、预测如此之准，真是神奇。这个故事对我人生的指导、投资的指导也有一定的意义。韩信有很多方面都值得我学习，通过这个故事，**我为韩信总结八点：第一是熟悉环境，第二是了解对手，第三是用心观察，第四是准确预测，**

第五是巧用谋略，第六是沉着应对，第七是临危不乱，第八是进退自如。

人小胆大收黄金

我小时候不聪明，学习成绩不好，1985年八年级后（当时小学五年制、初中三年制，八年级念完即初中毕业），没有考上高中，又是在农村，也就没有再读书了。

我在念初中时，家里做买卖金银器的生意（改革开放后，银行需要金银，而百姓则有了做生意的许可和勇气，便把家里藏着的银币、银器、首饰等卖出去，获得一点收入用以改善生活或投入生产、生意），父母把银器从周边的农户手中收购起来，卖给银行。记得当时质量、含量不等的银器只有30元~100元一斤。

因为家里做金银器买卖，我从小就对金、银、铜、锡等比较懂，一般拿在手里看一看、捏一捏，掂量一下，就知道真假和大概的成色。

父母经常会出去收购金银器，很多时候，放学后就我一个人在家。父母做金银器买卖的生意在我们村和周边地区算是比较出名的，所以也有一些上门客户带着家里的金银器"慕名而来"，放学后我就在家里接待客人，有时候也就自己做主收下一些金银器。

我虽不聪明，但从小就是个有主见的孩子，也喜欢做生意，感觉在父母的熏陶下，在自己的学习、模仿和摸索中，有了点生意头脑、有生意敏感度，也由此，我对有把握的事情会充满自信，甚至过于"大胆"。

有一天，父母都出去了，我刚好放学在家（初中），李屯村来了一个卖"金克子（音）"、"银垛子（音）"的人，所谓的金克子就是一小两（十六两一斤，31.25克等于一小两）一个小金元宝，所谓的银垛子就是各种式样的银块。那个金银贩子因为知道我家是做金银器生意的，主动找上门来推销。

当时我十六七岁，一个人在家，既然这个金银贩子来了，我就招呼他。我手里拿起他想要卖给我们的金克子，看一看成色，掂一掂分量，摸一摸质感，我就知道这是真的金子。于是就和他谈价格，谈了一个比较合适的价格，我就自己做主买下了。

这个金克子，重一小两，就是31.25克，按照现在的黄金价格，要上万块钱，当时只要几百块，但即便是几百块也是一户普通人家一年的收入，我一个“小孩”就做主把它买下了，还真让那个金银贩子吃了一惊。

我当时为什么敢买下这个金克子，一方面是因为家里本来就是做金银器生意的，常看常摸，也就知道真假了，之前父母在整理、处理金银器的时候我经常在一边看着或者帮忙；第二方面我还算比较好学，特别是和“做生意”有关系的事情，我很愿意学，父亲做了多年小生意，我也跟着学了不少“商业知识”、“交易逻辑”和“谈判技巧”；第三方面，我觉得可能也有一点自信的因素，甚至是自负或者说是虚荣心的影响，我想证明自己是有能力辨别真假、有能力谈价格、有能力做生意的人。

父母回家后一看买的是真的金克子，价格也合适，就没说我什么。

不过我后来想想这个事情，是稍微有点后怕的。如果当时买的是假货，会给家里造成不小的损失，估计要被父母大训一顿。

买卖银器比年长者做得好

我初中毕业的时候，改革开放的春风已经从城市吹到农村，当时的社会，工作机会变多了，人们的消费理念也在悄然发生变化。当时正处在商品奇缺的阶段，几乎贩卖任何商品都能赚钱，如今很多的知名企业家，都是从那会儿的摆地摊、贩小货开始的。而我，一个刚刚从学校走出来的“毛头小伙”，在父亲的熏陶下，在自己“商业理想”的引领下，也成了“小贩大军”的一员，开始了我至今都历历在目的“商业旅程”。

初中毕业后，我就骑着自行车，和父亲的两个朋友，三个人一起出去做收购银器的生意。当时，父亲还不放心我一个人出去，一方面怕我涉世未深被人哄骗，另一方面也担心我的人身安全，所以和两个朋友商量了带我一起出去，这样好有个照应，也希望我多向长辈们学点东西。

但收银器的事情，虽说是两个长辈带我出去的，实际效果却是我做得更好一些。每次出去，似乎我的收获要比他们多一些，收到的银器质量也要比他们好一些。这可能是我家里原本就是做金银器生意的，我跟着父亲学习摸索，有了一点基础；第二我肯吃苦，他们跑 10 公里，我愿意跑 20 公里，他们拜访 100 户人家，我愿意拜访 200 户人家；还有我的胆子比较大，主见也比较大，自己心里确定了，就敢尽快做主把生意做成；另外就是我比较用心，和别人谈生意讲策略，人多的时候，我就先发一圈烟，然后再和卖家谈价格，这样生意容易谈成，人容易站在我这一边，帮我说好话，哪怕不说坏话也好，不然人多嘴杂，说什么的都有，一句不好的话我的生意可能就吹了。

收银器的一年时间里，我骑着自行车几乎走遍了周边的乡镇，也去过曲阜、临沂等地。刚好那个年纪是长身体的时候，经常骑自行车几个小时也算是锻炼了，这也为我虽然不算高大却比较健康的身体打下了基础。

我记得在山东曲阜收到过一个德国老怀表，这块表有个银链子，表的里外也有银，德国货的质量就是好，我估计那东西有年头了，还在正常走字，当时我一眼就看上了，摸在手上就知道是真的，就和卖家谈价钱，最后几块钱就买进了，卖出的时候赚了不少钱。

我还记得当时卖过手镯，是铜镀银的，很受农村妇人的欢迎。

关于买卖金银器，还有一件说得上危险的事情。

由于各地白银的价格不同，就产生了很大的盈利空间，记得当时在山东收银币是5元一个，而拿到福建福州去卖给当地的银贩子则是10元一个（福州的银贩子再卖出去则更贵），整整一倍的利润，这是巨大的盈利，虽然当时国家不让跨区域卖，但面对如此之大的利润诱惑，还是有人愿意冒险的。当时，有些贩卖银器的人一次性在山东收2000元，然后去福州卖，一个来回就能赚2000元，我感觉这2000元（1980年前后）比现在的20万还值钱。

当时，我父亲和他的合伙人就做过把银器从山东贩卖到福州的买卖。他们把银器贴身缠好，再穿上衣服。从山东坐火车到福州下车，和那里的银贩子接头。如果成功了，就赚一大笔，如果被公安抓住了，则亏一大笔。福州的公安抓得比较严，在火车站看谁眼神不对，看谁闪躲，就查谁。据说当时福州火车站有个“杨‘鹰眼’”，一抓一个准，一般人逃不过他的眼睛。我父亲没有被抓过，可他的合伙人被抓过一次，亏了钱，所以后来他们就不敢去了。

我当时还在上学，没有参与，但听我父亲说起的时候，我就说，“既然福州下火车可能被抓，那就不要从福州下，先坐大巴到江苏徐州，转小巴到南京，再坐大巴到温州，再转车到福州周边的汽车站，然后下车骑自行车到福州，这样就不会被公安抓到了，即使公安查，拿出车票给他看，也看不出是从山东过来的。”不过我父亲因为亏了一次，就没有再参与了。

一心想着办大事、赚大钱

一个人有理想、有目标，不一定能实现，还需要不断地努力，需要想尽一切办法去坚持、去克服、去创造，才可能达到目标。

至于事情做成了能赚多少钱，则要看这个人的心胸有多开阔，如果心胸不够开阔，要么赚不到大钱，要么赚到了大钱也要“吐回去”。

我似乎很小的时候就有了很大的目标，十几岁就有了明确的创业梦想和模糊的投资思想，想着自己长大后要去做很大的事情，要去赚很多的钱。为了达成自己的理想和目标，我在后来的实践中做了很多“生意”，从很多层面去寻找做大事、赚大钱的门道。要是看准了，别人养几头猪，我就养几十头，别人种一亩大蒜，我就种五亩，只可惜自己的出身、环境和本钱都有很多限制，很多大机会要么无法参与，要么只能少量参与，根本就不可能做大（当大蒜从3毛涨到1块5的时候，我只能光看着；当大豆、绿豆、红小豆价格大涨的时候，我都无法参与）。而我后来做期货则是看中了它的杠杆，并一开始就重仓交易，我觉得期货的放大功能把我的很多制约都解决了，我只需在期货市场放手一搏就相当于把现货市场很多不能做的事情都做到了，只不过期货这个游戏赚钱的速度快、亏钱的速度更快，对人的考验程度提高了数倍甚至数十倍，所以做期货承受教训和挫折是难免的，甚至是经常的。

从小到大，我的理想是坚定的，目标是远大的，也足够努力，足够坚持，足够自信，从不放弃，但在2009年之前始终没有赚到大钱，其实，这恰恰说明了我在2009年之前的“心还不够大”。心胸的开阔，是靠磨炼出来的，我一开始“心不够大”，因此做小生意、养猪、种大蒜都赚得不多，做期货更是赚不到钱，即使赚到了也还了回去，从2000年到2009年初，花了9年多的时间都没有在期货市场获得成功。

到了2009年，之前无数的失败、屈辱、煎熬没有把我打倒，我的心被这些失败、屈辱和煎熬慢慢地撑大了，钱也就自然而然地来了。所谓“钢梁磨绣针，功到自然成”，坚持就是胜利，不断总结经验教训，功力到了，方法得当，总有一天会成功。

每个人都可以打破局限

现在想来，我儿时原本是一个沉默寡言、智慧和见识都低于玩伴、不善于和别人交往的人。正是少年时有着隐约而远大的目标，并且经常用心去感悟丰富繁杂世界蕴含的简单之美，让自己从年长者的行为和交谈中观察、学习、模仿，然后逐步衍化变成自己的生活技能。而青年到现在，我竟成为村里较受欢迎的人，大家都喜欢和我交往，认为我识大体、明事理，大家对我的看法和反应又反作用于我，正向激化我，让我进一步学习更好的为人之道。

任何人的外部成长环境必然有相关局限和不利因素，只是每个人遭遇的局限和不利不尽相同而已、或多或少而已。贫困的人有物质的烦恼，富裕的人有精神的不快，农民有农民的局限性，市民有市民的冷漠感。任何人就他自己这个个体本身，也必然不是完美的，即使美，也是有缺陷的美。所以每个个体都必须用心去体悟，努力去学习，坚定去改变，积极去提高，才能适应当下环境及其环境的变化，才能实现人生的升华。

人生在世，赚大钱很难，而做好人更难，做好期货则是难上加难。**做人应是人世间最难的事情了。若人没有做好，即使取得一时的小成绩，最后终究是成不了事的**。只有把人做好了，事情才能做好，才华才有用武之地，财富才会来。

若我少年时不用心体悟人与人之间交往的艺术，不用心向长者学习为人之道，那么我后来投资大蒜、棉花去陌生的地方实地调研时，恐怕也难和素未谋面的蒜农、棉农、贩子等打成一片，不打成一片，便不可能获得真实、深入的第一手信息，也就无法形成坚定的投资方向。所以，回头来看，2009 年大蒜的翻身之战，2009～2010 年棉花的亿万盈利，若没有少年时打下的“为人”基础，倒也是成不了的。

贩卖皮毛 辛苦不赚钱

银器生意做了一年，生意就大不如前了，当时做买卖银器生意的人应是把周边地区农户家里的金银都收得差不多了。于是我开始了五年“小生意人”的生涯，当时我买卖过皮毛、皮鞋、塑料桌布、服装，期间还养过羊。做生意去过的地方不少，比如山东郓城、巨野、菏泽、江苏徐州等。

1989年，22岁，我结婚了，第二年生下女儿。我们那个年代，在农村，一般只要到了法定年龄就会结婚生子。当时我也是等满22周岁去领结婚证，结果民政局的人一看我的户口是1966年的，比我实际出生早了一年，可能是当时登记户口的时候父亲有意多报了一年，或是农村里一般报虚岁，当年登记户口的人弄错了。也就是说，当时如果按照户口本上的出生时间，我1988年就可以结婚了，但我一直不知道这个事情，只知道自己真实出生的年份是1967年，也就只好等到1989年才去领结婚证了。

因为自己养过羊，对皮毛质量的好坏、品级的高低算是了如指掌了，因此买卖皮毛，我基本上可以做到十拿九稳。

当时，父亲和我主要是去山东郓城、江苏徐州收集买进各类皮毛，主要是狗皮、羊皮、羊毛等，然后卖给皮毛加工厂。当年山东省菏泽市鄄（juàn）城县的金堤口有一个“皮毛人发”市场，那里周边的人养羊比较多，我们主要去鄄城地区收皮毛。

去鄄城县的金堤口收羊毛，大约100公里左右的路。一开始父亲和我是骑自行车去的，一大早出来，下午才能到，晚上住店。第二天上午去市场收羊毛（有时也捎带收些狗皮），把收来的羊毛装在几个大的编织袋里，一辆自行车大概能载170～180斤。把这三大袋羊毛放上自行车，还得想办法，若是一个人，没有帮手，那就把自行车往一边倒下，在后座的一边先放上一包，捆好，再翻到另一边，放上一包，然后竖起来，后座上面再放一包，全部捆结实了，就能上路。若是装在超大的编织袋里，则只能在后座的两边各捆一包，后座上方就放不了了（两个编织袋突起很多，上方不好捆东西了）。

第二天下午3点后，骑着装满羊毛的自行车回家，回到家里凌晨一点。第二天再骑车到离家3公里左右的马桥村赵王河边上的皮毛加工厂（当年一个村支书开的厂，姓马，是当时很有名的农民企业家，改革开放涌现出来的当地名人，那里不少路是他出钱修的）。

这样，上百公里的路全靠骑自行车，来回一趟花三四天时间，骑自行车经常骑到腿很酸很酸，甚至掐一把都不知道疼（很多年都留下后遗症，这几年才慢慢好起来）。把皮毛卖掉后，一趟能挣100元左右，按照当时的收入和消费水平，有100元挣也算是不错了，但实在是太累了，比起那辛苦劲，我觉得100元还是太少了。

放在大巴上托运　赚钱不辛苦

当时我发现，当地的皮毛其实很多，我们一次只收个180斤太少了，一次收1800斤也能收到。于是我就想，收180斤能挣100元，收1800斤不就能挣1000元了吗？这里的羊毛有的是，我们不收掉就会被别人收掉，我们收得慢赚得就少，收得快赚得就多。用什么办法可以每次多收一些呢？用什么方法可以让每次收羊毛、卖羊毛的时间缩短呢？

当时有一路大巴车，从鄄城经菏泽至济宁，正好路过金堤口皮毛人发市场。我就想到了用大巴车托运，于是和父亲商量。

"爸，我想把咱收的羊毛装到大巴车上托运。"

"找大巴车托运干啥？"父亲有些不解和愤愤，"骑自行车也一样是收！"

"骑自行车太累了，而且浪费时间。"我正要和父亲阐述用大客车托运的好处，他就劈头盖脸地来了"你这是偷懒，吃不起苦，你这是浮华自大，资本主义享乐"。

被父亲这么训，我也有点生气了，但我还是强压了火气，"爸，您也别先发火，我问过了，放在大客车上托运，从金堤口到嘉祥县新挑河，2000斤的托运费才20元，我们多收一袋羊毛就够托运费了！"

父亲不说话。

"这不是浮华自大，您想想，我们爷俩骑自行车三天一个来回才能买多少羊毛。要是用大客车托运，一天就能来回，而且一个来回就能抵我们骑自行车10个来回的量！去掉成本，我们还能多赚很多呢！"

父亲还是不说话，实际上他已经心动了，听出了里边的道道，只是不好意思向我"妥协"。（父亲还是一个讲道理的人，他只是脾气急一点，经常用吃苦耐劳、艰苦朴素、勤俭节约的道理教育我们。）

"这样好了，托运费我来出，我们先试试，看看放在客车上托运是不是能比骑车赚更多。"

就这样，我终于把父亲说服了。

于是我们就一次收了1500斤山羊毛，第二天早上放到大客车上托运，中午卖到马桥的羊毛加工厂，下午坐车返回，当天就能来回，一次的利润比骑自行车多了好几倍。

我记得很清楚，那一个月，我赚了一万多，令同行们羡慕不已。这是我赚的第一个一万元。

能简单就不复杂，能一步走到目的地就不走十步，是我做事的方式，也是我性格特征的一部分，从少年开始，就一直指导着我。

病中生意成

后来我一个人去收狗皮、羊皮，去的是山东郓城，60公里路，也是靠骑自行车来回。

有一次，我骑车出去，本来是要去收羊皮狗皮的，但那次胃受了点凉，疼得厉害，到了红船镇，看了医生，买了药，只好在店（旅馆）里养病，不能下乡去吆喝，生意做不成了，过了三天才基本恢复。有点力气了，我就骑车转回郓城，晚上住在郓城东关坝头的“杨家老店”，我记得当时的住宿费是一块钱一天，好几个人睡一个房间。

我是下午下店的（下店即住进去的意思），心里还着急，这病什么时候好呢？等身体好点，得马上去收狗皮羊皮，不然这一趟就白跑了，还费了路钱。

说来也巧，到了傍晚的时候，来了两个也是收狗皮的人，他俩的自行车上都装满了狗皮。我正寻思着能不能把他们的狗皮买下来。

他俩看到我，主动过来和我打招呼，“老傅，你也住店啊?”（我在金堤口收羊毛的时候有点小名气，他们认识我，而我对他们的印象不深。）

“是啊，我在金堤口收了一车狗皮，明天回去叫车，把狗皮拉回家。”（我假装成有实力的收狗皮的老板，抬高架势，意想他们把狗皮卖给我。）

两人一听我收了这么多狗皮，愣了一下，没说话。

我和他们寒暄几句，就各自回房休息了，只字未提要买他们狗皮的事。（我心里想买，但不能主动表现出来，我要等他们先开口，以便争取主动权。）

第二天早上，天刚亮，我还没起床，他们先起来了，过来找我。

“老傅，你看看我们的狗皮怎么样，你要是把这狗皮收下，我们就继续下乡收狗皮，不用回去了。”

我心想，这事要成了，有门。

于是我就抓紧起床，去验收他们的狗皮。

我们仨把狗皮一张一张过价。

他俩先一人拿出一张“上色”的狗皮（狗皮分为上色和下色，青色和黄色的狗皮为上色，黑色和白色的狗皮为下色，按照当时的市场价格，质量、尺寸差不多的上色狗皮是下色狗皮价格的四倍）。他们是想试我给的价格合不合适，我一眼就看穿了他们心里的想法，就知道他们这两张狗皮上过价（上过价是指让其他买家给过价格）。

按照当时的市场价，他们这两张上色狗皮卖到皮厂最多也就 20 元一张，我想他们上过的价格不会超过 18 元（其他人不赚他们 2 元不会要的）。

于是我出价“19 块 5”（根本不会有人出这样的高价）。

“行！”他们看我给的价格很好，有点心喜，看我爽快，笑了（认为卖到根上了）。

他们又拿出第二张狗皮，和第一张差不多。我就出价 19 块 2，他们也没怎么犹豫，给我了。再拿一张出来，我就出价 19 块、18 块 8……这样慢慢地压价。

他们越卖越多，越剩越少。虽然后来我给的价格越来越低，但由于一开始给他们的出价高，他们以为我出的价格都是比较合适的，都顺利成交。

我一看狗皮已经有一半多卖给我了，就试着给他们收狗皮的成本价，他们虽然心里不愿意接受这样的价格，但已经卖出大半了，剩下的总要卖完，也就答应了。

最后，他们拿出一张超大的狗皮，青色的，成色特别好，铺开接近有一张床那么大，这是他们的压仓货（也就是在郓城巨野才有这么好的狗皮），估计原本是舍不得卖给我的。

我摸了摸这张狗皮，摇摇头，“这张不好，我不要。”

“这可是好货，你别不识货！”对方紧张了。

“你们看这狗皮，毛这么粗，没有绒，不好，没人要，我要下了可能卖不出去。”（其实没有粗毛还不行了，那是一张好皮必备的要素之一，粗毛是毛针，有粗毛在外面，里面的绒毛才不会黏在一起。）

对方有点懵了，估计他们以前没收过这样的狗皮，心里觉得好，但也不确定到底能值多少钱，“你看我们的狗皮都给你了，就差这最后一张，你也收走吧，刚好我们可以出发再去收一次”。

我装着勉为其难的样子，“那好吧，帮忙帮到底，我买下了”。

就这样，我收了他们所有的狗皮，最后一张还是以好低的价格收的（估计最后一张他们是赔钱的），当然，总的加起来，他们还是有利润的，**做买卖要有技巧，但也不能只顾自己的利益**。我几天没出去收，结果得到的狗皮还更多了，卖给工厂后，比自己出去收一次还赚得多。

欲擒故纵买狗皮

有一次，我出去收狗皮（在郓城县南边的一个村），自行车快装满了，钱也快花完了，我想着走过这个村就回去了。

我在吆喝着，路过一户人家。

出来一个中年男子，拿出来四张黑狗皮（按照当年的品级划分，黄色的狗皮最好、青色的次之、黑色的最差）。

“收狗皮的，给个价吧。”

我一看这狗皮，卖给皮厂每张最多值 5 块钱，我给他出价“3 块钱一张”。

“不卖，价格太低了。”

我给 3 块 5，他还不肯卖。又给 4 块，还是不卖。我心想着这个家伙可能是个行家，搞不好是个狗皮专业户，他只不过是拿四张劣等的狗皮来试试我，于是我给出最后一个价格“4 块 5”，他还是不卖。

我扭头就走，走得斩钉截铁。（我出 4 块 5，一是因为快收满了，临走能捎一张算一张，二是一般没人会出这个价，他再不卖很难遇到比这更好的价了。）

“好了，好了，卖给你。”（出乎我意外，我以为他这个价也不会卖。）

哦，原来他也不一定知道这狗皮值多少钱，只是和我讨价还价，试我的心理，看我愿意最高能出多少钱。在我们讨价还价的过程中，他一直在仔细观察我的表情，我估计他是在揣摩我心里的想法（他的心眼也多着呢）。看我真的不要了，他就以为我给到了最高价，就卖给我了。于是，在现场我就闪出一个想法，“下次看我怎么低价买你的狗皮”。

一个多月后，我估摸着他家里应该存了一些狗皮了，专门到他家门口高声吆喝。

他果然出来了（不过好像没有认出我），领我进门。

我一看，在一个棚子底下存了一大堆狗皮，这家伙居然攒了这么多，不过他似乎有点愁眉苦脸（狗皮攒太多了，没出手）。

“哎呀！瞎事了！差大钱了！”我装作很可惜的样子，“现在狗皮的行情不好，我给不了你好价钱。你的货又这么多，怎么不早卖掉啊，现在已经过了季节了，狗皮掉价掉得不像样子了，我没办法出价。”（当时快到麦收季节，天逐渐热起来了，皮子不易保存，说掉价也有客观理由存在。）

注：“瞎事了”就是“坏事了”的意思，“差大钱了”就是“不妙了、掉价了”的意思。

他有点愣。

“这样吧，”我很真诚的样子，“你把这些狗皮整理一下，我领着你去济宁卖，试试看能不能卖掉。我要不了你的货，我领你去卖，不收你钱，连饭钱路费都不要你的。”这怜惜的劲，都写在了我脸上。

他想了一会儿，“老弟，要不你还是把这狗皮收走吧，济宁我就不去了，我家里还有事呢。你就给个价吧！”

“我没办法给你出价，唉！现在狗皮价掉成了这样，我收走了也是亏钱。”

他和我磨了很长一段时间（一个小时以上），最后，他还是要求我把狗皮收走。于是，我勉强答应了，“那我就给你目前最好的价格，我收走你的狗皮，最好是不赔钱，赔的话，能少赔点就好。你这么多狗皮太可惜了，这一次就当我帮你一个忙吧，下次再有好狗皮给我留着！”

就这样，我以低于市场价较多的价格把他的狗皮全部收走了。

“低买高卖”和“认清对手”这是商业法则中很关键的两条。想赚钱，必须买得便宜。如果买不出利来，也就卖不出利。期货的建仓、平仓也是如此，建仓的价位很重要，如果建仓价位不好，就坚持不了头寸，很容易被洗出来，赚不了钱，更不用说赚大钱了。

春秋的大商人、巨富范蠡认为“贵出如粪土，贱取如珠玉”，他把买进卖出的正确方法和心态说明白了：在价格便宜的时候，要像珍惜珠玉一样把货物买进来，在价格贵的时候，要像对待粪土一样把货物抛出去。商品价格，总是在“贵—贱—贵—贱”之中波动。任何商品都是有生产成本的，虽然该成本也是动态的，但终归是可以评估出来的，低于市场价，甚至低于成本价，乃至低于成本价很多的时候，若外围环境配合，便是极佳的“贱取”之时。

范蠡在2000多年前就建议政府“宏观调控”，在商品便宜的时候政府买入，在商品昂贵的时候政府卖出，以此平抑物价，并增加政府的收入。有人说“冬天买草帽、夏天买棉袄”，这也是符合范蠡的买卖思想的。

范蠡还主张“无息市”，就是钱不能闲置，要让资金流动周转起来。十年“贱取贵出”一次，和一年“贱取贵出”一次，还是一个月“贱取贵出”一次，最终的财富效应是不一样的。钱滚钱，财富效应将几何级增长。

选人流必经处卖塑料桌布

那几年我还卖过塑料桌布，做贩卖塑料桌布生意的时候，我们是三个人合伙做，两个“大人”，一个“小孩”，我年纪比较小，另外两个合伙人是我父亲的朋友。他们两个没有本钱，我父亲出本钱，让我跟着他们学习，一开始他们以为小孩不会做生意。

我们三个人一起去山东淄博市，住在张店区，每天早晨每人备上两大包塑料桌布，坐客车到周边各地区赶集卖，往往是年纪最小的我卖得最好。

当时我们各自骑上自行车，运上塑料桌布，去赶集，到一个一个集市销售塑料桌布。他们两个到了集市就摆个摊开卖，而我却不同。我多用了一点心，俗话说“天时不如地利”，我到了集市，不急着摆摊，而是先在整个集市上转三圈，“考察”地形。我主要是看看哪个地段最好，哪里是绝大部分来赶集和赶集回去的人的必经之地。我就在这样的必经之地设点摆摊，再加上一定的销售技巧（主要是察言观色，看每一个顾客不同的需求，揣摩他们内心的想法，有时候也需要用欲擒故纵的小技巧），于是我卖出去的货总会比另外两个合伙人多一些。

当时我只是隐约觉得到了集市不急着卖，花点时间看看环境，找个合适的地段再卖，应该会比随便找个地方卖效果要好很多，我想花时间找个好的地段肯定有助于销售，这点时间花下去肯定是值得的，磨刀不误砍柴工。后来我进一步思考，**做任何生意、做任何事情，想要做得更好，选时选点的工夫必须要花下去，这往往是决定生意成败的关键因素**。期货更是如此。

第二章

1991~2001年

种大蒜感悟土地魅力 养猪认识周期之美

编者按：

在平时似乎大家都正确，但在重要时刻，绝大部分人注定是错误的。

不要做“跟风者”，要做就做“先知先觉者”，因为“先知先觉者”得利，“跟风者”送钱。

在一个完整的周期之中，物极必反的关键点是最有价值的一个点，抓住它，就是暴利。

“土地”能启发一个人的智慧，这伟大的智慧能让人受益一生。

知道自己的不足，正视自己的不足，将来才会想办法弥补它。

种植大蒜　暗恨本小赚太少

改革开放后，很多人，特别是农村的人，还不知道什么叫“市场经济”，不清楚什么是“市场规律”，一般人总是跟不上市场的步伐。

我用心去观察市场，发现了一个规律：在当年，某个农产品某一年种少了，产量下降很多，到了收获季节以及之后的一段时间，价格会奇贵，然后下一年农户们看到了“赚钱的方向”就都一哄而上种植该作物，一两年内，这个农产品的价格又会快速下降，甚至到达奇贱的程度。

说实话，这样的价格规律，对普通的农户来说是不利的，甚至是有害的，他们往往辛辛苦苦两三年，花了大量的时间、精力、劳动，最终可能一无所获，甚至还亏本。但对做“投资”、“投机”的人来说，则机会相对比较容易把握，有机可投。

当时的大蒜就是如此，如果大蒜特别便宜，种大蒜的农户们连续种了两年都赔钱，就会有不少人不种或者少种，也会疏于田间劳作和养护，那么，下一年的大蒜必然大量减产，供应突然下降，而需求则没有太多变化，价格就会大涨。而如果在大蒜特别便宜的时候，在一个合适的时点，买蒜种可以低于成本买到，种下后，到了丰收季节，大蒜的价格暴涨，又可以高价卖出，获得很高的回报。

我发现了大蒜这个品种的特性，它是一个不稳定的品种。连很多行内人都不清楚这个特性，更不用说行外人了。主要原因除了上述的价格规律外，还有非常重要的一点，那就是，大蒜不是最重要的农作物，即它不是口粮，而只是调味品。若是口粮，一方面每年的播种面积变化不会太大，第二方面国家的储备比较多，第三方面国家对价格的干预比较强硬，因此不容易暴涨暴跌。而大蒜只是调味品，播种面积由信息不完备、决策不理性的农户们决定，国家储备比较少，冷库储藏费用高，国家对价格的干预比较少，因此它的价格波动幅度比一般的农产品要大得多、频繁得多。另外，种植大蒜的用种量非常大，一亩地能生产2200～2500斤大蒜，但需要的蒜种高达400斤（相对来说，生产100斤小麦，用种量也就2斤），一旦行情来了，价格起来，农户们扩种大蒜就要留或买大量的蒜种，这也是影响市场的能量，会对已经供不应求的大蒜市场形成进一步的推动力，价格因此会更高。反之，在价格便宜时，市场上的大蒜本来就多，供过于求，农户们又没有种植积极性，减少种植面积，本应该留下来的蒜种就不留了，这些蒜种又冲击到市场，增加了市场的供应，价格就会低了再低。我记得当年，单单金乡县周边，如果遇到扩种，一年光蒜种就需要 20 万吨。这些因素导致了大蒜的价格经常忽高忽低，便宜的时候，虽然生产成本要 1 块钱，但只卖 2 毛钱，而在贵的时候，生产成本也是 1 块钱左右，却能卖到 5 块钱甚至更多。

曾经的期货品种绿豆、红小豆也有类似的特性，这类品种收获的多少受天气的影响较大，往往会有大小年。供应时多时少，而每年的需求则差不多（在生活中的用量小，消费者对其价格不敏感），导致价格大幅波动，这对农民的种植积极性影响大，从而进一步使得供应量变化多则更多、少则更少。**一个品种，如果供应者对价格的敏感度高，而需求者对价格的敏感度低，就更容易形成暴涨暴跌的价格走势。**

1989 年、1990 年就是大蒜极其便宜的两年，于是我在 1990 年认准机会种了大蒜，当时我买蒜种只要 1 毛 8 一斤，而大蒜的种植成本都要 5 ~ 6 毛，相当于我是低于成本价很多买了蒜种，真是有利的时候会大大的有利。这一年秋天，我种了 2 亩地大蒜。

我决定种大蒜的时候，亲戚朋友们都劝我不要种，甚至有人说“你种大蒜，明年喝蒜汤去吧”，他们中的很多人已经连续亏了两年了。纷纷减少种植面积，在他们的心理形成了“谁种大蒜谁亏钱”的观念。甚至有人说“大蒜 10 块一斤我也不种，看到大蒜就头疼”。

没有人想种大蒜了就对了，没有一个人觉得大蒜能涨价，就对了，大家都觉得今年大蒜的价格还是会很低，就对了。农户们这样的心态必然会影响该年大蒜的产量，这非常有利于大蒜的上涨。**当大家都转到一个方向的时候，物极必反的时点就来了，这时也就是赚“大钱”的机会。**（往往大多数人是错的，最终，供求关系决定一切。）

1991 年“五一”，蒜薹的上市价格比往年贵了几倍，记得好像是从上一年的 2 毛涨到了当年的 1 块左右，到了五月下旬，大蒜收获的时候，产量明显低于往年，价格就更贵了，后期最高涨到了 1 块 8 左右。其实，蒜农、收购商、中间商、储存商都两年没赚钱了，这次看到大蒜的利润空间后，都有惜售情结，各个环节储藏的大蒜也就多了。又到了国庆前后种大蒜的季节（大蒜的播种先于小麦几天），看到种大蒜有利可图，蒜种的需求又上来了，进一步推高了价格。

这一年，我种了两亩地大蒜，赚了7000多元，对其他农户来说简直是“奇迹”。只可惜当时我只种了2亩，原本我想种更多的，只是本钱不够，能让我种的地也不多。

后来，1994年我又种了一次大蒜，大抵的赚钱效应和1991年也差不多。

注：蒜薹

蒜薹，又称蒜毫，是从抽薹大蒜中抽出的花茎，人们喜欢吃的蔬菜之一，常被误写作“蒜苔”。蒜薹在我国分布广泛，南北各地均有种植，是我国目前蔬菜冷藏业中贮量最大、贮期最长的蔬菜品种之一。蒜薹是很好的功能保健蔬菜，具有多种营养功效。

注：来自网民的亲身经历

百度贴吧 http：//tieba. baidu. com/p/1427532745

弟弟不要哭（昵称）：我自己亲身经历的，可以告诉大家的，1989年1月大蒜零售价在1.20元每市斤；1990年1月大蒜零售价在0.03元每市斤，要的多是0.025元每市斤，二分五比白菜还便宜好几倍，那可是最好的外贸大蒜呢。

养鹌鹑搁浅 逃亡5个月 第一次破产

1995年初，我隐约看到市场上的鹌鹑蛋有供不应求的苗头，虽然我没有养过鹌鹑，还是觉得应该尝试一下。于是，我到一些养鹌鹑的农户家中闲谈、观察，到市场上卖鹌鹑和鹌鹑蛋的地方调研。发现实际情况确实如我所料，甚至将来供不应求的程度会比较大。

于是我买进10000只鹌鹑仔（大约一半公的，一半母的），进货时每一只的价格是2毛钱，养一段时间后分出雄雌（鹌鹑长到半大后可以从毛上分出公母），然后分开装笼子养（便于产蛋、取蛋）。

注：雏鹑养到17~18日龄，公鹑的喉部呈赤褐色或砖红色，腹部呈乳黄色，边毛无黑点；母鹑颌、喉部、胸部呈乳黄色（接近白色），间有黑色斑点，边毛为一羽两点，即一片羽毛上有两个小黑点。

1995 年，我到河南商丘东南永城收购大豆卖到山东嘉祥县，赚了一些钱。

注：东关大队榨油厂收大豆的价格是 1 块 2 一斤，当时农民扩种玉米、减种大豆，山东省玉米的种植面积骤增，而大豆的种植面积骤减，市场上大豆的存货又很少，我判断大豆价格必涨，应能涨到 1 块 8，但当时苦于没有资金，只好作罢。

加上之前几年做小生意、种大蒜，赚了一些钱，去除养鹌鹑的投资，和家庭日常的开销（我们家的开销相对其他农户来说是多好几倍的，不然父亲也不会说我浮华），还有 2.5 万元的储蓄，以我当时的年纪，在当时的农村也算是不错了。

同时，我坚信养鹌鹑、卖鹌鹑蛋会赚钱，当时感觉一切都会往更好的方向发展。

就在这时，夫人给了我一个“意外惊喜”，怀上了第二胎。当时计划生育政策执行得很严，怀上第二胎的都会被“抓去”引产。我当时已经做好了不要这个孩子的思想准备。1995 年 9 月，夫人去医院检查，结果 B 超检查出来是男孩，于是夫人坚持要这个小孩（因为之前第一胎是女儿）。（我儿子是腊月二十六出生的。）

如果呆在家里养胎，被“抓去”引产的可能性很大，夫人为了要个儿子，决定“逃亡”到亲戚家里把孩子生下来，她当时和我说“你不跑，我一个人跑！”

我只好把已经分笼的鹌鹑贱卖掉，当时母鹌鹑都快产蛋了，贱卖了真的很心疼，总共亏了 5000 元左右（养鹌鹑买饲料、买笼子也花了不少钱）。

那一年，鹌鹑蛋本来 2 块多一斤（一斤 45 个左右），后来，果然涨到 4 块 5 毛一斤，只可惜为了生男娃，养鹌鹑本可赚一笔钱，却亏损了不少。

如今，我们全家都要感谢夫人当时的坚持。虽然她的坚持让家庭过上了“逃亡生活”，让我在鹌鹑上亏了一笔，还让家庭的储蓄一扫而空，但她的功德却是极大的，她不单是挽救了一个生命，让我们获得了一个儿子（对农村的人来说非常重要），更重要的是她给了我们一个完整、幸福的家庭，并让我们这个家庭多了一份骄傲和财富，少了一份遗憾与自责。

由于当时我注重和亲友们的关系处理、注重家庭的生活质量，也由于我做小生意还算比较成功，相对其他农民赚钱更容易、更多一些，也就养成了花钱“大手大脚”的习惯。

一开始寄居在一个亲戚家中，各种开支不能让亲戚支付，除了日常开支，我总还要给他们意思一下，毕竟打扰他们一个月的时间。后来我们一家人就住店了（店是指比较低档的旅店），每天两三块钱，那时我到临沂批发市场批发一些衣服流动着赶集卖，多少赚一点，勉强度日。在临产前一个月，又住到了岳父家，也没少给他们添麻烦。

在外“流亡寄居”的这五六个月的时间，我专心照顾夫人，没有花很多时间正经做生意。而当时家庭的日常开支、亲友交往的费用都比较高，我是个要面子、不想让家人受苦、不想让亲戚邻居看不起的人，花钱自然就节制少了一些。日常的生活费用、夫人的营养费用、生儿子的费用，再加上因为超生，回家后政府又罚款7000 元，这直接导致我 2. 5 万元储蓄全部花完，花完储蓄钱还不够，还找人借了钱（因为我的人缘还算不错，所以借钱倒也顺利），结果是倒欠外债 4000 元。

这算是我的第一次“破产”。

煎熬中发现机会 生猪要大涨

回到家中，欠债4000 多元的我，表面上还是和以前一样，家里也是该吃的吃、该喝的喝，但我的内心却非常煎熬。一方面欠了别人的钱，必须尽快还掉，不然就有违我做人的原则；另一方面，一个家庭总要有个收入、有个进项，不然生活都没着落了。于是我时刻留意着赚钱的机会，准备“东山再起”。

终于，我等的机会来了。干什么呢？养猪！

从 1993 年开始，生猪市场不景气，我就一直在关注。

1993 年，养猪的农户都在亏钱，导致猪仔便宜下来，猪仔便宜又打击了饲养产仔母猪的积极性，较多母猪被淘汰，不少母猪被宰杀，进一步增加了猪肉的供应，价格自然继续下跌。1994 年猪价不见好转，1995 年生猪市场依然不好，而 1995 年的秋天我记得玉米价格涨到了 8 毛 1 一斤，这对养猪的农户来说真是“祸不单行”，本来养猪已经亏损，饲料价格又暴涨，养猪的积极性被打击到极点，母猪、猪仔、肥猪（即养成后销售出去的猪）养殖量全面下降，一些农户决定减少养猪量或放弃养猪。

到了玉米的收获季节，1995 年的秋天，谣言四起。

“哪儿哪儿的玉米签合同 1 块 1 毛一斤了！”

“哪儿哪儿的玉米签合同 1 块 2 毛一斤了！”

农户们听到的、传播的尽是不好的消息。这又让不少人放弃了养猪，让养猪人的心凉到了极点。

当时我就想，玉米价格涨到 1 块 1、1 块 2 不太可能，我不相信，因为价格涨到 8 毛 1 是由于出口过多（当年中国是玉米出口国），那国家就会限制出口或减少出口，当年（1995 年）的玉米产量又不错，市场的供应量应该没有问题，一斤涨 3 毛多是涨不上去的，下一年（1996 年）的玉米不会那么贵，价格会慢慢下跌。（因为玉米涨价的谣言，让最后坚持养猪阵地的人希望也破灭了，使本来存量不多的母猪又有一部分遭到宰杀，母猪的存栏量降到了历史低点，猪少了，玉米的需求量就会下降。经常有“猪便宜饲料贵、猪贵饲料便宜”的现象。）

而当时母猪的存栏量已是多年的最低，没有母猪，哪来猪仔？没有猪仔，又哪来肥猪？到了 1996 年生猪供应量必然急剧下降，而人们吃猪肉的需求又不会有太大的改变，因此猪肉价格就会大幅上升。而且生猪价格上涨以后，短期内不会下降，因为在这期间，生猪价格再高，短时间内也无法生产更多的肥猪，因为没有足够多的母猪。

因为谣言四起，更多的猪被提前宰杀掉到市场去卖，在 1995 年 10 月的时候，我觉得这么低的猪价也就最多撑半年了，半年后再想要便宜的猪就难了。于是我判断 1996 年的夏季，猪价必涨。

经过多方调研、观察和分析、判断，我在 1996 年 3 月，下定决心，借钱养猪。

举债养猪　翻身之战

要养猪，就得借钱。

为了筹钱，我先去找老岳父，听了我对生猪市场的分析，老岳父找来他邻居的一个亲戚，那人比较“有钱”，我向他借了 1 万元，按照 2 分 1 月息签下借条（2 分 1 月息即每个月 2.1% 的利息）。

我又找我父亲，让他帮我想办法筹点钱。父亲很不乐意，不过还是找来了一个他要好的邻居。由父亲做担保，我向那位邻居借了 4000 元，利息也是按 2 分 1 月息计算，立下了借款字据。

当时我决定借钱养猪，不但是父亲反对，邻居、亲戚、叔伯们也反对，他们都劝我不要养猪，和我说"谁养猪，谁亏钱"。就在借 4000 块钱立字据的现场，父亲还当着债主的面说"你养猪，得赔钱"。那时我心里很不舒服，想着你这么说，别人还把钱借给我，当人家是傻瓜吗？万一人家反悔不借了咋办？我心里很不服气，一定要让父亲看看，我养猪到底是赚是亏！

一般农户的想法都不符合哲学思想，如果养猪永远亏钱，那么养猪的人就会绝迹，猪是靠人工饲养的，没人养猪了，那猪岂不是也会绝迹？猪肉是中国人餐桌上最常见的，人们的饮食习惯不可能短时间内有 180 度的转弯，所以养猪永远亏钱是绝对不可能的！是不符合逻辑的！是没有道理的！

1996 年 3 月份，我买进仔猪时，第一批买了 28 头，当时市场毛猪的价格是 2 块 5 毛一斤，我买的仔猪价格是 3 块一斤。我当时想买大一点的仔猪，可卖仔猪的人不愿把猪养太大（不看好猪市，嫌养太大成本高），都是很小就卖了，我也就只买到了小个的仔猪。当时的生猪价格已从前几年的高点 3 块七八一斤跌到 2 块 5 毛一斤，因此我的仔猪几乎买在最低价。而当时的饲料，玉米只有 5 毛 1 一斤，豆粕 7 毛一斤，我当时 5 毛 1 买进一批玉米，第二批买得价格更低，4 毛 1。**当时我看跌饲料，看涨生猪，因为猪少，吃的饲料就少，生猪会供不应求，而饲料则会供过于求，猪价会涨，饲料价格会跌。**（饲料贱，猪贵，才能产生暴利。）

我开始养猪的时候生猪价格 2 块 5 到 2 块 6 一斤，一个月后生猪价格跌到 2 块 4 了，有邻居便质问我"你知道生猪现在多少钱一斤吗？"他非常不理解我为什么这个时候养猪，他感觉我做了一件明摆着要亏钱的事情。

当然，这位邻居，很快就大跌眼镜了。我的猪才养了两三个月，生猪价格已经成倍上涨，涨到了 4 块 5 毛一斤，这时市场上生猪奇缺，猪贩子、杀猪的都买不到猪。我的猪才养到 100 斤的时候（一般养到 200 斤左右出售），就有猪贩子经常到我的猪舍转悠，问"你的猪什么时候卖？"

1996 年 7 月我把养成的第一批 28 头肥猪卖掉，马上又买进 50 头猪仔。到了年底，生猪价格涨到了 6 块多一斤，春节的时候猪肉更是涨到了

10几块一斤，我记得那年春节，家乡农村的不少人都没吃上猪肉。

因为仔猪买得便宜、饲料买得便宜，肥猪卖得贵，1996年我投入1万多元，养了两批猪，当年的利润就超过5万元，这让村里人觉得是个奇迹，甚至有人给我取了个名号“小诸葛”（“诸”和“猪”谐音）。养猪能在一年内翻三四倍，像这样的机会，恐怕一生都只能遇到一两回。由于当时条件有限，无法筹集更多资金，如果有足够的本金，一年会赚到很多钱。

现在回想起来，决定养猪时我已经欠债，为了养猪再次借钱，举债的利息又很高，如果看错了猪的市场价格走势，我可能几年甚至十几年都不得翻身。

注：当时正好处在严重的通胀时期，1993年到1995年连续三年CPI指数都是两位数，银行的年利息都有10%左右，民间利息则更高。

附1：1996年05月01日银行利率（%）

一、城乡居民及单位存款

（一）活期2.97%（年利率）

（二）定期

1. 整存整取（年利率）

五年12.06%

三年10.80%

三个月4.86%

二年9.90%

一年9.18%

半年7.20%

2. 零存整取、整存零取、存本取息（年利率）

五年10.80%

三年9.18%

一年7.20%

3. 定活两便 按一年以内定期整存整取同档次利率打6折

附2：1984~2011年全国CPI数据（国家统计局公布的数据）

年份	1984	1985	1986	1987	1988	1989	1990	1991	1992	1993	1994	1995	1996	1997
CPI	9.3	9.3	6.5	7.3	11.8	18	3.1	3.4	6.4	14.7	24.1	17.1	8.3	2.8
年份	1998	1999	2000	2001	2002	2003	2004	2005	2006	2007	2008	2009	2010	2011
CPI	-0.8	-1.4	0.4	0.7	-0.8	1.2	3.9	1.8	1.5	4.8	5.9	-0.7	3.3	5.4

别人跟风养猪　我果断退出

“傅海棠养猪获得暴利”的故事很快就在周边传遍了。村里跟风养猪的人逐渐多了起来。一段时间后，除了一般的农户，做生意的、外出打工的都回来养猪了。有些人看到养猪利润高，甚至还把房子给猪“住”，自己在边上搭个棚子住。1997年春天，村里几乎家家户户都盖猪舍，一哄而上养猪，以点带面，我估计其他地方的情况应该也差不多（后来到市场上打听，得到消息便是如此）。看到一下子多了这么多的养殖量，我判断未来生猪价格下跌的基础已经有了，周期也到了，如果再长时间养猪隐藏的风险会越来越大，降价应该只是时间问题。（根据当时畜牧局的资料显示，嘉祥县付庄是万头专业养猪村，还有所谓的万头养殖场。）

在最狂热的时候，达到了这样的盛况：单我们一个村和我们村周边，一天就能出25车，即1000头肥猪。

当然了，我那时就发现猪肉价格的涨跌还有一个规律。当猪肉价格涨起来的时候，价格再怎么高，也生产不出更多的肥猪，因为没有那么多母猪。这种情况下，一般生猪价格在高价维系1年半到2年才会回归，因为一年以内，要想有更多的生猪不太可能，因此再高的价格都很难改变。

当生猪价格涨起来时，养殖户看到了利润，就买仔猪养大（4个月），把母猪留下来繁殖仔猪（孕期4个月，把一部分仔猪留作母猪也减少了肥猪的上市供应量），再生下仔猪后再养大（仔猪养殖2个月，肥猪养殖4个月）投向市场，这时肥猪市场的供应量才会有明显的增加，价格才会下来，而这整个过程至少需要一年半的时间。

因此，一开始跟风养猪的人，前期还是能在相对高价出售肥猪的，能赚一些钱。但后期养的，成本就高了，就赚不到钱了，甚至亏损的也大有人在。

1997年春节后，我又养了一批。到了6月，生猪价格果然开始下跌，从当时的“正常价格”4块多1斤，跌到3块8毛5一斤。我看到下跌的苗头时，在3块8毛5之前把养的猪全部卖掉（当时刚好也差不多长成了）。

卖掉猪以后，当时养猪不行了，我就帮猪贩子收猪、验猪（品种、大小、肥瘦、健不健康），收一斤毛猪我提成5分钱到1毛钱。当时的猪贩子开卡车过来收猪，一车能装40~50头，我也能赚个千儿八百的。

当价格跌到3块8毛的时候，其实养猪农户还是有利润的，但因为原来养的时候预期着“高利润”，如今要卖了却是相对的“低价格”，不少养殖户都对3块8的价格有抵触，不卖。要知道养着不卖是有成本的，长成了的肥猪一天的食量可不小，多养一天就多一天的饲料费用。

我当时推算大量的生猪要上市了，在我把猪卖掉后，也劝邻居们把猪卖了，但听我的很少很少。

有一个邻居当时一口气养了150头猪，本想赚笔大的。我眼看着价格要下去，暴风骤雨马上要来临，就专门去劝他把猪卖了。可他不听，认为价格下跌只是短暂的，很快就会涨回来。

他哪里知道，市场的力量是不可阻挡的。价格很快从3块8跌到3块6、3块5，最后在跌到3块1的时候，他实在扛不住，卖了，结果亏了三四万。

后来他问我：“你怎么就知道生猪价格会掉呢?”

我说：“我就知道，老天（市场）告诉我它要跌了。”

后来想想，其实我当时只是顺应了市场的规律。因为**供大于求导致价格下跌是市场的法则，历史事件已经多次提醒我们，自然法则便是如此，谁也左右不了。我们唯一能做的，就是顺应市场法则，在临界点到来的前后有所作为而已。**

别人不养猪了　我再次入市

1997年开始养猪的人大多开始亏钱，到了1997年下半年和1998年更是形成了大面积亏损。一些养殖户亏了不少，不养了，有些1997年初盖的养猪场也空了。我看到“猪粮比”逐步上来，养猪从亏钱逐步转为平衡。于是在1998年底，我再次入市养猪。

注：猪粮比，通俗说就是生猪价格和作为生猪主要饲料的玉米价格的比值。生猪价格和玉米价格比值在5.5比1到6比1，生猪养殖基本处于盈亏平衡点。猪粮比越高，说明养殖利润越好，反之则越差。但两者比值过大或过小都不正常。

当时我的本钱比之前大了很多，对生猪市场的把握也更有信心，所以决定多养一些。当时我们村有一个猪舍（交通方便、适合运输饲料和生猪的地段），占地 3 亩，在养猪最盛行的时候建的，因为亏钱，废弃不养了。我就以每亩 400 斤小麦的“租金”租下了，养上 280 头猪。我雇了 2 个工人帮忙养猪，自己则一个人负责买猪卖猪、购买饲料、调饲料等。这一次养猪，我一直养到 2001 年。（1998 年底开始，因为我专心养猪，就把家里的自留地给了弟弟去种，自己就不再种地了。）

在整个养猪过程中，我发现想要赚钱，单单只是“卖贵了”还不行，如果“卖贵了”对应的是“高成本”，那么即使赚了也是有限的。“卖贵了”还必须“低成本”，才能获得可观的利润。

在同一个时代，对不同的人来说，机遇应是一样的。只不过机遇只会让懂得思考的人、善于总结的人、有准备的人、有行动的人抓取。当然，在市场的任何重大趋势面前，回头来看，大多数人总是错的。比如大蒜在 1 ~3 块钱一斤的时候，似乎大家都知道价格要怎么波动，都能把握，而它跌到 5 毛甚至 2 毛，然后要往 5 块甚至 10 块钱的方向涨的时候，又有几个人知道呢？又有几个人能把握呢？

一个农民的亿万传奇

第三章

2000~2009年

结识期货 煎熬十年

编者按：

期货市场赚钱很容易，但亏钱更快。

做期货投资，不正视自己的缺点，必亏，正视了自己的缺点而没有妥善解决，还是必亏。

金融投资市场最能体现“优胜劣汰”的自然法则，赚不到钱的原因很简单，就是自己比别人差。

看对了未必能做对，做对了未必能赚到，赚到了未必能守住利润，这就是投资。

煎熬之后可能是胜利，也可能是更多的煎熬，就看能否一直承受煎熬直到“黎明”的到来。

初识期货　美好的想象

我现在的财富，大部分是在期货市场赚的。多年来，人们对期货市场始终有着这样或那样的偏见，有人认为早期不规范的期货市场就像是洪水猛兽，甚至还有人认为做期货必然会倾家荡产。

有些人做期货是“误入期途”，而我做期货却是“自投罗网”。

1995年，我去岳父家走亲戚。在他家堂屋（正房的客厅）的一张小板凳上坐着，看到地上有一张纸，看上去像杂志上撕下来的。我捡起来一看，“期货”！

那张纸上大约是这么介绍的，**期货不同于摆地摊、卖烩面，期货没有那么简单，做期货必须知道天文、地理、历史、经济、政治、哲学、心理学才行**。上面还介绍说，做期货的好处是它有很大的杠杆，用5%~10%的资金（当年的期货比现在的杠杆更大）就可以做100%的现货“生意”。

我当时就被吸引了，因为我之前判断大蒜要涨价，苦于没有足够的本金而“少赚了”，如果大蒜有期货，我做大蒜期货不是能赚更多！要是做期货，1万能当10万用，在知道要涨的时候，不需要很多钱就可以“囤货”了。价格从1块钱只要涨到1块1毛钱，本金就能翻番了！做期货，还不用我自己种地、施肥、灌溉、除草、收割，也不用收购、雇人、销售，却可以用同样多的资金“储备”十几倍的货物，然后在高价时卖出，赚的钱多得多了。（当时我还不知道期货的双向操作，不知道做空是怎么回事。）

期货是多么好的东西啊！

另外，我在电视上也看到过“期货”，记得1996年、1997年的时候电视上有过郑州商品交易所的信息。当时我还真有点想去郑州看看，只是由于当时养猪和其他的事情耽搁了。

可以这么说，我当时对期货是充满美好想象和激情向往的。只是因为身在农村，周边根本没有一个人做期货，也没有期货公司，不知道怎么做，也不知道去哪里做。虽然很想参与，却迈不进期货的大门，也就只好作罢。

进入期货　主动开户

我虽然想接触期货，但一直没有机会。

到了 2000 年，我还是在养猪（一直养到 2001 年），有两个雇工帮忙喂养，饲料是我自己配的，我记得当时我经常要去济宁买大江牌“料精”，所谓的“料精”是一种配料，一百斤饲料配五斤料精，有助于猪长肉。

有一次我去济宁买料精，和卖饲料的老板聊天，说起了股票的事情。因为我还惦记着几年前朦胧接触过的期货，就问他：“济宁有没有做期货的地方?”

“有的，我见过，就在那个做股票的地方。”

“真的?!”我有点喜出望外。

“可不是，就在做股票的楼上。”

“具体在哪里?”

“就在这附近。”饲料老板看我很来劲，“那个地方离这不远，这样吧，我刚好也想去看看股票，我带你去吧。”

我们到了三隆期货，那栋楼一楼是股票营业厅，十四楼是期货营业厅（这栋大楼原是济宁信托大厦，后被自来水公司收购，股票、期货营业厅就搬走了），我后来知道那里其实也不是正规的期货营业部，而只是一个代理点。我和期货公司的一个业务员谈得很投机，说期货是涨涨再涨、跌跌再跌，涨了跌、跌了涨，俨然一个期货行家。听得业务员一愣一愣的，当时和我一起去的还有我们村的两个邻居，后来见了我还提起这个事。我感觉期货做了正向再做反向，可以来回赚钱，现场就开了户。

第二天我就去期货公司入金 10 万元，据说当时是那个业务员手中最大的客户了，成为了重点服务对象。

“期货不就是那么回事吗？不就是涨涨跌跌吗?”我当时想，“凭我对价格走势的判断，期货还不是手到擒来!”

当年，我做期货似乎是迫不及待地进去，原本想大赚一笔，但期货却没有我想象中的那么简单。

赚赚亏亏　很不服气

期货公司的人给我介绍大豆等品种。记得当时大豆在 2200 到 2300 左右，我有点看空，认为能跌到 2000 左右，就开始“操练”起来。

一开始我就赚了一点小钱，现在想来几乎都是运气成分。

当时做期货不像现在这么方便，电脑鼠标点点就可以买进卖出了，那时要买卖，需要期货公司的报单员处理，我记得当时帮我报单的期货公司人员是一位姓王的年轻姑娘。大豆期货公司收我单边 20 块一手（和现在比起来，那时手续费收得很贵），因为我是自动上门的客户，期货公司的经理好像只把手续费中很少的比例给服务我的业务员做提成。

我以为自己能把期货做好，把期货当成小菜一碟。其实我当时连期货基本的规则、道道都不懂，不知道期货的特点、特性，甚至不知道一些品种涨跌幅度的限制，对期货杠杆的作用和风险也只是了解个大概，一知半解，至于期货价格的演变特征那更是不知道了。说到底，**我当时就是一个期货生手，两眼黑乎乎，进入这个市场，注定是要“交学费”的。**

我后来才知道，经过 1998 年国家对期货市场清理整顿之后，2000 年的期货市场是非常低迷的。当时的大豆持仓量很少，成交也不是很活跃，主力合约持仓量 5 万手左右。记得当时的大豆只在上午交易，下午停盘。有一次我买了大豆，价格下跌了，要平仓，结果跌了 20 个点平不出来，跌了 30 个点还是平不出来，直到跌了 40 多个点才平出来。

后来我悟出一个简单的技巧，我 2100 买的大豆，如果要止损，不应现价报单，而应该多给几个点（即平仓是往下打几个点），这样才能马上成交。

慢慢地我想明白了，当市场成交不活跃，或是一次下单的单量比较大的时候，让报单员下单，用市价报单就会有问题。用市价报单，要开仓，往往是方向错的时候能成交，方向对了则成交不了。而在用市价平仓时，也往往是正确的单子很容易平掉，错误的单子很难平掉。单子一旦亏损，市价平不出来，再报单又平不出来，再报单还是平不出来，亏损会越来越大。因此开仓的时候要敢于多给成本，平仓时要敢于多割一点肉，这其实就是抢单子。因为期货的成交机制首先是价格优先，然后是时间优先，同样的报价先报的人先成交，但不同的报价，谁给的价格更好谁就先成交。另外，即使多报了一些价格，成交的时候也是按照对手的价格是多少、单子有多少来成交的，成交结果未必会多付成本或额外亏损，比起成交不了再追价往往还是能“省钱”的。比如，2000的价格，我要买，可以报2005的买入价，这时报单为2000~2005的卖单都要先和我配对成交，如果买入是正确的，那么用这样的方法报单成交反而是合算的，因为如果只报2000的市价，可能别人会先成交，轮到我的时候，价格搞不好已经2010了，甚至追2010也不一定能成交。这方面的经验教训对我2009年到2010年做大蒜和棉花时有很大的帮助。

买大豆的过程中，我亏了一些。身边的“老期货”和我说“这是庄家洗盘，欲涨先跌，目的就是把我们这些散户洗出去”。

我当时对什么叫“庄家洗盘”都不知道，更不用说去理解和研究庄家的手法了。

就这样，做期货不久，我就亏了一点钱，但是我很不服气，认为自己对农产品价格中长期的判断不会错，对短期价格的波动也有一定的想法，怎么就赚不了钱呢？我一定要把亏的钱扳回来！

结果交易做下来，无非就是赚赚亏亏，算总账依然是亏的。2000－2002年这三年时间我都没做好，只是一开始小赚，后来都是亏的。我又急于扳回损失，搞得情绪很不好。记得当时如果持隔夜仓了，有时候晚上就睡不着，还不敢看外盘的涨跌和消息。甚至第二天用电脑看价格的涨跌心里也会怦怦响，有时候还不敢看，只是去“瞄一眼”，看看价格对自己是否有利。

当时，我几乎是“沉迷”在期货市场，2001年猪也不养了，常规的收入减少了，而在期货中又是赚赚亏亏，亏的比赚的多，家庭的储蓄实际上是在变少。只不过在家里，夫人一般不管钱，关于赚钱的事情都是我去处理，当然花钱也要我来支付。我们家的生活水准在村里一直是一流的，即便是我做期货亏了钱，情绪上受了一些“苦难”也都只是我自己一个人承担，夫人甚至不知道我做期货是亏钱的，因为家里的开销费用从来没有缺过，还是和以前一样，吃穿在村里还是一流的。

身边做期货的人几乎都是亏的

我刚开始做期货时，身边做期货的人，或是听别人说做期货的，几乎都是亏的。

有一个人50来岁，做期货，自己的钱亏没了，亲戚凑的5万块钱也亏没了，据说这5万块是他岳父准备买房的钱（当时的房价很便宜，一平方不到一千元）。他是有心脏病的，有一天他在看盘，结果来了个反向停板，他就瘫倒在桌子底下，两个人都抬不起来。

一个年轻人，父亲去世早，母亲带大的。拿了他母亲5万块积蓄做期货，做空大豆，一个月大豆阴跌，赚到了10万。他和母亲说期货这东西赚钱容易，他母亲就和他一起来期货公司，看着电脑行情。结果国家出了个政策，大豆加关税，期货连续三个涨停板，他的钱就连本带利都亏光了，他母亲也空欢喜一场。

还有一个故事不是我所见的，而是听做期货的朋友说的。说是有一个人做期货亏光了钱，为了再搞到钱做期货，而去抢劫杀人。据说是抢了一辆出租车，把出租车司机杀了，把车卖了，然后拿着销赃的钱又去做期货。和他在一个期货公司一起做期货的人不知道他是杀人犯，有时候还在一起吃饭喝酒。有一天他正做着期货，警察来了，把他从电脑前抓走了。

虽然看着、听着这么多人做期货亏钱，但我始终“自大”地认为自己和他们都不一样，认为自己是肯定能赚钱的，而且能赚大钱。

判断大豆要涨

2003年，大连商品交易所转基因大豆合约退市，大豆期货做的是新品种非转基因大豆。在2003年秋天，大豆在每吨2400～2500元的时候，我预计大豆2004年春天能涨到4000元左右。

当时一直在买进卖出做大豆，到了国庆前，我树立了坚定做多的思路。

注：大商所原大豆合约是转基因大豆，于1993年11月18日上市，从1996年开始成为大商所的主打品种，并逐步成为当时中国期货市场的支柱

性品种。2001 年大豆期货成交量为 9077.9 万手，成交金额 19126 亿元，分别占全国期货市场总成交量和总成交金额的 76% 和 64%。2002 年成交量为 6263 万手，成交金额 13221 亿元，分别占全国期货市场总成交量和总成交金额的 45% 和 34%。2002 年 3 月 15 日大商所上市交易非转基因黄大豆 1 号，到了 2002 年 12 月，黄大豆 1 号合约成交量达 1111 万手，占当月全国期市总成交量的 58%，成为国内最大期货品种。2003 年 1 月 15 日是原转基因大豆 S0301 合约最后一个交易日，以 2480 元/吨结束交易，那时期货市场的大豆合约都是非转基因大豆了。后来到 2004 年 12 月 22 日，大商所黄大豆 2 号合约上市，这一合约允许非转基因和转基因两种大豆交割。

1996 年牛市之后，一直到 2003 年，大豆的价格大多在每吨 1800 ~ 2500 元之间箱体震荡。这给了很多人一个固定的概念，因为多少年了价格就是在这个区间徘徊。

那么我为什么判断 2003 年大豆会大涨呢？我开始做期货时的经纪人叫王丽华，她看到我对基本面感兴趣后，把她在火车上认识的一个大豆现货商朋友的电话给了我。这位现货商姓刘，老家安徽的，在黑龙江做大豆生意，我一开始和他打电话的时候因为不认识、不熟悉，沟通比较难，但联系了两三年后，互相熟悉了、认可了，也就成了朋友（后来还常见面）。2003 年国庆前我和他通过多次电话，确认了玉米价值高、大豆价值低的情况已经运行了几年，大豆的价值必然会调整，结合他了解的比较全面及时的大豆收获、供应情况，再根据我当时对家乡周边大豆播种面积大幅减少的切身感受，以及当年的气候环境、库存情况等，我判断大豆要上涨。（我小时候，家乡及周边农村大豆种植面积占耕地的 50%，到 2003 年降到 20% 左右，到 2012 年连 1% 都没有了。）

具体来说，主要依据以下几个方面的分析确认大豆要上涨：

第一方面，2003 年之前，大豆的价格好几年都在低位徘徊，农民种大豆利润很少，和其他农作物相比，尤其和玉米相比，比价关系也处在下风，因此农民种大豆的积极性持续低迷，造成国内大豆种植面积下降（当时国产大豆的产量占国内消费的比重还很大，在世界上也有一定的分量）。

第二方面，因为全球大豆进出口比较畅通，价格联动性好，美国也因为大豆价格常年低迷而减少了种植面积。

第三方面，2003 年秋天美国大豆产区大旱，中国黑龙江大豆产区也受灾，导致北半球大豆亩产下降。

第四方面，中国当时的国家储备大豆只有几十万吨，为了压制大豆价格的上涨，国家的库存早就拍卖光了。同时，美国的库存也在历史低点。

第五方面，中国的经济运行良好，物价持续几年保持稳定，而2003年开始，起了一点通胀的苗头。

第六方面，早在1995~1996年大豆就涨到过3600元左右，时隔七八年后，大豆供求平衡再次被打破，若供求缺口较大，完全有可能再涨到4000元（在这七八年中，其他相关品种的价格都有很大的升幅）。

当时官方公布的数据说是预计黑龙江大豆减产5%左右，其实不然，种植面积、单产都下降，所以现实不像国家公布的那样，实际减产在30%。其实，即使国家知道减产会比较多，也几乎不会说减产30%这样的数据，因为国家有国家的用意，有它的利益出发点，国家必须为稳定物价而努力。

注：在预测价格涨跌时，国家公布的数据能不能相信，相信多少，我们自己心里要有判断，特别是在受灾减产的时候，最好是自己去实地调查，若不能大范围调查，则可以以点带面深入了解实际的情况。

种植面积和单产两者都下降，这对价格的影响是很大的，而且当时国家已经抛光了储备，没有了调控能力。大豆相当于是处在“无库存、低产量”的状态下，价格大幅上涨的基础已经打好。

看对行情 赚不到钱

到了2003年国庆前，大豆期货的价格在2500元左右。当时黑龙江的收购价为1.1元一斤左右，一吨大豆运到大连大约250元左右的运费。这是大豆收获的季节，一般人认为那时的大豆价格到了近几年的最高价区间，人们在心理上已经形成了价格到高位就会回落的固有观念，又在收获季节，认为供应不成问题，价格应该会跌。殊不知，每一次农产品大牛市上涨最快的时候都在收获季节、农产品上市前后，而不是在“青黄不接”的季节。一般人很难理解，但这是市场的简单规律、价格的简单逻辑。因为收获之前，减产还只是一个预期，人们对具体减产多少的判断可能因为媒体报道和国家统计数据的影响而低估，而一旦真正收割，具体减产多少，农民、收购商、相关厂家等最清楚，收购时价格会迅速抬高，农民会惜售、收购商会囤货，这就会进一步抬高价格。

在国庆黄金周放假期间，中国期货市场休市 7 天，其中外盘有 6 个交易日，根据当时的形势和信息的判断，如果大豆假日期间现货上涨很大，那么节后开盘一个涨停板都打不住。于是，我买入了少量大豆的多单过节（说来也奇怪，那时我喜欢重仓交易，可到了关键时刻又被“假日风险”吓住了，反而没有重仓。）

我强烈感觉到大豆的爆发性上涨已经在节骨眼上了，放假前一天的下午，我和另一个做期货的朋友在聊天中说：“节日期间，豆粕的价格每吨至少上涨 300 元。”

他听了，一愣，认为短时间内上涨这么大的幅度是不可能的，“你瞎说吧！”（一般人认为短期内大涨大跌是不正常的，还说什么绿豆妖、红小豆妖、咖啡妖，其实并不妖，在特定的时间、特定的供求关系下，某个品种大涨大跌才是正常的。这也是不少人错过大行情的原因之一。不相信大行情能发生，怎么抓得住呢?）

“你不信啊，那咱打赌。”

“打赌就打赌。”

于是我就和他打赌，如果豆粕节后涨 300 元或 300 元以上，他请我吃饭，如果涨幅不到 300 元，则我请他吃饭，好像还写了一张打赌的“契约”，两人都对自己的判断有充分的信心。

结果，假日期间豆粕现货就涨了 350 元，节后期货开盘当天，榨油厂又涨了 300 元，现货共涨了 650 元。豆粕和大豆当然是连续上涨，中间还有多个涨停板。不过我没有让那位和我打赌的朋友请我吃饭，反而是我请他吃了饭。

虽然我节前持有了大豆的多单，但仓位不大。我之前一直以短线操作为主，我计划着大豆若出现连续三个涨停，若涨停板有打开我就先平出来，然后马上就再次买回去，这样倒一下仓，三板协议平仓的时候，我的单子就能“幸免”了。

注：期货合约连续三个交易日出现同方向涨跌停板，则 D4 交易日结算时，交易所将 D3 交易日闭市时以涨跌停板申报的未成交平仓报单，以 D3 交易日的涨跌停板价，与该合约净持仓盈利客户按持仓比例自动模拟撮

合成交。同一客户持有双向头寸，则首先平自己的头寸，再按上述方法平仓。

2003 年 10 月 13 日，大商所突然连夜发布公告，调整了大豆和豆粕的涨跌停板幅度，把原本 3% 的涨跌停幅度下调到 1.5% 。这是明显有利于空头的政策调整，因为如果涨停板依然是 3% ，连续三板涨停后协议平仓空头亏损会很大，而涨停板改为 1.5% 之后，则可以少亏很多。这说明，当时的空头对交易所的影响非常之大。

以下是 2003 年 10 月 14 日《期货日报》关于大商所临时调整大豆、豆粕涨跌停板幅度的新闻报道：

大商所理事会决定，缩小大豆、豆粕合约涨跌停板幅度

《期货日报》讯（记者　齐宣）由于近期大豆、豆粕期货价格连续大幅单边上扬，特别是昨日在豆粕连续涨停板后，大豆也全线涨停，市场出现了较大的结算风险，应会员要求，为提前防范化解市场风险，大商所昨日召开第二届理事会第二次会议，决定缩小大豆、豆粕期货涨跌停板幅度。

市场人士认为，目前大连大豆、豆粕现货价格大幅狂涨的直接原因是美国芝加哥期货价格大幅走高。近一个月来，美盘大豆期货价格由 570 美分/蒲式耳涨到了 736 美分/蒲式耳，涨幅近 30% ，创下了 1997 年以来的历史新高。受以上因素影响，进入 9 月份以来，大连大豆、豆粕期货价格涨幅均超过 500 元/吨，特别是在国庆节前后，大豆、豆粕期货价格呈现加速上扬态势，在短短六个交易日内分别上涨 300 元/吨和 350 元/吨。

大连大豆、豆粕市场单边暴涨带来了较大的市场风险，特别是近几日大豆、豆粕的连续大幅上涨使部分会员和客户已经穿仓或面临穿仓风险，市场面临较大的结算风险。由此，在会员要求下，交易所根据《大连商品交易所交易规则》第 71 条、第 101 条、第 102 条的有关规定，经交易所第二届理事会第二次会议研究决定，交易所采取如下措施提前防范和化解市场风险：

一、2003 年 10 月 14 日和 10 月 15 日，豆粕 M0311、黄大豆 1 号合约涨跌停板幅度调整为上一个交易日结算价的 1.5% ，保证金按 10 月 13 日结算后保证金标准执行；10 月 16 日，涨跌停板幅度调整为上一个交易日结算价的 6% ，保证金制度恢复正常；10 月 17 日起，恢复正常涨跌停板制度。

二、2003 年 10 月 14 日，豆粕 M0401、M0403、M0405、M0408、M0409 合约涨跌停板幅度调整为上一个交易日结算价的 1.5%，保证金按 10 月 13 日结算后保证金标准执行；10 月 15 日，涨跌停板幅度调整为上一个交易日结算价的 6%，保证金制度恢复正常；10 月 16 日起，恢复正常涨跌停板制度。

三、从 2003 年 10 月 10 日起计算，如果黄大豆 1 号合约、豆粕合约连续 3 个交易日达到同方向涨跌停板，交易所将实施强制减仓，强制减仓具体办法按照《大连商品交易所风险管理办法》第二十条规定执行。

四、2003 年 10 月 14 日、15 日，如果某黄大豆 1 号、豆粕合约未达到涨跌停板，则该合约于下一交易日起恢复正常涨跌停板制度和保证金制度。

今日，交易所特别提醒客户（包括双向持仓的客户）将需要强制减仓的亏损持仓在收市前挂单。

市场人士认为，采取上述措施及时防范化解风险是必要的，能够得到广大会员的理解和支持，对于保证大豆期货市场规范平稳运行具有重要意义。

我的情绪一下子就上来了，心里很不舒服。记得当时一些做多的散户大骂“交易所联合空头坑散户”，而我原本制定的交易计划也被干扰了。再加上自己贪心，第三板打开时，没有马上买入，而是主动平仓后想再跌一点到更便宜的价位买入，结果很快就拉涨停，买不进去了。

虽然这波大豆行情我看对了，也做了，但是由于种种原因，我没赚到多少钱。

持续亏损　第二次破产

做期货，一般的投资者是因为赚小钱亏大钱，最终导致亏损；而我则是亏小钱赚大钱，但由于亏小钱的次数实在是太多了，虽然一段时间后，总能赚一笔“大的”，但日常交易中的买进卖出、来回止损让我持续亏“小钱”，因此结果还是亏的。

我做期货的前几年，赚赚亏亏导致心态不稳，亏了钱的时候急着翻本，于是经常开仓过重，还经常做短线想赚快钱。**其实做期货重仓隔夜最难把控风险，短线搏杀最难赚到钱，只可惜，我当时看不透这些。**

我做期货目标很大，亏了钱之后，更加需要快速赚钱。在凶悍的手法下，一两个月翻几倍也不是稀罕的事情，但赚的钱始终会回去。有时候，用一种方法做多了就涨，做空了就跌，来来回回非常顺手，很短的时间就能翻几倍，但行情波动一变化，这种方法马上就不管用了，钱还是会亏回去。我在 2009 年之前，在期货市场没有真正守住过钱。

我这个人花钱大方，又不会让家里人跟着我吃苦，家里的开销不小，但在期货市场输的钱却越来越多。所以，我只好向亲戚、邻居、朋友借钱，我又好面子，借的钱都会付利息（每年 12% 的利息）。慢慢地，我债台高筑了，如果当时核算我的资产，一定是负资产，相当于破产了。不过，我是一个讲信用、要面子的人，再困难的时候，还钱我也不会差一天，说好明天还就不会拖到后天，世界上总有让我找到钱的地方。可以这么说，**我人生中经历过两次破产，第一次破产是因为逃亡生儿子，第二次破产是因为做期货。**

不过再大的苦，我也是一个人背，家人的生活质量依然要保持，在家人面前我尽量喜笑颜开，而到了屋后，我可能一个人泪流满面。

我生在农村、长在农村，从小到大没少吃过苦。

但让我吃苦最多的、最大的，还是期货市场。那种在来来回回行情中的煎熬，那种隔夜反向跳空的痛苦，那种把生活费都亏掉之后的无助，那种看对行情赚不到钱的自责，那种刚一平仓行情就启动的遗憾，那种看到别人赚钱自己却赚不到钱的郁闷，那种固然坚守却依然惨淡的悲凉……**在没有经历若干轮回，没有彻悟期货本质和规律之前，快乐始终是短暂的，而痛苦却是持久的。**

期货市场的“苦”是如此丰富和极端，若我从小没有吃过那么多苦，可能期货的苦我根本就吃不消、扛不住，可能我早就成为期货市场的“逃兵”了。

在最困难的时候，我甚至一闪而过地想过死、想过逃。

其实，那时死最容易了，活很难，做好期货更难。去死很容易，但必须对儿女、妻子、父母、亲戚、邻居、朋友都要有交代。

有时候，我感觉做期货比死都不如。

但我始终没有被期货的“苦”击垮，我一直坚守，并坚信自己能成功。路是人走出来的，天无绝人之路。死容易，做好期货难，死没有什么了不起的，我要做的是把期货做好。

失败中总结

亏了钱，总要找亏钱的原因。只可惜，不管是在股市还是期市，大部分投资者亏了钱之后，总是去找市场的原因、政府的原因、主力的原因、行情的原因、庄家的原因、小道消息的原因……而很少去找自己的原因。

我后来想明白了，**在任何时候，亏了钱，都只能怨自己，不能怪市场**。我2000年开始做期货，一直到2008年，整个过程是亏钱的，虽然我很早就有了赚钱的理念和方法，但操作下来的实际结果就是亏的。期货市场是一个公平和残酷的市场，它是“物竞天择、适者生存”最佳写照的市场。任何一个做期货的个体，都必须依靠自己的力量去适应市场以及市场的变化，最终“优”的个体胜出，“劣”的个体淘汰。2000年到2008年我始终赚不了钱，那只能说明，在那整整九年的时间里，我相对市场中某些“优”的个体来说，还是“劣”的，那只能说明，我用了九年时间和市场磨合，试图适应市场，试图生存发展，但因为自己的种种原因，依然没有成功。

做期货，买了就涨，卖了就跌，这是不可能的。市场始终在变化，但市场不可能适应我们的想法和做法，我们想要在市场中生存、在市场中赚钱，只能慢慢改变自己适应行情、适应市场，自己想办法求生存、求发展。赚了钱，要总结经验，看自己是因为运气好赚到的，还是因为自己的水平高赚到的；亏了钱要找原因，多找自己的原因，不要责怪市场和他人，发牢骚是严重错误的行为。

虽然，这些年里做期货的结果是没有赚到钱，但在过程中，在赚赚亏亏的经历中，我总结了很多操作“要领”。比如，当利空消息出来时，行情没有跌，那么反而要涨；当利多消息出来时，行情没有涨，那么反而要跌；买强不买弱，当所有品种都跌停了，只有一个品种不跌停，那么如果要买，买这个品种就对了；一个品种的非主力合约涨停或跌停，而主力合约没有跟进涨停或跌停，那么这很可能是庄家做的假信号（非主力合约成交量小，庄家容易打涨跌停)，是用来吓散户的（这一招对中小投资者或许管用，他们可能会跟风或惊吓而推动主力合约的价格运动)；大部分品种跌停，有一个不跌停，并且在低位有大量成交，可以买入……

我有一个重要的经验，就是做期货赚赚亏亏都是很正常的，不能怕亏损，更不能死扛，错误的单子亏钱了一定要舍得砍掉，只要跑得快就死不了，只要还有资金在，就能重头再来。我亏钱了，自己一定会平仓，从来不等到强平才被迫走。亏了就要认，哪怕是反向涨跌停了，该砍还是要第一时间砍掉。正因为我止损都比较及时、果断，那几年虽然持续亏损，始终没有爆过仓。那时，虽然我赚的次数少，亏的次数多，但我赚的次数里有赚得比较多的，赚一次就够亏十次了，因为我经常重仓交易，有时候赚一把可以让我亏好长时间，只不过我始终没有守住赚到的钱，亏的次数还是太多了。当时有个期货公司的经理，看到我几年了赚赚亏亏都还在市场里“混”，说我是“主力打不死的妖精”。

我还有一个反思，那就是：期货短期的盘面交易和长期的价格涨跌预测是两回事。从长远来看，现货和期货的基本面应该是一致的，是同样的基本面信息在影响两者价格的长期走势。可以这么说，期货和现货中长期的涨跌是一回事，只要把现货的各个基本面要素分析清楚了，期货中长期的价格走势也就知道了。但是，由于期货和现货毕竟有较多的不同点，比如同样一笔资金对短期价格影响的不同、杠杆的不同、死扛亏损的时间不同、双向交易的不同、涨跌限制的不同、交易制度的不同，等等，更重要的是参与者心态的不同、价格变化对心情和判断影响的不同、情绪变化对操作影响程度的不同，因此，从短期来看，期货盘面的交易买卖和现货的买卖是两回事。

期货太自由，做期货容易受外界和自己的干扰，即便之前有一个坚定的看法，也可能很快就发生变化，然后又因为期货可以让你随时“认错”、随时“改方向”、随时“止盈”、随时“止损”，期货价格的变化可能会“引发”你过多的思考，让你不再坚定，甚至让你改变方向，这就导致了交易的冲动性和随意性。原本制订好的计划，在盘中修改或完全变化，对很多期货投资者来说都是“很正常”的事情。

都说做期货必须克服很多人性弱点，比如贪婪、恐惧、懒惰、骄傲、冲动、妒忌等，都说这些人性弱点的“发作”是期货亏损的重要原因，我基本认同。但只要是人，多多少少会有一些贪婪、恐惧、懒惰、骄傲、冲动和妒忌，也无法完全克服这些情绪，甚至在该贪婪的时候还是需要贪婪的。这些人性弱点都要尽量克服，但我觉得最最要不得的还不是通常人们所常说的这些，据我多年做期货的切身体会和对很多做期货的朋友的观察，从自己和别人的成败得失中深刻感悟到的是，“懦弱”绝对不能有！**在期货交易中，懦弱比其他任何人性弱点的危害性都要大。**我看社会上各行业的成功者，有贪婪的、有冲动的、有骄傲的，但绝没有懦弱的，懦弱是成不了事的，特别是对一个男人来说，岂能懦弱？做期货勇气必须要有、目标必须要有、信念必须要有，懦弱绝不能有。做期货要有判断力、要有勇气、要有执行能力，该果断的时候必须果断，除了那些靠背景、权力或不法手段而赚了大钱的人，任何领域包括期货市场，**凡是成功者，都具备这样的素质：关键时刻判断力强，重大机会有勇气出手，细节方面执行到位。**

做期货定力也很重要。没有定力，看错了会动摇，看对了，行情一波动也会动摇。没有定力，就会导致无谓的进进出出，就会导致没有深思熟虑的换品种，就会导致做多做空方向频繁切换，就会导致一会儿短线一会儿长线乱做一气。没有定力，做期货必亏。

另外，经历了期货多年风雨，我的信心依然是满满的。虽然我一直没有走出赚赚亏亏的“泥潭”，甚至有点越陷越深，但我始终坚信自己会在期货市场获得成功。做期货、做投资，或者做其他任何事情，都需要自信，没有自信，事情多半是做不成的。但**自信不是凭空想象出来的，自信需要知识、经验和能力作支撑。**自信应是要有足够的依据的，自信所坚持的观点，背后必须意味着对真理、对自然法则、对宇宙规律的感悟、理解和认识，而不是对自我主观臆想的固执。

我觉得凭我对众多品种现货市场的了解程度和动态变化的把握度，凭我当年对大蒜、生猪市场分析和成功运作的经验（种大蒜和养猪），凭我打不死的韧性、肯吃苦的态度、专研的精神，还有做对了大赚一笔、做错了跑得快保全实力的能力，我想我在期货市场的成功只是时间问题。时间没到，说明我受到的煎熬还不够，说明我心境的磨炼还不充分，说明我对期货交易的手法还不成熟，只要继续努力、持续坚持，胜利必然属于我。这些年，我对市场始终没有失去信心，对自己也始终没有失去信心。

当然，作为一个农民，是“体制外”的人，“全职”做期货后，期货上不赚钱，家庭就没有了收入，将来国家也不会给“养老金”，这让我有一些担忧，但也让**我意识到自己没有了退路，必须勇往直前，必须把期货做好**。

急着突破　但成效不大

我就这样，平时亏，抓住一次行情赚一次大的，然后又可以活很久。不停地总结经验教训，似乎一直在提高，但始终没有走出来。

我那时喜欢重仓交易，而且几乎每次都重仓，不去区分怎样的行情适合重仓，怎样的行情只能轻仓。老是重仓交易的原因是我急着想翻本，急着做大，因为我在期货市场已经惨淡很久了，已经煎熬和纠结很久了，总想着早点走出来，而且我所谓的走出来还不是简单的赚点钱、过点小日子那种，我要的是赚大钱、出人头地。怀着想早日做大的心态，每每重仓交易，似乎总是时不待我的样子，到头来，本没有翻回来，反而亏得更多了一些，钱没有做大，反而做得更小了一点。

那时，很长一段时间，我还喜欢做短线，甚至做到了痴迷和难以自拔的地步，不管有没有行情，整天在那里来回倒，生怕错过什么似的。我总想着短线机会多，赚钱快，另外还相对比较稳当，特别是在隔夜受了一点伤之后，会更喜欢做短线。记得我短线做得最疯狂、最频繁的时候，5 万块钱的账户，来来回回，一天做过 2000 手单子，现在想来都感觉很神奇，不过神奇归神奇，钱还是没赚到，尽是给交易所和期货公司打工了（做短线交了很多手续费）。

做短线错过流畅性行情了，就想着短线抓不到大行情，要做隔夜，而做了隔夜要是做不好或是没行情呢，又想着还是做短线好，可以抓更多的机会，竟是来回折腾，或是短线和隔夜一起上，乱作一气，完全没有交易纪律。很多时候，即便事先制订了“周密”的交易计划，一到盘中，也就被上上下下的价格跳动“吸引”和“迷惑”了，手痒、心痒的感觉很容易冒出来，赚一把就走、先走掉等一下接回来这样的心态也时常发生，于是哪里还去管所谓的计划，忍不住又下场交易了，这一交易，不管是赚是亏，很快就乱了套，又变成随手交易、冲动交易、频繁交易了。

已经能赚钱　但守不住利润

2005年到2006年，我做期货应该说已经具备了一定的赢利能力，但是还存在着较多的问题，**而只要还有问题存在，任何一个问题都会吞噬你的资金，只是或迟或早、或多或少、或频繁或偶发而已，**因此这两年的交易做下来整体上还是平平手。逐个认清这些问题，然后一个一个去克服，是一个艰巨的任务，因为自己总会给自己太多的推托和理由，做期货的人（包括做股票的人，甚至是做任何其他事情的人），似乎赚了钱都觉得是自己的功劳，而亏了钱则都是外部因素造成的，比如去责怪政府、交易所、外盘、主力等。要给自己制订计划和纪律，然后自己监督自己去执行，这说说简单，做起来很难，因为人往往约束别人比较乐意，而约束自己则会心不甘情不愿，往往全盘否定别人都能做到，而否定自己一点点也总是舍不得，另外，**任何人在本质上是向往自由的，约束自己就是和"自由"对抗，和自我本质进行对抗、战胜自我，那比战胜外在事物要难得多了。**

但不管怎样，问题还是要去面对，纪律还是要去遵守。当时的我，要么去解决问题、遵守纪律，要么继续亏钱。我肯定不能继续亏钱。

到了2007年，我的交易有所改观，纪律性有所增强，手痒的问题基本解决，并且很难被行情诱惑，基本上能够根据自己的分析和计划去交易。总体来说，能有点钱赚了。"没事的时候要怕事"，就是说事情还没有去做，就要做好详细的分析，详尽的计划，把所有坏的情况都考虑到并把解决方案提前想好；而"有事的时候不能怕事"，就是说一些坏的情况真的发生时，要敢于面对，冷静处理，哪怕是预料以外的坏事发生了，也要坚决应对。

经历了7年的赚赚亏亏、沉沉浮浮之后，从2007年开始，我感觉自己快要"成了"，知道自己的方法体系已经没有太大问题了，就看后续的行情能否配合，另外就是自己的操作能否到位、心态能否调整好、资金管理是否恰当。当时我一直期盼着"成了"这一天尽快到来，并感觉自己会很快能实现。但事情并没有那么简单。

当时的我在期货市场已经待了七八年，但还没成功，心里不知道有多着急，这心急的问题，始终没有克服。

在 2007 年和 2008 年，当我盈利了，如果把利润拿一部分出来，剩下的钱继续交易，再盈利了，再拿一部分利润出来，用这样的方法，是可以保持一些盈利的。我家里的房子是 2007 年盖的，说来也巧，我当时期货账户里只有几万块钱，盖房子的时候，都是赚一点拿出一点，赚一点再拿出一点，这样房子盖好了，花了 30 多万元，账户里居然还有几万块钱。我 7.2 万元的奇瑞车是 2007 年买的，用的也是期货账户的利润。

而当我盈利了，如果不把赚的利润取出来，那么没过多久还是会把赚到的钱亏回去。**我一心想赚一笔大的，一心想在期货市场实现真正的翻身，就老会重仓交易，心急的问题不克服，分析得再全面、再准确，行情的把握能力再好，也敌不过市场的一波正常回调。**

2007 年 10 ~ 11 月　做多大豆　又没赚到钱

2007 年大牛市，我看对行情却赚不到钱，主要原因是仓位太重，经不起行情的折腾，行情反向一点就要砍掉，然后再做进去再砍掉，单子拿不住。

记得 2007 年国庆前，黑龙江大豆在 1 块 6 左右一斤，接近历史高价 1 块 8，当时的期货价格在 4000 元左右，我根据当时整个经济环境、大豆的供需情况等基本面分析，再结合这几年的物价水平，预期大豆应该还会涨不少。我当时还鼓动一个做现货的朋友 1 块 6 多收一点大豆，可惜他没听我的，他感觉价格比较高了，不敢收。

我在国庆前，账户里有三四十万元，持有 70 手大豆的多单，因为预期国庆后要涨，在最后一个交易日收盘前又开了 20 手。我想着国庆期间要是美盘大涨，那么国内大豆期货节后开盘就要涨停，可以大赚一笔（生怕国庆放假期间外盘大涨，错失机会）。

国庆期间，刚好家里装修房子，没有去关注盘面。等假日最后一天回到办公室，准备第二天的交易，却发现 CBOT 大豆跌了不少。心想这下坏了，明天开盘要亏很多了，搞不好还要跌停。

这里还有一个戏剧性的事情，我看到我账户里不是 90 手多单，而是 70 手多单，20 手空单，原来是我在国庆前下的 20 手单子敲错了，多单做成空单了。这就相当于我的账户只有 50 手多单的净头寸。这倒还真让我松了一口气。

10 月 8 日，节后第一天，大豆开盘触及跌停，但没封住，又被拉起了。因为我看多的思路没有改变，还是认为后续大豆还要涨不少，于是我平掉 20 手空单，还反手做多。

当天大豆就涨了一些，整个 10 月份涨得还不错，我也就赚了不少。但到了 11 月行情就涨不动了，11 月中下旬又有一波下跌。因为我仓位太重，在下跌行情中又把利润吐了回去。后来大豆又涨了起来，2008 年初涨到过 5500 元左右，这波行情我基本上错过了。

回想起来，**做期货，该重仓的时候确实应该重仓，但不能时时刻刻重仓，**毕竟行情是波澜曲折的，即便是大行情，也常有短时间折返的情况发生。方向看对了，钱也赚到了，却没有控制好仓位，在折返行情中吐光了利润甚至倒亏，那是非常可惜的。

2008 年金融危机　做空铜　还是没赚到钱

2008 年 9 月底，我通过综合分析，做空了铜。我做空铜有很多的理由，主要是以下几点：

1. 很多商品，包括铜，在高位盘整很久了，已有一点下跌的趋向。这个时候国际经济环境不太好，次贷危机频频发作。而铜是国际经济的风向标，如果国际经济不好，那么铜也好不了。

2. 美国、英国等国家房子卖不动，消费动力不足。

3. 中国的房子销量也开始下降，经济环境也不算好。

4. 2008 年之前，全球持续了几年的大通胀，各国央行都在收缩货币，这是显而易见的，对价格的影响将在某个点上爆发。

5. 中国国内因为要调控 CPI，不断加息、提高准备金，资金面收紧了。

虽然我对铜这个行业没有亲身的接触，但铜这个品种是经济的风向标，经济不好、消费低迷外加货币收缩，那么铜就必然要下跌了。我想如果铜这次还跌不下去，那么真的就跌不下去了。此时不跌，更待何时？

我对国庆期间外盘铜的下跌有着强烈的感觉，因此节前 30 万元左右的本金能做空几手铜就做空几手。

因为我是山东梆子戏的戏迷，国庆期间山东济宁市梁山县有一年一度的戏迷、票友联谊会，我就带上老婆孩子一起去了。我们还去爬了梁山，参观了水浒基地。

9月中下旬雷曼的破产，在国庆期间全面引爆了次贷危机，全球金融海啸迅速蔓延，世界主要国家的股市和期货市场在国庆期间全面暴跌。

上期所的铜，在国庆开盘后，连续两个跌停，我已经赚了不少，而按照国际铜的跌价幅度，国内的期货铜应该还要有三四个跌停板。因为我知道交易所三板协议平仓的规则，就想着第三天开盘先出来一下，然后再空进去，这样协议平仓就平不到我的单子了（先平仓出来再做空，就是新的空单，协议平仓平的是老的空单，并且按照盈利大小顺序和亏损的多单配对成交）。

第三天开盘，开在跌停板上，我就先平仓了，按照计划我应该马上空进去，但我看着跌停板被打开了，而且价格有点往上走，我就想等价格多上去一点再抛，这样就可以多赚几百个点的差价了。哪知一个犹豫、一个恍惚，铜又跌停了，并且被封死了，我的空单就开不进去了。

不管怎样，这一次空铜赚了1万点左右，资金上也算是“赚了个大的”，大约赚了50万元。只可惜，这次赚的钱，非但没有守住，并且还在很短的时间里亏回去了。

我把铜平出来以后，铜连续跌停，做不进去了，就不做铜了。我做多了豆粕，因为：第一，我发现豆粕的现货价格是2800元，而期货价格是2600元，期货太便宜了；第二，经济危机中工业品的价格确实应该大幅下跌，因为工业品的需求会大幅下降，但农产品的价格则不应大幅下跌，因为农产品的需求还在，不会有太大的变化；第三，相对其他商品而言，10月8日后，豆粕表现得相对强一些。

我在2600点做多了豆粕，结果豆粕也跌了。跌了我逢低买，涨回去一点我抛掉一些，又跌了，我再逢低买……就这样，豆粕从2600点跌到了2100点左右，跌了500个点，我亏了300多个点，但是我仓位太重了，亏损较大。

做豆粕的同时，我还做了一点橡胶，因为橡胶的现货15000，而期货只有12000~13000了，我觉得太便宜了，就去买，结果橡胶跌到了8500，我来回倒仓，还是亏了2000多点。

就因为铜的空单平仓后没有及时开进去，反而去做多了豆粕和橡胶，真是“失之毫厘谬以千里”，本来已经赚了50万元左右，结果不但利润吐回去了，还倒亏10万元，账户里只剩下20来万元了。

我充分感受到了“天予不取，必受其咎”这句话的威力。

2008年年底2009年年初　价格物极必反

2008年10月到12月，各品种几乎同步下跌，铜从5万多跌到了22000，橡胶从2万跌到了8500，豆粕从3300跌到了2100。几乎所有的商品都跌破了成本价，而这个时候各国都开始放松货币，刺激经济，商品也就达到了物极必反的条件。2008年年底各商品绝地反击之后，到2011年年初，铜涨到了7万多，橡胶涨到了4万多，豆粕涨到了3500左右。

我在2008年12月下旬到2009年年初，通过做多豆粕、燃油等相对强势的品种，又让资金成倍上升。可是到了2009年二三月份，各品种大幅波动，我因为仓位太重，不断止损，赚到的钱再次亏回去。

2009年年初，我做多赚了钱又亏回去，一方面是因为重仓，另一方面则是因为自己对行情的分析不够坚定。世界经济依然不景气，市场上的绝大部分人、身边的绝大部分人都还处在金融危机、经济萧条的氛围中，我虽然从各国放货币的信息中预期行情会涨，但对绝大部分期货品种的现货供求关系都不太了解，如果只是针对一个品种（比如大蒜）我是可以坚定自己的预判，但对很多其他品种，则没有足够的依据说服自己。而我当时又偏偏做了好几个我不太熟悉的品种，比如燃油、橡胶、铜等，对这些品种的上涨我心里没底，只是在大概要涨的心理预期下操作，也就敌不过行情的波动，有了浮亏就砍仓，甚至有时没了定向，还去做空，结果来回被洗。

总结2007年、2008年为什么拿不住利润

为什么2007年、2008年我好几次都是看对了行情，却没有赚到钱，即使赚到了钱，又会把利润吐回去呢？因为做期货不是“看行情、分析市场、做交易”那么点事情，要做好这几件事已经很不容易了，但真正要做好期货，单单做好这几件事还远远不够，最多只是解决了一半的问题。**做好期**

货，要解决的问题太多了，资金管理做得不好，心态没有处理好，还是要亏钱。

我总结了 2007～2009 年年初，我始终拿不住大利润的原因：

1. 贪小便宜

铜赚了 3 个跌停板，计划平仓出来后马上空进去，但因为想再多赚几百个点而错过了上万点的行情。做期货要看得长一点，虽然做的时候可以短做，但必须明确短做是为了赚价差，后续不管价差赚到没有，必须尽快回到原来的持仓上，决不能由于短做而乱了章法，如果短做会影响长做，那么还不如放弃短做。

2. 没有充分考虑大势

2008 年国庆节后，行情暴跌，大家都恐慌，全球的恐慌也没有止住，下跌的行情不会那么快就缓过来。我本来是看空、做空的，只是因为铜没有重新空进去，错过了太多的利润，临时改变了想法，居然在明确下跌的大势下去做多豆粕，实在是不应该。

3. 心急、没有耐心

2008 年平了铜之后做多豆粕，时机很不好，为什么做进去就是因为心太急了，在铜上面错过了好多利润，急着想在其他品种上赚出来。豆粕也不是不可以做多，它相对其他品种来说确实是比较强的，农产品也确实不应该和工业品一样如此暴跌，但在泥沙俱下的时候，价格再便宜，也不应该做多豆粕，而是应该等一等，等整个市场下跌的大势有所缓和，行情趋于平稳，绝大部分商品稳住或者价格有所回升的时候，才能去尝试做多相对强势的品种，那时做多豆粕机会会更好。比如 2011 年 12 月，做多豆粕便是好机会。

4. 风险意识太低、仓位太重

我觉得自己天生就是个“野心比较大”的人，不甘于平庸，更不能忍受长期的失败，当我在期货市场沉浮多年，但依然没有成绩时，想尽快做大的心思总是占据上风，而必要的风险意识则处于下风，交易的手法太过凶悍，导致资金的波动太大，利润不取出来就很难守住，反而让交易上的成功姗姗来迟。实际上，一个人身体好不好和吃多吃少关系不太大，吃东西适量就行了，现在生活条件好了，很多人是因为吃得太多而身体不好，吃得少的人反而身体好，**做期货最终能不能赚钱、能赚多少钱和仓位大小**

关系也不大，要赚钱只要有适量的仓位就可以了，反而那些亏大钱的几乎都是重仓交易的。

2007 年 9~11 月我做多豆粕，赚了不少，但因为仓位太重，没有守住利润；2008 年国庆前后，我做空铜，也算是赚了一笔，但后续做多其他品种仓位太重，也把利润吐回去了。期货行情，从中长周期来看，本来只有 20%~30% 的时间是趋势行情，而有 70%~80% 的时间是震荡行情，而且那 20%~30% 的趋势行情也不是一气呵成的，中间也有停顿和反向运动，一味的重仓交易，适合的行情少，不适合的行情多，赚到了钱又吐回去也便是自然而然的事情了。

不分情况、不分机会大小、不分行情确定性概率有多高，老是满仓交易、重仓交易，那是极其危险的，因为即使方向判断对了，行情的演化路径也不会总是一条直线就去了。仓位太重，就抵抗不了路径的曲折，也抵抗不了主力的洗盘，看对了，还是会亏。如果预判最低跌到 10000，那么布局的仓位应该在价格跌到 9000 的时候仍然不被强平才行，要给自己留一点余地，这样心理才扛得住。

5. 在不够坚定的行情中来回止损

因为想抓住尽可能多的机会尽快做大，也就会在看不清、参不透的行情中追涨杀跌。2007 年到 2009 年年初，我很多的钱就是亏在来回止损上。其实**对行情的预判不够坚定，就应该不参与，即便是参与了，也只能是小仓位尝试，**尝试也只是为了保持自己对市场的敏感度。而我却在没看懂的行情中大仓位搏杀，心里没有个定向，操作受行情波动影响就大，老是追涨杀跌，被来回洗，来回止损，钱就这样被止掉了。因此，在没有确切的把握的时候，绝不能开大仓。小行情的时候，可以不停地试单，对市场保持关注、保持熟悉，保持一种交易的感觉，一直处在市场中，才能提高对市场的敏感度，但在小行情中尽量要少亏，最好是不亏，如果能略赚则更好了。在小行情中要懂得保存实力等待机会，单单一个大豆不出六年就会有一波大牛市（1996 年、2003 年、2007 年、2012 年），机会来了要有充足的子弹打一个大战役。

2009~2010 年，操作大蒜和棉花行情，我基本上克服了以上五个问题。

确信自己已经掌握了正确的方法，确信自己能赚大钱

2008 年的时候，我其实已经欠了亲戚朋友不少钱了，虽然在期货市场总账没有亏多少（毕竟方法已经找到、经验也总结了不少），但借亲戚朋友的钱我都是给利息的，利滚利地上去，欠的钱就越来越多了。当时我的心里压力很大，又不想让家人知道我实际的困难，所有的煎熬都一个人承担。带着这样的压力做交易，即便有再好的方法，也会在某些时候过于心急，又在某些时候缩手缩脚，交易结果就大打折扣。**但我始终坚信自己对市场运行规律的理解、对行情的分析方法都是对的，看对行情赚不到钱的时候，我只有自责，没有怀疑。**

能够在期货市场赚大钱的信心我一直是有的。

（1）我做期货的分析能力、交易能力已经具备了，对行情的捕捉有了自己的一套方法。前面两三年我关心的品种，大的行情机会几乎都能看到，不少机会也去参与了，长假行情更是一看一个准、一做一个对。

（2）我亏了这么多年，已经练就了在绝境中生存的能力，成为市场"打不死的妖精"，有着决不放弃的信念。今天亏了，还有明天，这一次的大机会没有处理好，下一次还有大机会，这一个 5 万亏了，下一个 5 万还能做回来。

（3）我对农产品的了解程度比绝大部分期货投资者要高，自己种过多个农作物，对各个农产品的特性比较熟悉，能够通过各种渠道了解真实可靠的供求关系，并且能实地调研、切身感悟，对农产品行情的把握有充分的信心。另外，农产品期货上市交易的品种越来越多，农产品电子盘的品种也不少，在农产品领域，有了更多的品种，就有了更多的机会，我可以做到"哪里有鱼去哪里捕"、"广开门面做生意"。做农产品，一个阶段可以重点做一个品种，但长期固定死做一个品种的成功率太低，一方面，一个品种可能五年、十年才有大行情；另一方面，一个品种即使有大行情，也不一定能看到，看到了也不一定能做到，做到了也不一定能大赚；而品种多了，就不一样了，只要分析到位，在不同的时候可以抓不同品种、不同级别的机会，总能有所收获。

（4）**我做期货树立了大志向，明确了抓大机会的核心理念。**我总结了

做期货要有“五戒”：戒浮躁、戒心急、戒贪婪、戒恐惧、戒盲动。浮躁、心急、恐惧、盲动这四个最好要全戒，而贪婪则不能全戒。针对平时的操作、日常的行情而言，要戒贪婪，但在大机会来临、大行情发生的时候，该贪婪还是要贪婪的。当根据综合分析、亲自调研，发现一个大机会，能够100%预判一波大行情的时候，就要坚定方向、全身投入、一击必中、持久周旋，这时不贪婪是赚不到大钱的。做期货必须要有大志向，心里能装得下多大的财富，才可能赚到多大的财富。大好的江山，要有广阔的胸怀去接纳，要有雄心壮志、广大目标。一个人没有鸿鹄之志，哪能成就大事。

说到底，就是**平时不能贪婪，该贪婪的时候要贪婪，人不能天天狠，但该狠的时候一定要狠，否则大机会就会错过**！项羽该狠不狠，鸿门宴不杀刘邦，结果反过来被刘邦灭了。

（5）**我明确了做大行情、抓大机会要看基本面、要做供求分析的核心方法**。做期货，想做大，必须用基本面分析，研究供求平衡和失衡，研究价格在不同供求关系上的表现，研究不同因素对供求关系的影响。通过技术分析得出的结论都是不确定的，只有通过基本面分析、供求分析得出的结论才能相对确定，甚至可以确定到100%，这样才能坚持，才不会被行情的波动所困扰。据我所知，真正伟大的投资家，能掌控巨量财富的投资大师，都是从基本面、供求关系出发的。索罗斯狙击英镑、做空东南亚，这样的大手笔，必然基于他对相关基本面信息的确信无疑，至于技术面，他甚至可以利用资金优势，短期做一些技术图形出来迷惑别人或让大家去跟随。做期货，要涨还是要跌，不能只凭技术分析，不能只凭盘感，或许做短期交易的可以用用技术分析、盘感操作，但做中长期投资，抓历史性大行情，则技术分析和盘感往往就不管用了。当大行情到来的时候，所有技术指标都会失效，超买之后再超买、超卖之后再超卖，那才是大牛市和大熊市，不能有恐高症和恐低症，更不能画几条线试图去“撑住”或“压住”价格，一条线能挡住几个涨停板呢？技术分析是有缺陷的，或许用它赚小钱是可以的，但要赚大钱，我看是不行的。

如果把做期货比作练武功，那么技术分析只是练招式，见效快，三天就可以耍了，一年两年就觉得自己厉害了；而基本面分析则是练内功，见效慢，五年小成，十年大成。但江湖上真正厉害的高手，内功必然是深厚的，那些花拳绣腿，在小范围小打小闹可以，碰到大场面、遇到大战役则胜不了。练招式的人，把招式练绝了，最多也就成为“专家”，要成为“高手”，那还必须要练内功。而内功深厚的人，则不一定需要招式，可以做到见招拆招、无招胜有招。基本面分析做得好，可能会长期不赚钱，或者经常亏小钱，但抓住一波行情“短期”就能赚大钱，而技术面分析得好，则只能赚小钱，能不能持续赚下去还要看市场的变化。按照技术分析进场，实际上是对当下价格的“搅局”，搅局的人越多、资金越大，行情发展的变化就越大，之前有效的技术分析手段失效的概率也就越大，由此技术分析是赚不了大钱的。当一种方法失效后，面对市场新的波动特征又会冒出新的方法，如此循环，就导致了技术分析者永远在找方法。而只有基本面分析的方法才是真理，才能恒久有效。很多研究技术分析的人，花的时间、精力也不少，不如把这工夫花到基本面分析上来，深入研究供求关系，那样收获会更大。

很多只研究技术分析的人，有点掩耳盗铃、自欺欺人的感觉，不但“骗自己”行情要怎么走了，还可能拿着分析“结果”去骗别人。只看着价格现在在什么位置，是怎么走过来的，就去预测它未来的走势，是不可取的。现在的价格在这个位置，供求关系是怎样的，之前的价格也在这个位置，供求关系又是怎样的，现在走出来的图形对应的供求关系是怎样的，之前类似的图形供求关系又是怎样的，这里有很多的不同点，今年和往年是不同的，明年和今年还是会不同，这种预测无法确定，甚至连概率是多少也不好说，不像基本面分析，我可以确定未来 100% 要涨，或者明确上涨的概率是多少。

技术分析的人认为“价格包含一切”。单单这句话，从字面理解是没错的，但怎么去定位这个价格，它到底包含了什么呢？同样的价格是否包含相同的因素？同样的图形在不同的阶段出现是否包含相同的因素？技术分析者根本就无法回答这类问题。只有找一个能够定位价格的方法，能够有把握地确认价格将往哪里发展的方法，心里才有底。**“价格包含一切”这是只研究现象不研究本质的理念和作为，是放弃研究本质的借口。**汽车跑得比自行车快，速度的快慢只是表象，本质原因是汽车有发动机，它的动力更强。冬至后气温缓慢回升，这只是现象，其本质是太阳北回，太阳日照的时间长了，吸收的热量大于放出的热量，天就会慢慢热起来。冬至后还会冷一段时间，甚至有时比以前更冷了一点，只研究现象的人就看不懂了，也不知道怎么办了，而研究本质的人则知道，这一段时间的寒冷是因为散出去的热量还是大于吸收的热量，太阳必须北回到一定的度，才能扭转热量的入不敷出，再过一两个月，时间点到了，春天的温暖必然到来。

技术分析的人认为应该“重势不重价”，这是有问题的。在现实的操作中，势已经出来了，仓位已经跟进了，但价格回调了，甚至出现浮亏了，怎么办？**画线画出来的“势”是不起作用的，那是滞后的“势”。用基本面分析出来的“势”才是有用的，才是领先的“势”。做期货要重势，也要重价。**若是牛市，逢低买才更好，若是熊市，逢高卖才更有优势。价格涨了会回调，跌了会反弹，价格必然是来回运动的，技术分析敢不敢确定一个“势”呢？价格跌了之后，上涨，技术分析者认为是反弹，又涨，认为是大反弹，再涨，他终于知道了：哦，牛市来了。早上哪儿去了？晚了一大截了！老早就应该预测要上涨，要敢于确定上涨的趋势，要战略性地买在低位，等技术分析者知道牛市来了，牛市可能已经走完一半了，这时建仓成本就高了，很容易被“洗”出来。所以**“重势不重价”听起来好听，用起来很不好用。**

做技术分析的人认为历史会重演。但一个“战役”结束后，总结的只是当时打仗的经验，只是对当时特定的战场环境、敌我力量、敌我士气、敌我战略战术等方面的一个总结，这个总结肯定有用，但当下一场战役来临的时候，有很多地方都会发生变化。虽然打仗的“道”是相通的，但每一个战役的表现形式都会有不同之处，如果总结的只是“形式”方面的规律，而不是“道”的本源规律，那么用于指导以后的战争，恐怕是不行的。根据当时的情况分析现在的可能性是可以的，但现在和当时必然已经不同，我们还必须知道现在和当时有哪些不同的事物在影响价格，也必须知道同一类事物在现在和当时的不同表现以及对价格影响的不同力量。比如拿现在和三十年前相比，现在市场经济地位已经确立，和当时的市场环境已有不同，现在社会，媒体发达、网络发达、通信发达，信息的传播更快、更透明，价格形成和变化的速度、幅度已经和以前有所不同，即便是相同的因素，在现在和以前对价格影响的能量也有所不同了。就像一样的原料，调料不同，烹饪的手法不同，做出来的口味必然会不同。另外，在期货市场，上市的品种越多，各品种相互之间的影响也在微妙变化，历史经验不能简单照抄，不可同日而语。因此历史可以参考，**历史也会在一定意义上重演，但历史必然不会简单重演**。不能让历史成为包袱，成为束缚，成为干扰我们对未来判断的因素。得诺贝尔经济学奖的经济学家，其理论知识是对今天之前的经验总结，即对历史事件的思考、分析和总结，但未来必然会有变化，如果要指导未来，就必须把变化也考虑进去，否则就不能用来指导未来。长期资本管理公司的倒闭，就是因为只注重历史总结而不注重未来变化。对历史上从未发生过的事情，能有提前的发现或预判，那才是大智慧。

哪怕是做套利，也是应该用基本面分析的方法。若是用技术分析，统计历史平均价差、“极限”价差，并在价差到历史“极限”区域时做价差回归的套利，这是不合理的做法，因为历史是历史，现在是现在，历史上的“极限”价差放在今天或许就是正常价差，不能因为历史上价差到了“极限”区域每次都回归就推导出今天也必然回归。今天的环境和历史的环境必然有很多不同点，如果不同点足够多，分量足够重，那么价差突破历史“极限”，再发展一些甚至发展很多都是有可能的。用技术分析的方法做套利，可能十次可以对九次，因为超越历史的情况毕竟少发生，但一旦发生了，错误的那一次就能让套利者彻底失败，这完全是小赢大亏的操作模式，不可取。用基本面分析做套利则不拘泥于历史价差，而是着重分析目前这个价差产生的原因有哪些，根据现在作用于价差的因素来看，价差会扩大还是缩小，如果价差会扩大，那就做扩大的套利，如果价差会缩小则做缩小的套利。用基本面分析的方法，做不做一项套利，取决于推动价差往一个方向运动的供求关系因素还在不在，作用力有多大，而不是历史价差是多少、现在价差是多少。2010 年用技术分析做套利，棉花抛 9 月买 1 月的人亏大了，2012 年用技术分析做套利，豆粕抛 1 月买 5 月的人也亏大了。

说到底，市场为什么涨为什么跌，不是 K 线、不是图形说了算的，涨是该涨，跌是该跌，涨跌是由市场的本质力量决定的。什么是市场的本质力量，一是供求双方的能量对比，二是所有参与者各种想法的表现。价格是市场本质力量博弈出来的结果，中长期价格主要由供求力量博弈而来，短期价格则主要由参与者想法的表现博弈而来。做期货是做未来。看着一天行情的涨跌用处不大。一天的行情变化不能决定未来的价格走势，能够决定未来价格变化的，只有基本面。供和需的平衡差距、平衡差距有多大，这决定了价格的形成和变化。价格的高低和波动幅度与平衡度紧密相关，供求平衡度的失衡越大，行情越大，价格变化幅度越大，价格可能越高或越低。价格的形成和价格的变化，是买家（需求方）和卖家（供给方）博弈的结果。**需求的力量和供应的力量相互博弈，在一个阶段内，谁的力量更大，谁就更能推动价格往一个方向变化**。当然，具体操作还要看相关品种的特性，以及外在较多因素和条件的影响，这些必须结合起来、对照着看，才能真正透析供求力量博弈导致的价格变化。

市场为什么涨，为什么跌，或者价格为什么必然会涨，为什么必然会跌，是可以定性分析，也可以定量分析的。1 + 1 = 2，5 - 3 = 2，0 + 2 = 2，要知道一个数值是怎么得来的，要知道前提条件和影响因素，对性质和数量心里有数了，才能看对行情、做到行情。

分析基本面，也要明白基本面本身是动态的，要用发展的思路、动态的眼光、实事求是的态度分析问题。比如有时候增产也可能是利多，供应增加5%，而需求增加10%，如果前一年是供求平衡，价格又在相对低位，那这一年的价格就要上涨；比如有时候供应减少，需求增加，那就会导致严重的供不应求，如果价格在相对低位，就会形成大牛市；比如某个品种出现了严重的供不应求，外部环境也配合，货币宽松，经济形势一片大好，又处在通胀之中，其他相关品种的价格已经上涨很多创了历史新高，而这个品种的价格则被长时间低估，那就很容易产生超级大牛市，这时就不能有恐高症，不能等闲视之，要用超常规的眼光去看待。反过来，对下跌行情的分析也是同样道理。

我也看 K 线，看历史价格的波动幅度，但我只是把 K 线上体现的价格当做价格数据，当做基本面分析的信息之一。当然技术分析也不是一无是处，在小范围内它也有它的“功效”，但我始终认为，**只研究技术分析最多只能小成，若想要大成，只有精研基本面分析**。做好基本面，要懂供求关系，要明白价值规律，要事实就是，要在供求和情绪的转折点上及时快速入场。基本面的做法，研究和捕捉的是确定性，有了确定性，才能真正做到降低风险、提高收益。

很多散户做期货要么什么都不懂就去做了，要么学几招技术分析就上马了，似乎技术分析见效快，学了马上能用，哪里知道，学得快，输得也快。一个期货公司的经理，我认识他十三年了，他说他从业以来，在他手里（营业部或部门）开户的客户累计有7000多人，赚钱的人没几个，而一直活着的，似乎只有我一个。可能他说这话有一定的夸张程度，也可能他只是想证明期货市场的残酷性，而我则认为，绝大部分人不研究基本面，不用深入、全面分析供求关系的方法去做期货，结局只能是亏钱的。

做期货，要把复杂的问题简单化，要去繁从简，要抓纲，纲就是供求关系。抓住了纲，就能做到纲举目张。“纲”是渔网上的总绳，“目”是渔网上的一个一个网眼，把网纲一提起来，一个个网眼就都张开。抓住事物的关键，就能轻松带动其他环节。

下一步的价格应该到哪里，不是画一条线就能画出来的，价格上去或下去的动力和本质原因是供求关系，价格的涨跌有它内在的推动力，供求的各自“分量”决定了价格要到哪里，就像农村的秤，秤砣是供应（某个时点分量是确定的，不同的时点可以换秤、换秤砣），需求是要称的东西，秤杆上的标尺是价格。现在的供应是多少是确定的，需求的分量小，放上去称一下，价格刻度小一点就能平衡，需求的分量大，则价格刻度大一些才能平衡。（如下图）

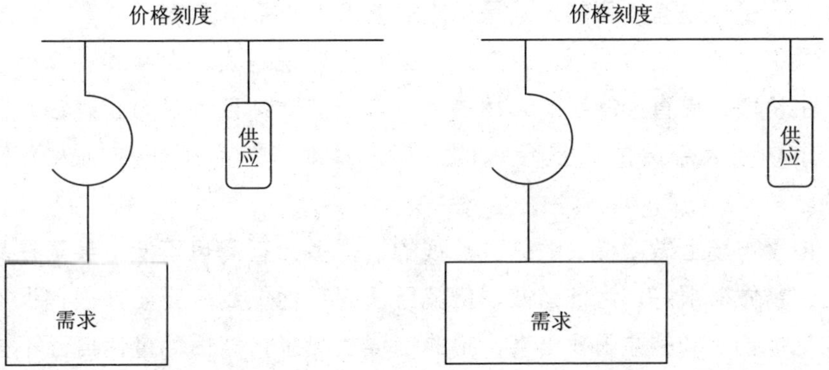

未来某一时点的供应是多少是可以预估的，如果未来的供应分量大，则价格刻度小一点就能平衡；如果未来的供应分量小，则价格刻度大一些才能平衡。（如下图）

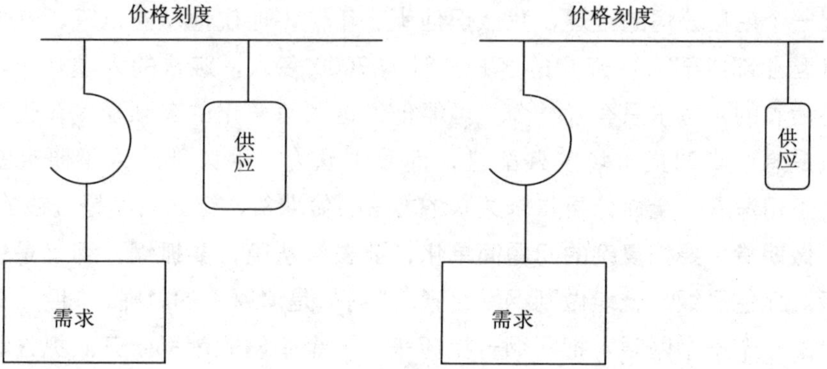

在不同的时间、不同的供求分量下，具体的价格要到哪里，用特定的方法，拿这一杆秤去称一下就知道了。

绝大部分人做期货亏钱的原因

期货是高端前沿领域，是充分竞争市场，需要高智慧、高知识、高技能，不是一般人能做好的行业。在期货市场赚钱的人本事很大，哪怕亏钱的人，不少也是有本事的，只是相比之下差了一点而已。

我们为什么要做期货，目的是什么？可以说是为了自我实现、为了体现人生价值，更直接的目的必然是为了赚钱。既然目的是为了赚钱，既然这个市场绝大部分的人是亏钱的，那么做期货就必须研究别人为什么亏钱。

似乎市场上做期货失败的、亏钱的，很多人智商也不低，甚至在其他行业也曾做得很好，为什么做期货就亏了呢？他们到底犯了什么错误？我们要把他们亏钱的原因找出来，犯的错误找出来，然后尽量让自己不去犯这些错误。

有个玩笑是这么说的“证券公司、期货公司的任务是往狼群里赶羊”。**进入股票市场、期货市场必须确保自己不和羊群站在一起，要让自己变成羊群的对立面，成为“狼”。**

绝大部分期货投资者亏钱的原因主要有以下十二个：

1. 期货是负和游戏

做期货是要交手续费的，在盈亏同样多点位的情况下，赚的时候赚得少，亏的时候亏得多，这是市场参与者最大的无奈，也是参与这个游戏必须付出的代价。整个市场一年几百亿手续费的消耗，必然是所有投资者共担。只有水平高、分析方法正确的投资者才能战胜手续费，普通投资者注定是市场的贡献者。

2. 亏损容易赚钱难

做期货，乃至做任何投资盈亏都是不对等的。基本上亏损在5%以内，盈亏几乎是对等；亏损在5%~20%以内，盈亏不对等虽然逐步显现，但还可以接受；亏损在20%~30%，盈亏不对等现象迅速扩大，亏30%，要赚42.8571%才能挽回，难度加大了不少；而到了亏损50%，则要赚100%才能挽回，难度增加了一倍；如果亏损了80%，则要赚4倍才能挽回，已经很难实现……

亏一定比例	要赚多少比例才能挽回损失
1%	1.0101%
2%	2.0408%
3%	3.0928%
4%	4.1667%
5%	5.2632%
10%	11.1111%
15%	17.6471%
20%	25%
25%	33.3333%
30%	42.8571%
40%	66.6667%
50%	100%
60%	150%
70%	233.3333%
80%	400%
90%	900%
99%	9900%

3. 进出场点位不平等

看到2000点，如果要马上买入，报价2001可以成交，如果要马上卖出，报价1999可以成交。这一买一卖无形中就损失了两个价位，操作的次数一多，累积的点位损失也不小。这是期货市场除了手续费以外的进出场成本。

4. 自己也是市场动力，自己对市场的改变

任何交易者都是市场动力的组成部分，投机者做多就是虚拟需求，投机者做空就是虚拟供应，这本身就会影响价格的变化。投机者静态分析市场，却动态参与交易，这是一个很大的不匹配性，有些点位在我们不做的时候是存在的，我们一旦进场做了，多空力量就改变了，这个点位可能就消失了。投机者总结的一些方法，在没有进场交易时，看上去是能赚钱的，一旦进场交易，市场变化了，也就赚不到钱了。

5. 技术分析的误导

时下，做期货最流行的方法是各门各类的技术分析，但技术分析对大部分投资者来说是一个误导。一些投资者一进市场就被技术分析引进沟里去了。

6. 不明白决定价格的本质因素

大部分人不知道影响价格方向性运动的本质因素，总是被市场的风吹草动干扰，总是被别人所谓的成功吸引，总是人云亦云、听消息、看持仓、看成交、看指标、打听主力动向……认为这些就是决定价格的因素，这是大错特错了，决定价格方向性运动的，只有“供求关系”。

7. 认为自己处在劣势而不去研究基本面

有些人慢慢知道了基本面的作用，知道了是供求关系决定了价格的走势，但却自卑地认为自己处在劣势，得不到及时全面的基本面信息，或是懒惰地认为研究基本面太复杂、太麻烦而不愿去研究。其实研究供求关系是简单的，就看自己是否用心，是否努力，实地调研谁都能去，经济环境谁都能感受到，现行货币政策谁都知道，品种特性谁都可以去熟悉……**深入全面研究供求关系，想做是能做到的，只是大部分人不想做而已。**

8. 技术分析有人教、有书读，基本面分析要自己摸索

看上去基本面分析的方法只能靠自己去摸索，而技术分析则由很多“专家”、“老师”在教，还有很多技术分析的书可以买，似乎选择技术分析更容易获得学习的途径。实际上，基本面分析的方法也是可以学的，技术分析的方法也是需要自己摸索的，难或不难形式上似乎这样，但本质上却并非如此。

9. 学技术分析学艺不精

即便下定决心要学技术，大部分人还是学不好，要么学一点皮毛就去用了，要么学了一大堆结果不知道什么时候该用什么。技术分析也不是完全没用，但用处不大。即使学精了技术分析也很难持续赚钱，我始终认为技术分析运作不了大行情（赚不了大钱），大行情的运作还是需要靠基本面分析。

10. 总是找外部原因，而不找自己的问题

亏了钱，怨天怨地怨行情，认为市场不正常。这是在用不正常的思维去理解正常的市场，必然要亏钱。投资者总以为自己的思维是正常的，其实自己是错误的；以为市场是不正常的，其实市场是正确的。

用“正常”的思维对应“不正常”的市场，永远是对不上号的，是错的。市场是确实存在的，是真切发生的，其实，不是市场不正常，而是我们的思维不正常。我们一定要实事求是地看问题，为什么亏钱，根源在哪里，找到自己的问题并解决问题才能走向盈利。

11. 市场上有主力，主力要吃散户

期货市场是有主力的，主力机构的专业度、资金实力、资源调用能力等绝对在散户之上，某些重要信息主力也可以比散户提前知道，主力还可以影响一小段时间的一小波行情，做一两根 K 线出来，从而使技术分析者来回止损而亏损，使信心不够坚定的投资者被洗来洗去而亏损。期货，“欺”货也，主力会让这个市场充满陷阱，行情会明升暗降，我们只有拨乱反正，处处小心，才能盈利。

12. 受干扰太多

即便是掌握了能够实现阶段性盈利的技术分析方法，或是领悟了市场运行的本质，明确了用供求分析的方式参与市场。在实际操作的过程中，来自媒体信息的、专家观点的、小道消息的、朋友建议的、自己内心的等干扰都有可能影响具体的操作，从而使原本可以赚钱的交易变成亏钱。但受干扰多，说到底还是自己的问题，是对自己的方法不够坚定，或是对行情的分析不够透彻。

在期货市场，想赚钱，要先研究为什么赔钱，找到了赔钱的原因，杜绝错误的做法，才能走向正确的方向。

期货是对抗　需要有博弈的智慧和手法

期货是对手交易。期货市场有涨有跌，有买有卖，任何一个时点，都有买家和卖家在博弈，任何一个价位都是买家和卖家博弈之后的结果。期货市场是没有硝烟的战场，有人胜利赚钱，就有人失败亏钱，任何一个价位的跳动，都代表着一部分人赚了钱，另一部分人亏了钱。期货市场永远有一半是对的，一半是错的。如果都对或者都错，那就没有对手、没有成交了。不管是涨还是跌，不管是长期、中期还是短期，每一笔成交总有一半对一半错，每一份持仓也总有一半对一半错。投资者在自己的交易周期里是站对还是站错，要靠自己的分析方法、判断和智慧；另外即使投资者在自己的交易周期里站对了，在行情的波动中，如果受到其他因素的干扰，也可能做错，这就让交易行为的成功率大大降低。

因为期货市场是对手交易，所以，在一波行情启动的前期，知道的人越少越好，如果一开始大家都看涨，那就没有对手让你的多单在低价成交了，很多原本存在的低价就会不存在。都知道了，不行。后期，知道一波行情还要涨的人越多越好，这样一方面可以推动行情继续上涨，另一方面也便于早期进场的多单出场，有人接盘。

期货是对手交易。第一方面，在你分析的时候，还没有进入市场，等你进入了，市场会因为你的进入而多一股力量，对行情必然会有影响。简单的技术分析，特别是程序化交易，都是以你没有参与市场为分析前提的，你一旦参与了市场（别人也可能用类似的方法，也可能看到了这个机会），原来的多空平衡度就会被打乱，市场的表现就会有所不同，即便价格的运动有惯性，若是一辆车子以一个速度往一个方向跑，加载再小的一手单子也会对车子的运动产生影响。

第二方面，你在分析的时候，或是用一套方法检验历史行情的时候，或是做模拟交易的时候，都没有和对手直面“交战”，一旦你进入战场，不但战场会发生变化，你自己也会发生变化，战场会被很多力量的进入打乱，你自己也会被对手的对抗打乱。

第三方面，**期货交易者本身也是基本面的一部分，投机需求和投机供应也是供求关系的一部分，**实际的消费和生产会影响价格，虚拟的供应和囤积也会影响价格，交易者做多，就是增加市场的虚拟囤积，做空就是增加市场的虚拟供应，短期内都会影响价格的波动，就连自己的进场出场也会对价格有所影响，这些因素都在技术图表上形成各种各样的次级趋势和震荡，做技术分析很容易被迷惑，只有对基本面有全面的分析，才能真正把握大趋势。

第四方面，技术分析的很多点位是无法成交的，不交易的时候，似乎所有看到的价格你都能做到，而实际交易的时候，则完全不是那么一回事。当我们看到豆粕的价格是 3000，有上涨趋势，小资金要买要立即成交，要报价 3001，如果挂 3000 很可能就不成交，价格涨到了 3001，挂 3001 又不成交，再挂 3002 可能还是买不进，这样小资金进场就会有一两个价位的成本，出场的时候也是如此，多单 3000 要平仓，2999 报单可以马上成交，3000 挂单不一定成交，大资金的进出场成本就更高了，有时候会达到 10 个点、20 个点甚至更多。

行情是波动的，短期内当你看对方向的时候，要进场，按照市价报单不成交的概率高，而当你看错的时候，则成交的概率高。期货报单成交的规则是“价格优先、时间优先”，如果你和别人报一样的价格，你刚刚报进去，而别人已经挂在那里了，要成交也是先成交别人的，为了确保成交，你要比别人多报一个点或几个点，这样才能先成交你的单子。其实，豆粕市价 3000，你报高一点，报 3005 买入也没有关系，因为成交的时候是看卖方挂多少价，如果他挂的是 3000，那就是 3000 成交，他挂的是 3001，那就是 3001 成交，成交活跃的合约进出场时多报几个价并不会有额外的损失，反而能争取到尽快成交的好处。

做期货，我们要分析对手，要有对庄家的心理和行为分析，还要在自己的交易中实际运用。据我观察，主力经常会有对敲的单子，还有大单挂在那里迷惑散户，也有随时准备撤掉的单子。在看对方向的时候，散户或资金稍大的投资者完全可以吃掉主力的对敲单和迷惑式的挂单。主力有主力的优势，散户有散户的优势。在一个价位如果主力有 500 手单子压着或撑着，很可能是为了迷惑其他投资者，他或许会随时撤单（特别是你看到他有下单、撤单的动作后），我们就可以迅速地把这 500 手单子吃掉，这个价位到后续来看将是很合算的，因为这个价格突破后，想要再成交 500 手，那成本就高了。还有主力经常会有对敲单，打一些价位出来迷惑其他投资者，比如我参与大蒜电子盘，一个持仓很少的合约，居然都是几百手几百手地成交，一看就是主力在对敲"制造"价格、活跃行情、引诱散户参与，那我就多报几个的价，把主力想要对敲的单子吃掉，我先成交了，让主力对敲不了。

即使这个市场没有主力，要下手时，也要尽快抢到单子，市价挂单或者限价挂单，可能会出现单子挂着，价格上去了，自己买不到，只能干着急。就像现在桌子上就 1 个苹果，但有 10 个人想吃，那么只能是谁抢得快归谁了。敲单的时候要敲对自己的成交最有利的价位，或是要在抢单子最有利的时机，把自己要的单子全部拿到手。当很多人还没有反应过来的时候，就已经吸好筹码了，别人再抢筹码的时候，就是在替你抬轿子了。

我们做交易，看对行情赚不到钱，其中一个原因就是建仓建不了，或者是没有好的点位建仓就错过了行情，其实我们可以在特定的时候抢到便宜货（既然是便宜货，一定是靠抢的，一迟疑就会被别人抢去），如果抢不到，也不能斤斤计较，多出一点成本就多出一点，**只要自己坚定方向是对的，那就尽快成交。**

期货是对手交易，和对手博弈时，当你确信自己在任何方面都不具备优势的时候，就应该躲避这个对手，换一个自己能够产生相对优势的对手去博弈。

不同国家的国情不同，期货市场的运行机制、运行特征、监管形式、市场群体组成也不同，但无论一个国家的期货制度和监管再怎么好，也或多或少会有"内幕交易"、"不公平交易"，中国存在这样的问题，美国也同样存在。

就国内期货市场来说，相关背景太复杂品种要尽量少做，最好是不做。以前的白糖就是这样的品种。白糖的销售环节虽然放开了，但甘蔗的收购基本上还是垄断的，在甘蔗收获时，由于甘蔗是划区收购的，在区和区之间的交通要道，会有专人"站岗"，不准蔗农跨区销售，以防外区的糖厂或贸易商高价收走。白糖这个品种，主力的"控盘"是比较厉害的，他不单有现货优势、资金优势，还有影响政策的能力。主力做多了，如果价格跌，他可以影响政策，采取收储措施托价；主力做空了，如果价格涨，他又可以影响政策，采取放储措施压价。2011 年白糖供大于求，上半年，其他商品跌的时候，白糖都可以上涨，涨到 7000 多，近月合约更是被多头逼仓涨到了 7400 多（现货在多头主力手里，空头没有现货交割，近月合约多逼空的行情比较容易形成）。白糖一直撑到 9 月份才下跌，绝大部分人都认为它跌不下去的时候才下跌，当时很多做空的人都没坚持到 9 月（在我认识的朋友里，似乎只有个别人坚持了下来，获得了较好的收益），特别是其他商品跌白糖硬是不跌的时候，是很难受的。

也有人等破 6000，认为一旦跌破 6000，现货商也撑不住，一定会大跌。但 2011 年 12 月价格跌破 6000 的时间只有一两天，很快就出台了一个 6550 的收储价（宁可不要国外便宜的白糖，非要定一个高得离谱的收储价，说是保护蔗农的利益，也可能是保护现货商的利益，保护某些集团的利益。我记得有一年白糖老是放储、拍卖，价格就被压下去了，那时怎么就不保护蔗农的利益了？其实那次是主力做了空，是他想尽一切办法要把价格打下去）。这次破 6000 其实是诱空，很多空头又被套进去了，白糖从 2011 年 12 月底到 2012 年 4 月初又上涨了 1000 个点左右。这都是因为垄断现货的主力在“捣鬼”。

白糖，我当时是看空的，但不敢放空，做多又违背我的方法，那就只好不做了。白糖的水太深，有些主力“得罪不起”，和他们博弈，我根本就没有优势。和白糖的现货商博弈，即便是分析上完全正确，也会输在政策上，而政策什么时候出台，出台怎样的政策，我是无法预期也是毫无办法的。

当然，白糖的现货企业再厉害，也不能和“天”对着干，任何人包括主力机构，逆天而为都是要失败的。2012 年 4 月中旬，收储价也托不住白糖，最终还是跌了下来。

白糖供大于求，原本要下跌，结果撑了一年多才真正跌下来，这是现货商逆天而为的失败，但也同时说明了白糖现货商左右行情的能力是很强的。作为一般的投资者，甚至是有资金实力的投资者，做白糖没有现货优势、没有信息优势、没有政策优势，即便基本面分析完全正确，也很难和垄断现货、影响政策的现货商主力博弈，即便是我们顺天而为，现货商主力逆天而为，我们也不一定能撑到他们扛不住的那一天（更何况，主力也有可能从多头变为空头）。

期货确实很难做，陷阱太多了。大到国际博弈、金融阴谋，小到现货垄断、信息虚假、内幕交易等，都会影响一个阶段的行情走势，期货又是杠杆交易，即便大方向正确也很可能无法抵抗短期的反向运动。作为市场的普通参与者，**我们只能选择自己具备优势的品种去操作，若是在某个品种上毫无优势可言，那也就只能放弃它的机会。**

庄家有庄家的优势　散户有散户的优势

战争的对抗可能是一对一，也可能不是一对一。期货的博弈，从盘面看，永远是一对一。开仓、平仓、持仓，必须有等量的对手资金才能成交。但从博弈的人数来看，一般不是一对一的（做空的人数和做多的人数不同），从博弈的力量来看，一般也不是一对一的（有散户和主力之分）。

我听一个朋友说，台湾有一个统计，十年时间，做期货的人只有千分之七是盈利的，这个比例确实低得吓人，而我个人认为，真实的比例可能比千分之七还要低，1000 个人里这 7 个盈利的，可能有 6 个已经离开市场了，只有 1 个还在市场中参与，如果那 6 个人也在参与估计多半也要亏的。我还听过一个说法：做期货的存活率比癌症患者还低。

期货市场就是这么残酷的市场，普通投资者似乎注定要失败。

期货是大宗商品的远期标准化合约，它展现的是商品未来的涨与跌。未来的东西，变数太多，“期”是未来，是“期望”，也是“欺诈”，这里不确定性太多，“陷阱”太多。

所谓明枪易躲暗箭难防，做期货怕就怕对手在哪里不知道，主力的实力不知道，主力的想法不知道，主力的动作不知道，主力的变化不知道，还有政策的变化不知道……

散户就像是市场中的鱼，主力机构（庄家）就像是渔夫，市场则是大江大湖大海。某一条鱼，渔夫可能一次网不到，两次网不到，但次数多了就会网到；一条鱼，小的时候不容易被网到，长得越大就越明显，越容易被网到。

作为一条鱼，虽然面对渔夫是弱小的，但在大江大湖大海中，渔夫也是弱小的，鱼只要和大江大湖大海站在一边，就不用怕渔夫。鱼在风平浪静的时候斗不过渔夫，但在大风大浪中、在暴风骤雨下，如果配合天的动作，则可以打翻渔夫的船，把渔夫吃了。

因此，作为一条鱼，要懂得看天，要知道什么时候是风平浪静，那就不要出来和渔夫斗，更要知道什么时候有狂风暴雨，这个时候就可以顺着“天意”出来觅食，不能犹豫，果断出击，吃掉其他的鱼，甚至是把渔夫吃掉（如果某个渔夫在狂风暴雨中逆天而为，则必然会被掀翻在大江大湖大海中，成为其他渔夫或鱼群的食物）。

期货的实质就是博弈，博弈的主流力量是主力对散户，还有主力对主力。散户的劣势是没背景、没消息、没资金规模，但散户也有散户的优势。主力有活跃行情的“义务”，否则别人就不会进来交易，主力需要用对敲等形式活跃市场，你就可以把他的单子吃掉；主力建仓要欲涨先跌，有运作成本，你可以白吃他的成本，搭车白拿他制造出来的价差，散户建仓比主力容易多了；主力平仓也要做假动作，先拉升再平仓，你在他拉升的时候就可以平仓出来了，又可以白赚他拉升的成本；散户的优势是进出方便，主力的劣势是制造行情、制造震荡、做假动作、拉升、打压等都要成本；主力背了一个包袱之后，无法随意就甩掉（必须要有人接盘），散户则说甩就甩（随便甩给谁就行了）。

身为散户，一定要用自己的优势去和主力的劣势博弈，不能用自己的劣势去和主力的优势博弈。主力再强也强不过天，散户要懂得如何看清“天意”，当大行情来临时，要和“天”站在一起；没有大行情时，则可凭借自己的优势，去吃主力运作行情的成本，如果吃不到则要尽快退出，不可恋战，不可死扛，只有主力可以“恋战”、可以“死扛”，因为主力在“死扛”的时候，或许没有对手足以消灭他，而散户在死扛的时候，能消灭散户的力量实在是太多了。

能让散户赚大钱的行情，就是大涨大跌的行情，在震荡市，散户是弄不过主力的。因为在震荡市，价格没有明确的方向，涨一点或跌一点都是“合理的”，因此有资金实力、有信息优势、有政策影响能力的主力机构能够影响短时间价格的涨跌，而散户则只能两面吃巴掌。

震荡行情，某些价格的涨跌可能是主力影响的，但大涨大跌行情价格运行则是“天定”的，主力也改变不了。如果说散户的力量是 1，主力的力量是 10，散户和主力对决当然要输，但天的力量是 100，散户如果跟着天意走，则必然会赢。

当然，**在平时，老天是不发力的。天不发力的时候，主力在发力，**有些行情是他们说了算的，散户要在震荡行情中少参与、保存实力，等老天发力的时候，大行情就来了，这时任何主力机构说了都不算，只有天说了算，如果主力果真要挡天意，也只能挡一小段时间，挡了之后反而会使后续行情发展更激烈（就像2010年的棉花，压住价格的时间越是长，后续上涨的动力越是强劲），散户跟着天意走，顺“大势”而为，则能成为市场的赢家，说不定还能大赚一笔。

强烈预感自己在2009年能成

2008年底的一天晚上，躺在床上，我对夫人说：“明年我要赚300万。”（那时，我已经闻到2009年大蒜要大涨的味道了。）

夫人为之一震，以为我是开玩笑或是神经质。在夫人眼中，当时的我一年要赚300万似乎是不可能的，别说是300万了，30万都不一定能行。

可我自己心中却真的是无比确定自己2009年能成，这种确定比之前2005年、2006年要强烈（当时感觉自己有了赚钱的技巧，可以赚钱），比2007年、2008年要强烈（当时感觉自己已经有了一整套体系，能够盈利）。我觉得自己已经想明白了市场是什么、我自己在市场中算什么、市场的运行特征是怎样的、各个品种的不同属性是怎样的、我自己的特征是怎样的、我自己的优势在哪里、我应该从什么角度哪些层面去分析市场/选择品种/预判行情、在具体的操作中我应该注意什么、我应该怎么进场/怎么出场/怎么换仓、遇到大的机会应该怎么做、没有大的机会又应该怎么做、有了盈利甚至有了大盈利的时候应该怎么做、没有盈利应该怎么做、亏损了应该怎么做……而且**经过多年的磨砺、无数次成败得失的验证、总结、去除、强化，自己已经完全具备了赚一笔大钱的所有要素，后续就看是否有行情配合，就看老天是否“眷顾”我。**

一个农民的亿万传奇

第四章

2009年

打赢大蒜战役 实现人生反转

(从5万到600万)

编者按：

没有机会，等待很重要，机会来了，果断很重要。

所谓的顺大势，顺的应是“天定之势”，而不是K线上的那一点点波动。

十年磨一剑，不弃不悔，终能成大器。

金融市场的不确定性是一个巨大的骗局，在特定情况下，市场是可以确定的，就看投资者有没有足够的分析能力。

人生就是充满戏剧性，因为每个人都是自己生活的导演，同时还是自己生活的演员。

磨难不够 大钱不来

我在 2007 年的时候就闻到大蒜的味了，不过我当时就感觉大蒜要起来，估计还要两年时间。只是这两年时间过得太煎熬。

我当时有一个经常在一起做期货的朋友，他是退伍军人，以前在军队的时候做过干部，转业后做外贸，他九十年代开始做期货，和我一样也对期货着迷。他对期货的研究很深，对我后来在期货上的进步有很深的影响。有人说金融投资是电子鸦片，这样的观点用在我们做期货的人身上最恰当不过了。

2008 年之前，这位朋友的方法主要是画图、看持仓，我的方法主要是供求分析、实地调研，基本上是两个极端，谁也不服谁，两个人都认为自己是对的，对交易方法和行情走势总是吵吵闹闹，但两个人都没有真正意义上赚到钱。

2008 年底，有一天，我和他说，“大蒜明年要起行情了，我要在大蒜上赚一笔大的，我要去做大蒜电子盘了。”

他不以为然，好心劝我，“你可别做电子盘，电子盘太黑，容易逼仓，不讲理。你能做好期货就不错了。”

“这次我不怕它，我看它能有多厉害！”其实我心里已经有数了，对电子盘里的道道已经研究得差不多了。

现货电子盘，也叫电子商务，是现货远期交易的一种模式，当时所有参与的人都有交货和接货的权利（后来国家限制自然人参与）。电子盘不易做空，做空后，交货可能会被严格限制，找理由说你的货不合格，因此容易被庄家逼空。做多就不一样了，如果我看对了方向，主力不让它涨，那我就接货，即使货品差一点，卖到市场也能挣不少。

当时他不光对电子盘担心，对期货也快失去了信心，说：“谁做期货谁亏钱，这个市场不可能有人赚钱！”

我一听，坏了，他做了十几年期货居然也对期货失去信心了，不知道他说的是气话，还是真的对期货绝望了。于是，我问：“你这么认为，为什么还做期货这么多年呢？”

“期货上能赚钱，那得比神仙还神！你还去做更黑的电子盘！”他不正面回答我。看来这些年在期货上的亏损和磨难让他失去了信心。（我朋友对期货失去信心是暂时的，他对期货的执迷并不亚于我，后来他有闲钱了，就又进入市场交易。2008 年金融危机以后，他发现很多专家、经济学家都在瞎说，就不再相信他们，认为做期货还是要靠自己去分析，并慢慢地接受了供求关系的分析方法。再后来在期货市场也实现了盈利。)

其实不只是这位朋友，还是其他做期货的朋友，包括我自己在内也是百思不得其解：很多时候，我的路子不是不正，方向不是不准，分析方法不是不正确，我确信我的分析方法没问题，为什么就赚不到钱呢？行情为什么要老和我对着干，我买了它就跌，我卖了它就涨？

我时常对自己这样说："可能是自己经历的磨难还不够，唐僧取得真经也要经历九九八十一难，我才经历了多少呢！等经历的磨难够了，总会起来的！"

就这样过了一年，我想着自己经历的磨难够了，结果还是没赚钱；又过了一年，想着磨难够了吧，还没赚钱；又过了一年，我觉得自己经历的磨难已经比平常人多得多了，其他人做别的行业，不用经历这么多磨难也早就赚了不少钱了，而我却还没赚钱……

后来，我明白了。能不能赚到钱是有前提的。最主要的前提有三点：第一，老天有没有给机会，如果老天没有给机会，老想自己去创造机会，那是赚不到钱的。第二，看懂了，还要做对，做对了，还要坚持，这样才能赚到钱。没看懂肯定不行，看懂了没做也不行，看懂了做错了不行，看懂了做对了但没有坚持，那还是不行。第三，任何人不能逆天而行，必须顺天意、顺自然，只要是顺的，赚钱只是时间问题。

"基本面分析、供求分析"这是我定位市场、分析市场、判断市场的依据和方法，看上去只有一句话，似乎我早就掌握了，并且早就了然于胸了，但实际运作的过程中，还有太多太多的具体工作要去做，还有太多太多的细节要去关注，还有太多太多的变化要去处理，还有太多太多的困难要去克服，要很多条件到位了、符合了才能成，某个条件不到位、不符合，那还是成不了。

2009 年的大蒜行情，则是所有的前提、所有的条件都到位了、都符合了。1991 年、1994 年大蒜是我的"福星"，2009 年大蒜再一次成为我的"福星"。

大蒜价格连续两年下跌

2004 年到 2006 年，大蒜走了一波上涨行情。大蒜的产量增加、出口量大增，一度成为山东省重点出口商品。大蒜的相关产品，比如蒜油、蒜干等生产量也大幅上升。农民的播种积极性高涨，纷纷扩种。

到了 2006 年，大蒜的种植面积创了多年来的新高，下一年的预期产量非常大。但由于国际市场的大蒜增产，中国大蒜的出口遭到了美国、巴西、南非、日本、欧盟、新西兰、澳大利亚等国家和区域的诸多限制，出口不畅，导致 2007 年大蒜严重供大于求，积压量较多。

2007 年收获季节（五六月份），大蒜销路不畅，大量大蒜晾晒后进入冷库储存，期待来年大蒜需求能好一些。之前大蒜的价格在 2 元到 3 元一斤，那时最低跌到了 3 毛钱入库（生产成本大约在 1 元左右），导致大量蒜农亏损严重。由于冷库收储商对来年的行情有一定的期待，收储还比较积极，到了关库门的时候，大蒜涨到了 8 毛，若是卖得晚的农户倒是可以减少亏损。

注：一般大蒜的储存是在晾晒过后放进冷库，也就是干大蒜储存。用冷库来储存干大蒜，不光对大蒜冷库有要求，对大蒜也是有一定要求的。一般大蒜的含水量在 74% 最为合适，大蒜的冻结点是在零下 4 度，储藏温度 0 ~ 1 摄氏度，相对湿度在 75% ~ 80%，可达到 6 ~ 8 个月的保鲜效果。

到了 2008 年春天，期待中的出口好转没有动静，国内大蒜的需求量也没有起来，不少大蒜企业减少了大蒜相关产品的生产也导致了大蒜需求量的下降，冷库大蒜的上市更是增加了市场的供应量。于是大蒜价格持续下跌，最低的时候，出口级标准的大蒜（优质大蒜）价格甚至跌到了 1 毛 2 分钱一斤。由于一吨大蒜在冷库的储藏费用大约在 300 元左右，即一斤大蒜冷库费用在 1 毛 5 分左右，而大蒜价格却跌到了 1 毛 2 分，也就是说冷库储藏商在 2007 年不管任何价位收储的大蒜，在 2008 年春天销售都是亏损的（那时，不管花多少钱收进来的大蒜，把本金全部亏进去还不够，由于冷库的存储费就在一吨 300 元左右，而大蒜的销售价才 200 元左右，导致很多外地来的储存商弃蒜不要了，冷库费也不交了）。又由于冷库大蒜也不能放太长时间，最好在 6 ~ 8 个月内出售，否则会影响大蒜的质量，这就引发了冷库大蒜不惜成本地抛售。储藏商们哭天天不应，喊地地不灵，卖车的卖车，卖房的卖房，亏得倾家荡产（很多储存商认为2007年价格太低，抄底扩大收储规模），也有部分租冷库的储藏商连大蒜都不要了，携家人跑路（据说在金乡县，有一个储存商因为储存大蒜亏损严重，欠了巨额外债，买了耗子药，把一双儿女先药死，然后自杀）。（大蒜的价格波动大，大蒜企业赚的时候赚疯，亏的时候亏死，这是大蒜行业的一个特性。大蒜价格波动大的特性也造就了其现货电子盘的活跃，因为它大涨大跌的行情容易产生，看上去赚钱效应很大。）

注：在2008年9月5日，济宁市外经贸局杜少玉和临沂市外经贸局邹莉在山东国际商务网（山东省商务厅办的网站 http：//www. shandongbusiness. gov. cn/）发表了一篇“我省大蒜出口形势严峻”，以下是部分内容的节选：

“济宁金乡县和临沂苍山县作为我省大蒜出口大县，2007年大蒜出口占全省的37%，今年上半年占36%。其在大蒜出口中遇到的问题，颇具代表性，应予重视。”

“大蒜是我省传统优势出口产品，然而自去年下半年以来，受国际环境日益趋紧、国内宏观调控力度加大等各种因素叠加影响，出口价格一路下滑，平均价格下降了30%以上，甚至一度下降达50%以上，出口企业困难重重，形势严峻。”

“国际市场价格低迷，外销压力较大。今年以来，金乡县大蒜出口每吨平均价格416.6美元，较上年同期减少232.4美元；苍山县更低至每吨350美元。预计今年金乡大蒜产量约120万吨，加上去年积压的15万吨冷藏蒜，总量在135万吨左右；今年1~7月，大蒜出口28.6万吨，同比增长3.6%。据此测算，全年外销量只有70万吨，有可能造成大量积压。”

“产品档次低，受国外技术贸易壁垒影响大。苍山县大蒜出口企业75%以上是中小企业，年出口额不足100万美元，且80%是蒜头、蒜米等粗加工产品，深加工产品比例很小。金乡县虽然实行了标准化种植，但仍存在部分农户违规使用高残留剧毒农药现象。出口产品附加值低，竞争力有限，抗风险能力薄弱，市场稍有波动就难以承受。美国、巴西、南非对我大蒜实行反倾销，日本“肯定列表制度”和欧盟新食品安全法提高了进口农产品检验检疫标准，新西兰、澳大利亚等国家也对我农产品出口设置了新的门槛，韩国设置多重障碍限制我大蒜进入，加之受国外媒体对我食品安全负面宣传和日本“毒水饺”事件的影响，不少国家有意识地限制我国农产品出口，致使大蒜外销难度进一步加大。”

“企业资金紧张，经营更加困难。一是蒜价暴跌，造成大面积亏损。2007 年，大蒜出口价格一路下滑，由最初的每吨 680 美元降到后期的 300 美元左右。85% 的大蒜出口企业亏损。二是融资困难。初步统计，90% 以上的大蒜出口企业资金紧张，因去年亏损严重，金融部门已将大蒜贸易列入高风险行业，信贷收缩明显，不少银行采取只收不贷或多收不贷的政策，一些中小出口企业流动资金缺乏。三是税负重，出口退税不及时。金乡县 2005 年前均按出口额的 5‰计征国税、地税，此后连续两年分别加征了 5‰，目前达到 15‰。受蒙古边城骗税案的影响，出口退税部门加大了审核、把关力度，延缓了出口退税办结时间，在一定程度上占压了企业周转资金，企业经营难度进一步加大。”

2006 年大蒜的播种面积达到历史最大，导致 2007 年大蒜价格下降，下半年种蒜（9 月底 10 月初）季节播种面积有所下降，但下降得不多（因为在过去的几年中，大蒜的经济效益还是不错的，“偶然”一年的亏损对蒜农的心理打击还不是很严重，所以这一年选择不种的人不多）。市场还是供大于求，导致 2008 年价格继续暴跌，四五月份抽蒜薹的时候，抽一斤蒜薹的雇工费要 2 毛，还要管饭，而蒜薹却只能卖 1 毛 5 甚至 8 分一斤，明摆着是亏的，但不抽薹也不行，因为不抽蒜薹，蒜头就长不大。我当时心想做农民真是太可怜了，自己没有太多文化和远见，无法判断市场走势，而市场却总是让他们受伤，有时候辛辛苦苦两三年，风吹日晒，钱却赚不到，甚至还是亏的，即使亏了多半也没有人保护。

到了五六月份大蒜收获时，收购价格最低时只有 1 毛 8 一斤，而当时的生产成本接近 1 块钱，蒜农大面积亏损，种植积极性严重下降，到了九十月份大蒜的种植面积则大幅下降。

在 2008 年大蒜收获时，较多冷库储藏商认为 1 毛 8 肯定是低点，将来上涨的概率很大，于是收储热情较高，在关库门时，价格涨到了 5 毛一斤。价格的上涨让储藏商们心理上有了一点安慰，也造成了思想上的错觉（认为价格的上涨可以持续），实际上那一波上涨大多原因是因为大蒜太便宜了蒜农惜售和储藏商积极收储造成的。

2008 年，大蒜价格最高的时候涨到了 8 毛一斤，但储藏商的大蒜并不好卖，加上之前大量的蒜干（大蒜脱水做成蒜干，可保存 3～5 年）冲击市场，新鲜大蒜卖不出好价钱，据说当时单单金乡县蒜干的最高储备量就达到过十几万吨。

2008 年 9 月底 10 月初，金融危机来了，几乎所有的商品都暴跌，大蒜当然也难逃一劫，另外大蒜的出口也更加不畅了，标蒜价格下跌到 1 毛到 1 毛 2 一斤，次蒜更是跌到了 7 分钱一斤。当时某个业内人士还说，某些地方光蒜干就能用 3～5 年，不需要生产新蒜了。

大蒜跌到地板价的时候，有些储藏商连大蒜都不要了，冷库也荒废了，当然也有破产跑路的，特别是外地来山东做生意的储藏商跑路之后连人都找不到。

种蒜季节大蒜价格跌到如此之低，本来 2007 年种的大蒜就亏了不少，2008 年价格更差，蒜农的心理再次被严重打击，不少蒜农对种大蒜都绝望了。有些副产区种植面积甚至下降了 90%，主产区种植面积也下降了 20% 左右。比如我们村原本种 100 亩左右的大蒜，到了 2008 年种的连 10 亩都不到。

由于 2008 年大蒜库存很多，减少种植面积则又减少了大量的用种大蒜，单单因为减少种植面积而推向市场的大蒜就达 20 万吨。因此一直到 2009 年初，市场上大蒜依然是供过于求。当时，金融危机的阴影依然笼罩，几乎所有的业内人士都认为 2009 年大蒜出口不会转好，认为光剩余的大蒜就相当于一年的产量了，蒜干生产企业又不愿意生产新的蒜干（相当于减少了当年的需求量），他们推测 2009 年大蒜的价格好不了，预计在 2 毛钱左右一斤。

物极必反　大蒜具备了上涨条件

可是，物极必反。

天气热是可以的，但到了 37 度、38 度就到头了，最最厉害也就是 40 度，不可能到 100 度，温度热到了极致就会返回，就会下降，这就是物极必反。

你压我的时间越长，我积聚的力量越大，反向的能量也就越大，爆发力越大。当几乎没有人认为会涨的时候，老天会让它涨，老天会让大多数人错误，这是自然规律的表现。**这就是在极端的时候，在物极必反的时候，只有极少数人能做到先知先觉。**

2008年秋天种的大蒜，出苗以后有死亡现象，我经过调查发现山东各个产区都有这一现象，并且很严重，这是历史上比较少见的，我预估2009年大蒜的单产将下降较多，而种植总面积也下降较多，这说明2009年大蒜的产量将大幅下降。其实这可以看做是老天在“透露”一个信息，大蒜价格已经持续跌了两三年了，2009年的大蒜该涨涨价了。

说来也巧，原本非常低迷的出口，在2009年逐步好转，似乎国外又开始抢购中国的大蒜了。之前他们不是说中国的大蒜质量不好、说中国的大蒜有倾销嫌疑、中国的大蒜有农药残留吗？现在怎么不说了，也没有了“必须”的“质量检查”了？其实，几乎所有的贸易战都是为了保护本国的利益，当他们本国的大蒜产量多了，就不要中国的大蒜了，想不要你的大蒜，那就找借口说你的大蒜有问题。而当他们本国缺大蒜了，则又要中国的大蒜了。2007年、2008年外国限制中国大蒜的进口是因为他们国内不缺大蒜，但这两年中国的大蒜以极低的价格冲击了国外市场，国外的蒜农也没有积极性，播种面积也会下降。到了2009年，国外也缺大蒜了，所以出口形势肯定会好转，他们又会来抢购中国的大蒜。

2009年，国际市场不是不向中国进口大蒜，而是加倍进口，这一点出乎很多“业内人士”的意外。

2008年秋天我去金乡县各个产区实地考察，主产区播种面积减少20%左右，副产区有的减少量达到90%，也就是说某些副产区在2009年要恢复播种面积，当年生产出来的大蒜还不够用作蒜种的。因为副产区占的量不是很大，我综合考量下来，估算整个金乡的播种面积下降30%左右。

我去莱芜一个村重点考察时，发现村里大蒜种植面积减少90%以上，农民都改种小麦了。种一亩小麦收入有一千多，去掉成本还有几百元的利润，而种大蒜却是亏的，农民当然要改种小麦了，而且小麦卖不掉国家会收走，而大蒜卖不掉只能烂掉。种小麦一亩地只要100多元的肥料成本，种大蒜则要300多元，而且种大蒜费工、费时、费力，不容易机械化，种和收都要靠人工作业（大蒜种下去必须头向上才能生长，不容易机械化），非常辛苦。另外，大蒜种下后还要用塑料薄膜覆盖，这样可以增加产量，等大蒜长出来的时候，有时还要用扫帚去打一下薄膜，好让蒜苗破出来。

大蒜生长的时候，少不了浇水、除草、施肥。而到了收割的时候，蹲在地里半小时，腿就会麻木，所以有些蒜农是跪着挖蒜的，但就算是给大蒜“下跪”了，也不是年年能赚钱，像2007年、2008年就是亏的，连成本都收不回来。

2008年种植的大蒜有死亡现象，而蒜农又由于预期2009年大蒜价格会比较低而丧失了积极性、疏于管理，甚至有些蒜农看到蒜死了还开心了（认为反正收获多了也卖不出去，产量少还可以省点力气）。

原本，在正常年景，一亩大蒜的产量在2500斤左右，因为大蒜的死亡和疏于管理，我预计2009年的亩产要降到2000斤以下（这会进一步减少供应量）。

金乡县南店子市场，是全球最大的大蒜市场。2008年底我去考察时，那里好多“业内人士”都说“大蒜不会涨价”。

我就问他们：“以后还兴不兴吃大蒜?”

“当然兴啊!”

“只要人们还吃大蒜，明年就要涨!”

我当时很坚定地认为，只要人们吃大蒜的习惯没有改变，只要大蒜的需求还在，明年必然要涨价，如果不涨价，大蒜就没了，这是不可能的事情。虽然现在涨不了，不久的未来就会涨，而且老天也在出条件配合，这么看来，要涨的“度”已经到了，涨是一定的，并且是暴涨，只是时间问题。涨的程度和之前跌的程度是对应的，跌得厉害，涨得也会厉害。

2009年初我请南店子市场的一些大蒜贸易商和一些冷库的储存商到那边最好的饭店“皇宫饺子城”吃饭，请了几次饭之后，对大蒜当时的种植面积、单产预期、库存情况有了更清楚的了解。当时冷库的陈蒜只有1毛2分钱一斤。我说“不出半年5.5公分的标蒜要涨到1块5一斤”。

一个姓申的经理表示严重不认同，“要是标蒜价格超过7毛，谁买谁是傻瓜!”

“那就打赌，如果价格涨到了1块5，你请客，到金乡最好的饭店请大家吃饭!”

“好，赌就赌，如果价格不到1块5，你请客!”

其实我判断大蒜要涨价，除了大蒜本身的减产因素以外，其他品种的价格对比也是一个因素。我和申经理打赌说大蒜要涨到1块5，不是瞎说的，因为2000年大蒜就到过1块8毛5。我记得10年前一个小工一天的收入是15元，到了2009年则要80元，涨了5倍多，10年前包心菜一斤5分钱，到了2009年要5毛，涨了10倍。这样算来，我说的1块5毛还是偏保守的。

行内人比行外人清楚，但也未必清楚

有些人，特别是自以为熟悉了解一个行业的行内人，容易出现思维固化的现象，容易把正常的变化看成是不正常的事情，不愿意去想、不敢去想行业可能会发生的大变化，有时候还反对甚至批判别人的想法。

2008年年底、2009年年初，我回村里过年，和乡亲朋友们在一起吃喝。当我对大家说“商品还要通胀，物价将要上涨”的时候，我身边的朋友对我说“你去看看菜好了没有?”（意思是让我别说了）。他感觉我说得没有道理，他不愿意去思考，当货币多了，商品价格会怎么表现。我试图和大家说原因、说道理，但大部分人还是“沉浸”在“全球经济危机”的氛围中，不愿意听取我这个“异类”的言语，而我这个人又特别喜欢把我所知道的实话告诉大家，所以有时会显得格格不入。

当我说2009年的大蒜要涨价甚至要大涨的时候，不少业内人士对我的观点表示不认同，也有少数人说我是“瞎胡闹”。其实我只是把市场规律对价格变化的反映告诉他们而已，如果听了或是借鉴了，他们可能会有大的“收获”，但很多人不但听不进去、不愿意听，甚至还强烈反对我。我只是想让身边的人知道价格的运行规律，他们中的很多人非但不想知道，反而还生我的气。后来我想，或许价格运行规律本来就应是少数人能知道和理解的，我一厢情愿地想让更多的人掌握这个规律只能是我的错误了。

行内人对一个行业的方方面面比较了解，往往能得到一手信息，同时行内人又有多年的实操经验，对行业运作的各个环节都非常了解，因此行内人一般要比外行人更能把握某个商品的价格波动节奏。

但行内人也有行内人的缺陷，行内人容易思维固化，认为事情就应该这样发展，因为多少年来都是这样发展的。一旦行业的大环境发生了质的变化，绝大多数行内人反而会跟不上时代变化的步伐。

在普通的行情波动中，行内人看得更准，也更容易赚到钱，做得好的人，几乎每次都可以踏准价格的阶段高点和低点，经过数年的运作，积累不少的财富。只不过一旦超乎历史常规的行情爆发时，行内人往往因为思维固化而预测不到、不敢预测、无法想象价格的超级波动，当价格突破了以往的价格波动边界，进入了一个“新的领域”、“新的世界”，绝大部分行内的老人却还停留在“老的领域”、“老的世界”，用老的思维去判断和预期，用老的边界去界定，也就必然要错过大行情，甚至要大亏一笔，把之前几年的财富积累都付之一炬（2010 年的棉花市场也是如此）。

在历史性大行情发生时，行内人往往会“当局者迷”。

2003 年的大豆上涨行情，豆商们都去放空，因为他们觉得大豆价格从未这么高过，肯定要跌回去，但实际情况却是涨了再涨，高了再高，当时若不是交易所临时出台涨停限制的规则（缩小涨停板、三板协议平仓），恐怕做空的豆商损失还要大得多。豆商们知道大豆产业的信息，但忽视了全球大通胀的背景，这是他们输钱的原因所在。

2011 ~2012 年的螺纹钢下跌行情也是如此，钢材在以往的价格波动节奏中，总是有涨有跌的，跌了总会在一段时间内涨回去，至少会有像样的反弹，因此跌了买，再跌再买，反弹或反转了卖出，这样的方法在以往的年头似乎都能赚钱，无非是熬一个月、两个月还是半年的问题，而到了 2011 ~2012 年，则完全不同了，熬一年也熬不出头。2011 ~2012 年，几乎所有的钢材贸易商都亏损，不但在现货上亏损，参与期货的大部分也是亏损。钢材贸易商们熟悉钢材行业的方方面面，但忽视了中国房地产行业和全球经济的调整背景，这是他们输钱的核心原因。

再次调研，确认大蒜要涨

到了 4 月中旬后，我去江苏邳州的大蒜产区考察，进一步了解情况。

我早上 5 点多出发，开着我的奇瑞车，带着夫人和儿子一起去（考察大蒜生产情况的同时，顺便带儿子出来转转）。下午一点多到了江苏邳州（路难走，没有高速）。

看到路边的田里有在干活的农民，我就靠边停车，下来打听。

我跨过路边的小水渠，到田里，递上一根烟，和他聊了起来，“老乡，今年大蒜怎么样啊?”

“哟，长势不好，要减产很多!”

“这样啊，那你今年种了多少亩啊?”

“我今年只种了2亩。”

“去年呢?”

“去年多，种了5亩，可惜卖不上价。今年这2亩看来也要亏钱。唉!”

“其他人今年也少种了吗?”

“嗯，也差不多。我隔壁的邻居今年种了7亩。”

“那去年他种了多少呢?”

“去年种了10亩。”

“现在天这么旱，大蒜该浇水了，怎么也不见你们给大蒜浇水啊?”

“这不是卖不上价嘛！去年的蒜薹抽了后都扔在沟里了。今年冷库里的蒜往外豁着来，储存商都不准备收新蒜了。浇了还不够水钱，懒得理它了!”

我走上了公路，准备走了，又回过头和他说了一句：“老乡，今年蒜薹要至少卖一块钱一斤。”

“真的吗?”

“我保证！你赶紧把自家的大蒜浇点水、下点肥。”

老乡有点激动，“那我明天买化肥去，抓紧给大蒜浇水。”

（那年蒜薹卖到了1块七八一斤，创历史新高。）

金乡县是全国最大的大蒜主产区，其他的主要产区基本上也在距离金乡几十公里到三五百公里的地方。我就开着车前后左右去实地考察。主产区除了山东金乡和苍山、莱芜、商河、茌平，还去了江苏邳州、河南杞县、中牟，以及各地周边的一些副产区。

我累计跑了上万公里，综合得到的数据是大蒜播种面积下降30%左右，单产减少20%左右，也就是说按照我的调查数据总产量会下降40%左右。真是物极必反、天意如此啊。这是千古不变的定律。

注1：我国大蒜的主要产地有山东省济宁市金乡县、莱芜市、商河县、苍山县（临沂市）、广饶县（东营市）、茌平县、成武县，河北永年县、大名县北部，江苏邳州市、射阳县、太仓市，河南省杞县、中牟县，上海嘉定，安徽亳州市、来安县，四川温江县、彭州市，云南大理，陕西兴平市

及新疆等地。

注2：全国大蒜四大产区为山东金乡、河南中牟县和杞县、江苏邳州、山东苍山（另一说法是山东莱芜）

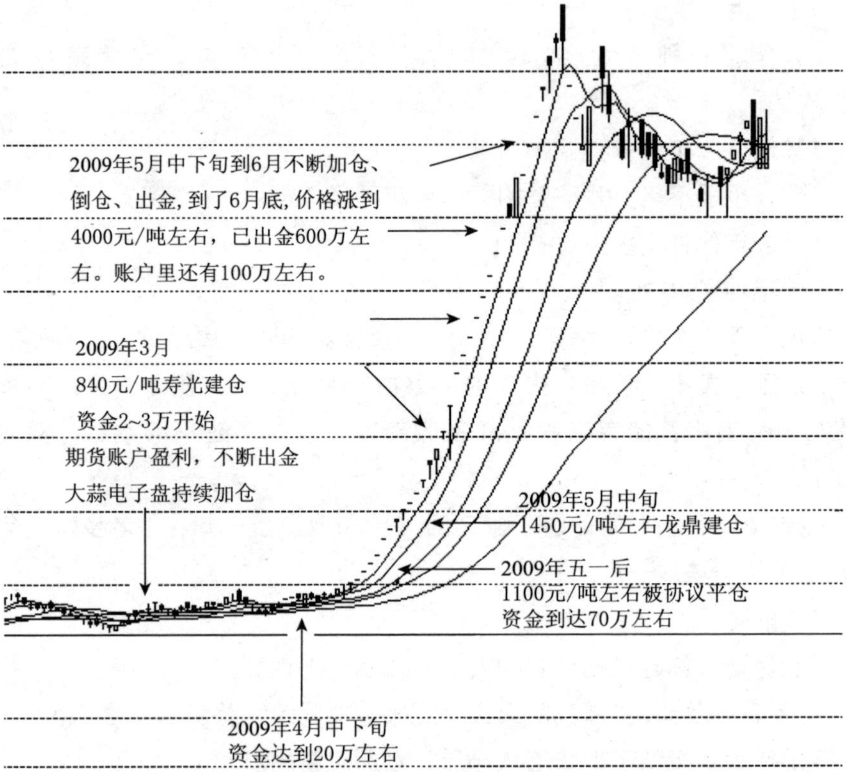

用寿光大蒜电子盘0908合约示意大蒜操作

大蒜暴涨　空头崩盘

每一次大的变化来临时，大多数人在变化之前都没有想到。大多数人只从当下的因素考虑未来，而没有考虑未来影响因素的变化和潜在因素的发生。某些事情未来一定会发生，那么就必然会成为影响未来的因素，比如2008年大蒜的种植面积下降、大蒜单产下降，那么2009年大蒜的总产量必然是下降的，这必然发生的产量下降对2009年大蒜的价格必然会有影响。若加上其他突发因素的配合（甲流的突然爆发），大蒜价格的波动就会有很大的变化，打破2007年、2008年这两年的格局。

我强烈看涨，预期在五月份上涨，因为蒜薹在五一前后上市，我预计蒜薹的上市价格会创历史新高，一旦蒜薹价格创新高，就会给人们大蒜涨价的信心。在 2008 年 10 月的时候，我打听到寿光有大蒜电子盘，在济宁也有代理点，去开了户。但一开始没有做，因为考虑到距离下一年大蒜收获的季节还有很长时间，怕做进去后，被主力吃掉。

春节后，2009 年 3 月，我把做期货赚的两三万块钱转到电子盘账户，其实所谓的"现货电子盘"，表面上是现货远期保证金交易，实际上和期货差不多，就是保证金略高一点点，收 20% 的保证金。我大蒜建仓的时候大约是 840 元一吨，当时的现货陈蒜的价格才 200 元左右一吨，人们预计新蒜的价格也就在 400 元左右一吨，840 的价格看似天价。我做进去之后价格没有大的变动（基本上就是在 700 多到 900 之间震荡），我就等。

那段时间我期货做得也不错，主要是做豆粕，大约 5 万元起步，第一次转出两三万到电子盘之后，没过多久期货账户剩下的钱又赚了一些，我就把赚的钱再转到电子盘账户做大蒜，再赚一点就再转过来，因为我感觉大蒜的大行情马上要来了，机会不可错过。

到了 2009 年 4 月中下旬，我在全面考察几个大蒜产区后，更加坚定了大蒜上涨的信心，而且大蒜马上进入收获季节，价格爆发的时间越来越接近（很多人往往在收获时才发现大蒜减产太多，正常经营和消费的赶紧进货，再加上惜售的惜售、囤积的囤积，还有投机资金的进场，价格上涨就会在那段时间爆发）。那时我做大蒜的账户差不多已经有了 20 万元资金，基本上集中精力做大蒜电子盘，期货看得比较少了。

天有不测风云，物极必反，老天果然配合。2009 年 3～4 月，新型甲型 H1N1 流感从墨西哥和美国开始流行，人们对这种新型病毒没有足够的免疫力，迅速造成数百人死亡，并在短短几周内蔓延到全世界。世界卫生组织（WHO）于 6 月 11 日紧急宣布，全球进入 40 多年来首次流感大流行，并决定将甲型 H1N1 流感病毒警戒级别提升至最高级别 6 级。（截止到 2009 年底，据官方公布的数据，全世界因感染甲型 H1N1 流感而死亡的人数超过 1 万人，中国确诊的感染人数超过 12 万人，死亡病例超过 600 人。）

因为新闻媒体持续报道甲型 H1N1 流感在全球的蔓延以及中国可能受到的影响，老百姓对甲流的担心和恐惧与日上升，政府和百姓都开始采取各类防御措施。这时，坊间突然流传"吃大蒜能够预防甲流"，大家心想反正吃点大蒜不会有坏处，就蜂拥去买大蒜了。这一突发事件竟然促进了大蒜的需求，那时出口也好了，金乡 50 万吨大蒜的库存很快就消化了一半，进一步引发大蒜价格的上涨。（我当时心想，**一件事情好，老天总有办法让它好透，一件事情坏，老天也总有办法让它坏透。**而且老天总在最恰当的时机发力，当大涨或大跌的条件还缺一点的时候，老天总会对应地再出点条件。要不然怎么反过来呢？没完了，不平衡了。）

2009 年“五一”之前的 4 月 22 日，寿光交易所（山东寿光蔬菜电子交易市场）发布公告，说是为了预防交易风险，出台了一个“集中代为转让合同制度”，这类似于期货市场的连续三个涨停板或跌停板之后的协议平仓规则。在当时大蒜上涨预期越来越浓的氛围中，这一制度的出台明显是“偏袒和保护”空方的，看来当时空头主力也已经闻到了大蒜即将暴涨的味了（后来才知道空头主力和交易所的关系比较密切，他感觉自己做空的大势已去，只好找交易所帮忙，才推动了集中转让制度的出台，而且出台的时间也恰到好处。如果不是交易所救了他一命，他可能会完全倒掉，保证金一分钱都拿不走）。

集中代为转让合同制度

第一条　当某一交易品种连续同方向三个或三个以上交易日收市前 15 分钟内未能打开涨（跌）停板，本市场有权采取集中代为转让合同措施控制风险。

第二条　集中代为转让合同是指净持有某一交易品种与价格涨（跌）方向相反合同且单位持仓亏损达到一定程度的交易商和净持有与价格涨（跌）方向相同合同的交易商均同意（认可）由市场执行集中代为转让部分订货量的措施。

第三条　某一交易品种的净持有订货合同是买（卖）订货量与卖（买）订货量相抵后的差额部分。

交易商单位持仓盈亏的计算方法：

交易商该交易品种单位持仓盈亏 = 交易商该交易品种持仓盈亏的总和（元）÷交易商该交易品种的净持仓量（批）

交易商该交易品种盈利（亏损）率的计算方法：

交易商该交易品种盈利（亏损）率 = 交易商该交易品种单位持仓盈亏÷该交易品种收市时结算价 ×100%

第四条 集中代为转让合同合同数量的确定：

集中代为转让合同的数量按交易商持有的该交易品种亏损率计算。亏损率大于等于该交易品种付款比例60%的，经交易商申请（在当日收市前仍在停板价挂单的视为申请，如果申请的数量超过其净持有的数量时，则按照净持有数量计算），可参与集中代为转让合同。

第五条 集中代为转让合同的对应方合同：

1. 对应方交易商该交易品种盈利率大于等于该交易品种付款比例60%的订货合同。

2. 对应方交易商该交易品种盈利率大于等于该交易品种付款比例30%但盈利率小于该交易品种付款比例60%的订货合同；

3. 对应方交易商该交易品种盈利率大于0的但盈利率小于该交易品种付款比例30%的订货合同。

第六条 按上述对应关系逐次配比，当出现一方订立的合同数量小于对应方的合同数量时，则按比例进行分配。

分配转让数量以“批”为单位，不足一批的按如下方法计算：首先对每个摊位分配到的转让数量的整数部分进行分配，然后按小数部分由大到小的顺序“进位取整”进行分配。

第七条 集中代为转让合同的执行

集中代为转让合同于当日收市后由交易系统按集中代为转让合同原则执行，集中代为转让合同结果作为当日交易商的成交结果。

第八条 集中代为转让合同的价格

集中代为转让合同的价格为该交易品种当日的涨（跌）限幅价。

第九条 由上述集中代为转让合同造成的损失由交易商自行承担。

第十条 本制度解释权属于山东寿光蔬菜电子交易市场有限公司，市场有权对本制度条款进行修订。

第十一条 本制度自2009年4月22日起实施。

4月底5月初，蒜薹上市，由于大量减产和需求激增的原因，蒜薹在田间地头的收购价竟高达1块7毛到1块8毛一斤，这可是创了历史新高（原来的最高价1块2左右）。

我盼着五一后大蒜电子盘的开盘。

果然，第一天就大涨，价格逐步上涨，涨到涨停并封在涨停板。根据当时的现货价格，电子盘连续三个涨停板还跟不上现货一天的涨幅，我想着这次要大赚了。第二天，情况并非我所预期的那样直接涨停，而是开盘的瞬间价格先在跌停板成交2万手，然后立即封死涨停，全天在涨停板几乎无成交，在跌停板的成交量大，这是主力事先谋划好了的，这样，虽然第二天的收盘价是涨停板，但结算价居然在跌停板附近！可见当时空头主力的实力和操控市场的无赖。第三天再涨停（价格和第一天的涨停板差不多），就“集中转让”协议平仓了，这时价格大约到了每吨1100元左右。“集中转让”制度的出台加上空头对市场的操控，让空头这次的损失大幅减少。

“集中转让”后，空头“顺利”出逃，我的仓位也全部被强行平掉了。市场没有主力做空，价格就天天封死涨停板，成交量很少，我也做不进去。我一看寿光的电子盘太黑，成交量又少，不能玩了，就去查找打听有没有其他做大蒜的电子盘。我在一个大蒜网站的论坛上，看到一个帖子，发帖的人说他代理日照龙鼎公司大蒜电子盘的开户。于是我在当天下午一收盘就到代理点开户，第二天上午就把寿光账户的资金全部转出，放到龙鼎的账户上建仓，这时，我的账户资金已经从20万做到了70万左右，其实如果交易所和空头主力不玩“猫腻”，这20万至少要变成几百万甚至几千万，没办法，谁让我是散户呢？

到龙鼎建仓时，它的电子盘价格已经到了1500元一吨，这个价格可能别人不要，但我要，那时的大蒜才刚刚涨起来，我觉得后续还能涨更高，这个价格还是便宜的。我在周三开始建仓，建仓总共花了3天时间，周三的价格是1500，我开仓30%，周四跌到了1450，又开仓30%，周五跌到了1400，我把可用资金几乎全部买上了。按理说做期货不能满仓交易，但当时的情况比较特殊。根据我对当时大蒜现货市场的观察和判断，周末两天，大蒜的价格会“窜”起来。

我的朋友有点担心，劝我减仓，但我根本就不怕，到了星期五我也不减仓，我很有信心，认为大蒜的行情就要像山洪一样，马上就要爆发了。

我和他说：“不用怕，这大蒜，我三天就和它见分晓！”

“吹牛！”他不以为然，“你斗不过主力的。”

“即便主力是老虎，我都不怕，我和老天站在一起呢！”

我的坚持换来了好结果。周末两天，现货每吨涨了400元（鲜蒜从周五的 4 毛 5 一斤，到了周日下午涨到了 6 毛 5 左右，鲜蒜水分多，它一吨 1300 元，相当于干蒜 1800 元左右，而电子盘交易的就是干蒜）。星期一大蒜电子盘涨停，星期二星期三也是涨停，大蒜就在这三个涨停的带动下涨上去了。那个时候全国有很多现货电子盘，不像期货交易所是国家开的，现货电子盘“交易所”多半是公司开的，而且坐庄操控现象很严重。当现货新蒜价格涨到 3 块 5 毛一斤时，电子盘还只有 1 块多，很多人都看到了机会，排着队去电子盘开户、入金、做多。我因为上次在寿光“吃过亏”，在龙鼎做就比较小心了，别人入金，我出金，一般是赚了 50 万就出金，账户上始终保持 50～100 万的操作资金。那时很多投资者都认为龙鼎的电子盘不会有问题，因为龙鼎公司的后台还有房地产，但我不这么认为，龙鼎的空头主力一直压着价格，导致电子盘的价格比现货低很多，而大蒜电子盘的参与者大多是直接参与大蒜产业链的人或是很了解大蒜的人，看到电子盘价格这么低，越来越多的资金会进来做多，一旦空头扛不住，恐怕多头的钱也拿不出来。我甚至感觉龙鼎公司和空头是一伙的，这让我更加警惕，不停地往外提钱。

我发现放空的是主力，做多的是散户，很多大蒜贩子都去做多了，因为大蒜贩子是在市场第一线的，他们去收货很难收到，就知道价格要涨，他们容易闻到大蒜要上涨的味，而“上面的人”反而闻不到。这一年大蒜贩子一开始就大量收，涨起来之后就逼着储存商高价吃进，不少贩子没少赚钱。电子盘的交易者和期货交易者有所不同，参与电子盘的现货客户多，特别是现货贸易商多（外行的散户少），他们能掌握第一手信息，一开始他们可能不明白价格会涨会跌，但只要蒜薹下来就知道价格要涨了。蒜薹价格创了新高，大家的买劲就上来了，往年大蒜 5 月下旬挖上来到 7 月才销售（有一个风干过程，至少一个月），2009 年则刚挖上来就被收走了。当蒜薹下来的时候，做现货的就很少有人去放空了，所以空头主力几乎是一个人和所有人对赌，虽然有资金优势，有交易所袒护，手法也比较凶悍，但“以一敌百，虽勇而必不胜”。这就是电子盘经常会崩盘、倒闭的原因。

我从 1450 建仓之后，不停地加仓、倒仓、出金，到了 6 月底，价格涨到 4000 左右的时候，已经出金了 600 万左右，账户里还有 100 万左右。随后龙鼎逐渐崩盘了，我账户里剩下的 100 来万取不出来了，另外还有一大批做多的投资者账户里的钱也拿不出来（有个朋友1000多万出不来），很多人举着牌子去龙鼎甚至去政府那里“讨说法”，但哪里要得回来?

其实龙鼎电子盘4000多的时候，现货已经8000多了，市场有自己的运行规律，任何人都是干预和左右不了的，**价格多少应该由市场说了算，某个主力或机构说了是不算的，他若是硬要压住价格，结果只能是爆仓崩盘**。这一波大蒜的行情，我介入的那段时间，电子盘价格从840涨到4000多，两个多月，价格涨了好几倍。若再稍微往前推一点，现货更是从1毛钱一斤，涨到了3块多一斤。按照这样的上涨幅度，如果是做期货，那赚的可多得多了。

我为什么100%确定大蒜要涨

之前由于在期货市场常年亏损，入不敷出，就像1996年放手一搏养猪一样，如果这次大蒜的行情没有抓住，我可能又会很长时间都翻不了身。

不过，我敢这么说，这次做大蒜的行情，我是有100%的确定性把握的。为什么这么说? 一方面因为我了解大蒜市场的规律，贵了大家都种，贱了大家都不种，容易暴涨暴跌。另一方面，则是通过我的实地考察和多方了解观察，认为各个层面的因素都支持大蒜的上涨。总体上来说，主要有以下因素:

1. 货币环境：2008年金融危机后，世界各主要国家都用注入货币的形式刺激经济，美国如此、欧洲如此、中国也是如此，中国的4万亿更是一夜之间就出台了。全球货币供应量的增长，有助于推动大宗商品的上涨，也就是说不光是大蒜，其他商品也会涨，整个商品价格都处在上涨的氛围中。

2. 气候环境：大蒜是吸水作物，若没有降雨，一到两个星期要浇水一次，而2008~2009年大蒜种植周期内，有干旱现象。

3. 生产情况：从实地调研的情况来看，种植总面积减少30%左右，单产减少20%左右，总产量应下降40%左右。

4. 库存情况：原本还算较多的库存，在2009年三四月份急剧减少。

5. 农民的积极性：由于种大蒜持续亏损，农民没了种植积极性，一方面少种了，另一方面看到大蒜长势不好也懒得施肥、浇水了。

6. 需求情况：国内外大蒜需求正常。国际市场对中国大蒜需求上升，因为两年大蒜低价冲击国外市场，对国外的大蒜种植也会产生消极影响。大蒜作为调味品，人们对大蒜的日常需求是刚性的。而随着生活水平的提高，大蒜作为调料的使用也在增加，比如吃火锅的人多了，蒜泥的需求就会上升，肉类消费多了，有减腻作用的大蒜的需求会上升，还有就是人们开始追求健康、养生、防疾病，这也推升了大蒜的需求。同时，从 2009 年开始各国从中国进口大蒜的量增加，2008 年各国都在去库存，2009 年国际市场对大蒜的需求增幅较大。

7. 成本因素：种大蒜的生产成本大约是 1 块钱 1 斤，但现货最低的时候硬是跌到 1 毛钱左右。当一个商品的售价低于成本很多时，愿意生产的人就会越来越少，一旦涨起来，一般会超过成本，甚至超过成本很多，不然还是没人愿意去生产。像大蒜这样的品种，最后价格涨到超过成本一两倍都是正常的，甚至超过几倍也是可能的，种大蒜最好的时候，一亩地农民可以获利 2000 多元。（**做期货或者电子盘，了解现货的生产成本非常重要，**知道了生产成本，并且知道影响成本变化的因素，才能明白什么时候价格严重偏离价值。当一个产品一条产业链上的经营者绝大部分都在亏损，那价格是真低了，全行业的积极性必然受到打击，产量必然减少，价格上涨只是时间问题。因为干一天亏一天，还不如不干，一开始亏，为了维持还要做一点，但一直亏，总会维持不了或者不愿意维持，那就真的不干了，必然会导致大幅减产。当然，生产成本是动态变化的，研究的时候也要变化着去研究，不能认定一个成本就以为是不变的价值了。）

8. 大蒜价格波动特性：大蒜还有一个特性，那就是价格的不稳定，它容易暴涨暴跌。为什么大蒜是个不稳定的品种，在本书介绍 1990 年我种大蒜的章节中有详细的阐述。另外大蒜这个品种如果真正涨起来，一般会连涨两年，第二年的涨幅也会很大。（事后我们知道，大蒜现货 2009 年最多涨到 4 块 5 毛一斤，2010 年涨到 8 块一斤。我本想充分参与这两年的大蒜行情，无奈大蒜的现货电子盘实在“太黑”，主力操控严重，赚了钱都可能拿不出来，后来只好转战更正规的期货市场，参与棉花交易。）

9. 和其他作物的比价关系：同样一亩地可以种大蒜也可以种小麦，种大蒜是亏的，种小麦是赚的，农民自然更愿意种小麦，只有大蒜的价格涨起来和小麦的比价更加合理甚至更有优势，农民才会选择种更多的大蒜。

10. 物极必反出现突发事件：2008年秋天播种的大蒜，出苗以后死亡现象严重，这是老天在透露信息，本来播种面积就少，还有严重的死亡现象，产量会少上加少，明年该涨价了。事物发展到一个极端，就必然会向反向发展，而触动反向运动的开始，可能就是一个所谓的突发事件。2009年三四月份开始，源于北美的甲型H1N1流感扩散到全球，感染人数和死亡人数一直在上升，不少人都很担心此事，而民间又流传出吃大蒜可以预防甲流，导致大蒜的需求短期内暴增。

11. 比价关系：大蒜的生产成本至少在1元，价格在1－2毛是极其不合理的现象，价格严重偏离价值，不可能持续下去，不然大蒜会绝迹。这是不可能的。大蒜十年前都到过1块8以上，在这十年当中，各种相关因素都发生了很大的变化，十年前小工一天15元，2009年则要80元，十年前包心菜5分一斤，2009年要5毛一斤，小麦、玉米、大豆也涨了不少，工业品价格也成倍翻番，2009年又是减产年，一旦涨起来，能量会很大，涨的幅度和它跌的幅度会对应，不然就不平衡了。

我所了解的信息，肯定不止以上11个大类，上面列出的11个大类只是一个简要说明，说的是，要判断一个品种是否要涨，涨的概率是多少，必须从各个方面入手，调查、了解清楚，都要在笔记本上或自己的头脑里列清楚，经过综合分析，才能得出判断，该品种到底会不会涨，涨的概率是70%、80%，还是100%，甚至可以判断出它会在三个月内涨，还是会在三五天内就涨。

这一波大蒜的上涨行情，实际上我是从2007年就开始关注，一直等到2009年才抓住这个机会。并非像后来在某些媒体上流传的那样，一夜之间运气好，或是赌一把赌对了。

判断一个东西100%要涨，也不是随时随便判断的，必须在条件到了的时候才能说100%，在夏天的傍晚，当乌云压顶、风也起了、电闪雷鸣，就必然马上要下雨。100%的判断只适用在特殊时段，在特定的时间、特定的条件满足的情况下，才可以确定100%会涨。

如果涨的力量（多方）是100斤，跌的力量（空方）是1斤，那么涨就是必然的了。**在任何时候，价格要涨、要跌或是会盘整，幅度有多大，速度有多快，都是涨的力量和跌的力量博弈、对抗、对冲之后的结果。**涨的力量一直都存在，跌的力量也一直都存在，只不过两种力量永远处在动态变化中。在特定的时刻，当你也了解到了综合情况之后，发现涨的力量远远大于跌的力量，你也敢说100%要涨。

规律的识别和规律的变化

宇宙中万事万物的运行都是有规律可循的。若是识别了规律的本质，那么在任何时刻，无论一项事物的外在运行如何变化，也总能摸清它的发展轨迹。但如果只是识别了规律的表象，那么当这项事物的运行方式有所变化时，很可能就无法预知它的发展轨迹了。

世界上的绝大部分人，只是看到了事物运行的表象，不去研究它的运行规律；少部分人从表象去总结规律，但得到的规律受一时的表象影响过多，并非是本质规律；只有极少部分人能够识别规律的本质，能够看透所有表象和表象的变化。

有些所谓的“规律”，即“表象规律”不是一成不变的，会根据当时的环境变化和人们的心理变化而改变。当一种“表象规律”被大家都知道了，那么也就不再是“规律”了。

当年的大蒜，今年贵（贵了都去种）、明年贱（贱了都不种），如此循环，很多人以为这就是大蒜价格的运行规律。一开始，这似乎真的是规律，但知道的人多了就不行了，就不是规律了，人们在便宜的时候去生产，期待第二年价格上涨，结果第二年还是货太多，价格上不去。

其实今年贵、明年贱只是表面规律，一年便宜了期待来年贵，都去种大蒜了，来年还是便宜，这样就连续两年便宜了，大家发现原来的规律不管用了，新的规律似乎又形成了。**其实大蒜价格波动特征的本质规律就是供求关系使然，影响价格变化的核心就是供求。**

外在表现出来的表面规律、表象规律很可能只是一时的，在不同时间点、不同环境下、不同人群中，所谓的规律会发生变化，只有核心原理、核心规律、本质规律是不变的。商品价格波动的本质规律就是供求关系的变化。

当大蒜连续两年便宜，大家发现原来的规律不管用了，也就不敢在便宜的时候去种大蒜了，这时我就去种了。1991年和1994年种大蒜，就是如此。

2004 年以来，大蒜价格的上涨、下跌、再次上涨的运行方式，和 90 年代初又不一样了，但本质的规律是不会变的，只要研究好供求关系，就能捕捉到商品价格的上涨和下跌机会。我参与 2009 年大蒜电子盘的投资，其源头是连续多年对大蒜供求关系的研究和跟踪，其他商品也一样。

当然，现在大蒜的价格变化特征可能又不一样了，我们必须根据核心原理、本质规律去理解和分析，才能识别大蒜的价格变化，预判下个阶段的行情走势。

为什么说历史会重演、行情会复制，就是因为事物运行的本质规律是不变的；为什么又说历史不会简单重演、行情不会简单复制，则是因为事物的表面规律不是一成不变的。不管是过去还是现在的行情运行特征都可以借鉴，不管是自己的还是别人的投资经验、交易经验都可以吸取，但不能照搬照抄，必须分清情况，知道原来是什么情况，现在是什么情况，必须看清原来的供求关系是怎样的，现在的供求关系又是怎样的，必须看清相关价值水平现在和未来有什么变化。

主力/庄家的力量是有限的

我准备做大蒜的时候，把投资机会和一个做期货的朋友说了，他说：“你不要做电子盘，做做期货就好了，因为电子盘黑幕太多，不讲理。”确实如此，电子盘是有黑幕，主力很强，但主力再强也强不过“天”。（当然，我也要感谢这个朋友，他的提醒让我对电子盘多留了个心眼。）

后来我做棉花的时候，这位朋友也劝我“不要做棉花，郑州盘庄家控制得很厉害！你看看以前的绿豆就知道了”。或许是这样的，但庄家即便能控盘一时，也无法持久控盘，更不可能长期逆势而为。（后来这位朋友也参与了棉花交易，他在期货交易上经验老道，在投资上有自己的独到见解，抓到了他看懂的机会也能盈利不少，他在棉花上就翻了好几倍。）

在震荡行情中，即在供求关系相对平衡的情况下，主力/庄家可以很强，可以影响盘面，甚至在一小段时间内、一定幅度内控盘。反正价格就在一个区间里运行，主力/庄家想要让价格高一点、低一点，或是运行趋势明显一点、震荡剧烈一点，或是价格运行快一点、慢一点，都可以利用资金优势、内外盘配合、信息配合（甚至政策配合）等做到。但大势来临的时候，供求关系严重失衡的情况下，主力/庄家说了不算，“天”说了算，“大势”说了算，“天”说要去哪里，“大势”指向何方，价格就要往那里运行。

在供求相对平衡的时候，主力/庄家有可施展的空间，可以来回倒腾赚钱；**但当“大势”来临的时候，主力/庄家若是压着大势，再大的力量也会被顶破，因为大势的力量是“天”的力量，天意如此，人怎能违背，**主力用资金优势和其他优势压住价格，只能是一时的，力量再强大压的时间也就长一点而已，最终价格必然向“天”定的大势运行。主力/庄家若是和“天”斗，必不能赢，若是逆“大势”而为，必以失败告终。

在我身边做期货的朋友曾和我说过一个叫大佬刘的庄家。说他在粮食部门有内部人士，九几年的时候做绿豆很厉害，从几十万做到了上亿，亲戚朋友跟着他做也从几万做到几十万。大佬刘出门四个保镖，非常神气，运作绿豆行情的时候去郑州坐镇，郑州交易所把他当贵宾，江湖认他为“绿豆奇人”。据说，有一次他联合一帮主力做多绿豆，但内部出了问题，有一个人明着和他一起做多，实际上背地里做了好几倍的空单。最后绿豆暴跌，大佬刘爆仓出局。这故事看上去似乎是主力的决斗、资金的对决，是内奸咬大佬刘一口才导致他的失败，而他的失败本质上还是因为他看错了市场。当时的绿豆、红小豆和咖啡确实经常性暴涨暴跌，一年时间里价格来回一倍很正常，当年经历过的绿豆、红小豆和咖啡等暴涨暴跌、惊心动魄的行情历历在目，有人认为期货不规范、庄家操控严重、“妖”得厉害，但这更多是绿豆、红小豆和咖啡本身的特性决定的，它们的现货价格波动也很大，这是很正常的现象，本质上是现货带动期货，而不是期货带动现货，期货只是一个杠杆放大而已。我们要做的是提前发现、捕捉大行情的机会，提前布局。大佬刘的失败，本质原因还是因为那一次他站在了“天”的对立面，“天”要让绿豆跌，这就是当年的“大势”，他逆大势而为，必然要输。

我们也可以引申开来，任何人若是违背“自然规律”、“宇宙法则”、“社会大势”，必然会失败，若是硬要对着干，必然会自取灭亡。古往今来，多少个强悍者，逆“社会大势”的时候，无不以失败告终，只是时间早晚而已。

正如孙中山先生所言：“天下大势，浩浩荡荡，顺之者昌，逆之者亡。”

人胜不了天

人的力量再大，在天面前，也是小的，人和天斗不可能胜出。“人定胜天”只是一句口号而已。

以前说人类活动导致二氧化碳增多，进而会导致全球气候变暖、冰川融化、海平面上升、部分陆地消失……，这种观点是错误的。地球的气候本来就是不恒定的，一年有四季，从更长的周期来看，这几十年可能暖一点，那几十年可能冷一点，这都是正常的现象，只是地球运行规律的体现而已。人类的活动不可能影响太多。冬天冷了，也只能在屋里放放暖气，夏天热了，也只能开开空调调节室内温度，人只能改变小环境，改变不了大环境，天气该热还是热该冷还是冷。

一项大宗商品的价格也是如此，一个人的力量再大，都不可能长期左右它的价格。**商品的价格有自己的运行规律，这是天道使然，投机于商品的价格波动，必须顺天道而为，逆者必败。**

人是在“环境”中生存的，这“环境”是天定的，一个人对“环境”的影响是有限的，所有人的共同行动能够对“环境”的某个层面产生一点影响，而对单独的个体而言，所有其他人的行为和思想本身也是“环境”的组成部分。

在三十几度的时候，要穿衬衫、穿T恤，穿外套会很热，穿棉袄、穿羽绒服则撑不了多长时间，而在零下几度的时候，就要穿棉袄、穿羽绒服，只穿个衬衫则活不了多久。人的身体以外的环境发生改变了，人必须也要随之改变，人在自然中是极其渺小的。个人的身体和思想只是有限的自我，放到无限的自然中，再大的自我也是微乎其微的。主力/庄家也是一样，都不能违背自然规律，否则必然受罚。**接受不能改变的，改变可以改变的，**做期货、股票更是这样，应该接受现实、面对行情、适应市场，因为怨行情、骂市场是没用的，只能害自己。要适应环境和市场的变化，一个人改变不了环境和市场，只能适应并顺势而为，随环境、市场的改变而改变，并提前布局。

大势是天定的，人只能顺势而为

做期货要明白两句话。

一是“物竞天择，适者生存”。市场的残酷性只会让具备优势的人胜出，参与者想要在市场中生存和发展，就必须比其他人具备更多更强的优势或更核心的优势，参与者想要持续生存和发展，就必须确保自己的优势能够持续领先。只有适应了市场以及市场的变化，才可能成为赢家。

二是“洞察天意，顺势而为”。所谓“适者生存”，要适应的是“市场”，而市场的中长期价格则是由“供求关系”决定的，一个品种特别是农产品的平衡度则是由“天”定的。**所谓“顺势而为”，要顺从的是“天”定的价格走势。**任何人逆天而为必然会输，因为个人的力量再大，在天面前都是极其渺小的，与天斗，必输。我们只有了解影响价格走势的本质力量，明晰供求关系的分析方法，洞察天意要让“势”往哪个方向去，才能“顺势而为”。

当然，我们所说的“势”是指价格运行的“大势”，而非短期的“小波动”，在我看来，“小波动”不足以称为“势”，勉强要算，也只是“小势”，它可以和“大势”共振也可以相反，任何市场参与者、哪怕是所谓的主力和庄家，能够影响的只能是“小势”，而“大势”必然是天定的。（2009 年后，我做期货赚了一点钱，核心原因就是顺应了几次天定的大势，机遇都是天给的，个人只能顺势而为，只能抓住天给的机遇。）

人家都说“人在做、天在看”，这句话对有些想做坏事的人倒是有警示作用的，而“天在做、人在看”的说法更正确一些。天“做事”的方式是有规律的，宇宙的运行有着万古的规律，银河系、太阳系、地球都受宇宙规律的支配，人类本身也受宇宙规律的支配，哪怕是一个细胞一个原子也必然遵循宇宙规律，当然，人性也是宇宙规律的体现，人类做事的特征也是宇宙规律的体现。我们要去发现、去看懂、去运用，在看到苗头时要懂得抓机会。期货的运行往往是欲涨先跌，先让大部分人看不懂、不知道、不敢想，然后才涨上去，就像人要发财必先受苦一样，就像人们看到一颗小苗时不敢预测它将长成大树一样，就像你定个闹钟，早上五点响了，别人以为是意外，但你知道是必然，这些都是规律运行的一个个小点的体现。姜子牙能算周朝有808年的运势，自然有他的方法。

我们既然生活在这个地球上，在这个宇宙中，参与各种游戏，就要遵循宇宙的游戏规则和自然的法则。

做期货，要先看清宏观的因素，再去看微观的细节。宏观的因素是自然规律，是天定的，所谓“涝三年、旱三年、不涝不旱又三年”，冬天冷是个极端，夏天热是个极端，春秋不冷不热是平衡，但整个一年又是一个大平衡，多年来看则是循环往复。**天道的运行是有规律的，它的规律就是总体的平衡和局部的不平衡，我们要在平衡中寻找不平衡，在物极必反中寻找转换点，在大势运行中寻找发力点。**

具体到任何一年的气温，春夏秋冬和以往的任何一年都有类似性，但又都不一样，未来只是按照一定的规律在运行，并非100%复制历史。这也是宇宙运行规律的特征。

做期货，我们要在平衡走向不平衡的节点发现机会、捕捉机会，也要在不平衡回归平衡的节点发现机会、捕捉机会，还要在“大势”发展的间歇点发现机会、捕捉机会。若能在爆发点或爆发前进场，则可以长期持有，若是后续跟进的则要灵活处理，两者的资金管理（仓位、止损、进出场）也是不同的（爆发点或爆发前进场的单子成本低、利润多，可以抵抗更多的反向波动，而后续跟进的单子则成本高、利润少，可以抵抗的反向波动小）。

做期货就像打麻将，开局的时候每个人都想赢，可结局只有一家胡牌。**做期货亏了钱，不能怨天怨地怨政府，不能怨行情怨对手怨庄家，要怨也只能怨自己，怨自己的技能不够高、水平不够好。**

对一个普通期货交易者来说，环境是不可改变的，唯一能变的就是自己。要先求适应，再求发展。“物竞天择、适者生存”在期货市场表现得很充分，也很“完美”。要想办法把自己的缺点补足，哪儿不行补哪儿，只要修炼到家了，总有一天，功到自然成。做期货发牢骚是没有用的，关键是怎么去解决，自己不明白事理，只能把自己害了。**人必须改变自己适应环境，做期货必须改变自己适应市场，谁适应，谁就活着、活得越来越好，谁不适应，谁就被淘汰。做人难，做期货更难。**

“没有行情”、“行情不好做”、“这是什么行情啊！”，做期货绝对不能骂行情。对很多人来说，没行情才好呢，不会亏嘛！行情来了，也抓不住，反而还容易大亏。唉声叹气怨行情是不思进取、堕落的表现。我们要变被动为主动，想办法让自己具备优势，然后发挥优势。如何具备优势、发挥优势，一要学习，二要思考，三要总结，四要行动。

做期货光实践还不行，要认知到理念、心态等对成败的作用。**做期货要练心态，不能被一红一绿干扰，要平和。**但心态好是建立在对行情的把握度上的，把握度大，心态才会好，把握度小，没法有好心态。美国开战了，萨达姆的心态能好吗？不可能好，所以美国一打过来，他就跑路了，只能东躲西藏了（最后还是被干掉了，实力不如人注定要失败）。如果两个大汉要打我，要对上阵了，你说我的心态能好吗？如果对手的实力太强，自己站错队伍，心态自然不好，如果不知道对手的实力，心态也不会好。而如果做到心里有数就不一样了，虽然对手是两个大汉，但却是两个草包，那么我还是能胜出的，即使来三个草包也无所谓，知己知彼才能心态好。做到知己知彼才不会被主力洗出来，才不会被盘面的涨涨跌跌、红红绿绿影响心态。

第五章

2009~2010年

鏖战棉花期货 悟透市场天道

（从600万到1.2亿）

编者按：

有些人成功后走向失败，有些人成功后走向更大的成功。

敢于想象、勇于实践的前提是“摸清事实”。

经历了庞大的财富分配，才能成就伟大的财富传奇。

99分的人比89分的人获得的回报不是多10%，而是多1000倍，甚至1万倍。

宇宙永恒，天道平衡，变化循环，持续发展。

朋友嫁女儿 我发现棉花的投资机会

我们常常发现越富的人越容易赚钱，越穷的人越赚不到钱，但也有俗话说“富不过三代”，富人也有“破产”的时候，穷人也有“翻身”的时候，这就是物极必反。

自然界总有物极必反的事情发生。

农作物的播种面积很大的时候，其单产往往也是高的，总产量就会很高；而在播种面积减少很多的时候，其单产往往也是低的，总产量就会巨幅减产。所谓越少越少，越多越多，俗话说：行船偏遇顶头风，屋漏偏逢连阴雨，越渴越给盐吃，黄鼠狼专咬病鸭子，事情总是从一个极端向另一个极端发展。除了农民积极性的原因，经济和货币环境的原因，老天总会再出一些气候的原因或是突发事件的原因，导致供应多上加多或是少上减少，让事物处在一个极度不平衡的极点，于是物极必反就会发生。

当播种面积减少的时候，人们总是一厢情愿地期待单产能高一点，但出现的事实往往是单产也是低的。

2009年和2010年的棉花便是如此。

对普通投资者来说，大蒜电子盘太不公平，甚至很危险，我要不是不停地取钱出来，恐怕赚的700万都会打水漂（当时我发现，放空的是主力，做多的是散户，比如很多蒜贩子就去做多了）。幸好不停地取钱出来，才有了600万的利润用于后续的投资（还有100来万拿不出来了）。因为当时电子盘不能做了，我就回到期货市场，开始做棉花。

我为什么会关注棉花期货呢？我小时候种过棉花，但棉花这个品种在期货上我是从未做过的。不过，我在2005年开始就对棉花有所关注，因为它的价格相对其他农作物越来越低（其他的在涨价，它不涨）。

而2009年着重关注棉花，还有一个小故事。

金融危机后，2008年秋天11月。村里有个好朋友的孩子结婚，我去帮忙。那个朋友还有个大女儿，已经出嫁了，嫁到了嘉祥县西北面老僧堂乡，她也回来喝喜酒，同时过来的还有她的婆婆。

因为我有个奇瑞车，朋友就叫我开车送她女儿还有女儿的婆婆回去。我当然是义不容辞了。

我知道嘉祥县老僧堂乡有种棉花的习惯，同时也还了解到金融危机后籽棉跌到了很低的价格，我又预判在货币大量放出之后通胀不可避免，心想着棉花可能有较大幅度上涨的机会，就在路上问："今年你们那儿棉花地留种情况咋样?"（山东济宁一带种棉花，是年前隔行种小麦，小麦收获之前在留的空行里种上棉花，棉花出苗后小麦就收获了，两不耽误，在农村这叫"套种"或"复种"，以此提高土地使用率。）

婆婆回答说："棉花不行，没人留种了（意说棉花减种严重）！大家都少留地了。"

她说没人留种了，我就来劲了，"那你留了几亩?"

"我留了4亩。"

"那去年呢?"

"去年8亩。"

我寻思着这可是减产一半啊！这只是个个例还是全面如此呢？其他地方的种植面积是否也大幅减少呢？如此，在这次送她们回家的路上，我开始重点关注棉花，着手研究考察。

2009年初春，又有一个邻居嫁女儿。又让我帮忙接送宾客。

男方迎亲的来了三个人，一个取亲、一个放炮、一个抱鸡（这是济宁的迎亲风俗习惯）。在迎走新娘之前，他们在我朋友家里坐了一会儿，我刚好被安排坐在边上陪他们聊天。

聊天的时候发现，来迎亲的一个人他家里是办小企业的，主要生产塑料薄膜。我就问他："今年塑料薄膜卖得如何?"

他叹了口气，回答说："卖得不好。"

我又问："大蒜薄膜和往年相比少卖多少?"，他回答说：少卖了30%。

我再问："那么棉花呢?"（棉花在春天也用薄膜覆盖。）

"棉花更差，少卖百分之四五十！"

后来我进一步了解到，主要是河南那边的棉花薄膜卖不动，少卖了50%，山东菏泽也减少30%，山东德州减少量略少一些。

和他聊天之后，我对棉花种植面积的减少心理上有了大概的预估。（后来我又自己开车去各地考察确认。）

关注一个品种，实地考察很重要，对种子和塑料薄膜用量的了解也很重要。除了了解棉花、大蒜等作物薄膜的销量变化外，我还会去种子站

（卖各种农作物种子的），去了解当年或近几年哪个品种的种子好卖，哪个品种不好卖，哪个品种的种子销量明显上升，哪个明显下降等。这种类型的信息了解，可以以点带面，对一个作物的播种面积增减有一个初步的估测。

我比较关注各个品种的比价关系，一般会多角度观察，多方面打听。某些品种可能价格多少年都没怎么动过，但在比价关系很差，农民都不愿意种的时候，价格可能会一下子涨起来。

2008 年之前，其他品种涨幅较大的时候，棉花的行情也不太好，和其他农作物的比价关系已经比较差，棉农的积极性下降较多。金融危机一来，棉花也是大跌，和其他品种的比价关系就更差了，很多农民就放弃了棉花种植，改种其他品种了。

一般来说，农民需要较长的时间才能在心理上改变对一个品种的看法，打击积极性需要一定的时间，激发积极性也需要一定的时间，然后还要一段时间在行动上反映出来。而当农民转变了心理，决定了种或不种某个作物，那也会坚持一段时间，不可能马上转变。所以棉花虽然和其他农产品相比，比价关系不好已经持续数年，但棉花价格要上涨却不是一朝一夕的事情，它需要更多因素的配合。具体需要多长时间，具体在哪个时点会爆发，这就需要密切关注农民心理的微妙变化，去理解和熟悉他们心理变化的周期特征，不懂农民的心理是怎么想的，怎么变化的，就无法对后续的价格运行作出正确的判断。关注农民心理变化的同时还要关注相关品种的比价关系，库存变化，整体经济的氛围和货币的政策，另外更重要的是看这个品种自身的供求关系能否在某个时点有重大的变化。

其实，金融危机对日用消费品的需求打击几乎是没有影响的，为什么棉花这类商品也暴跌呢？主要原因一是金融危机，整体氛围就是暴跌，棉花本来就弱，被其他商品一带动也就暴跌了；二是金融危机之下，棉花中间商都不敢囤货，不敢有库存，中间商抛售相当于供应增加需求减少，也加剧了价格的下跌。

2008 年底到 2009 年初中间商去库存之后，2009 年必然要增库存，不然他们就没货可卖了。在外部环境配合的情况下，减产和中间商进货两个因素叠加，会直接导致棉花价格上涨，价格涨了中间商囤货会更加积极，从而会进一步推动价格上涨。所以一旦涨起来，就会有一个上涨的时间周期，越是上涨，囤货的需求就越大，这就增加了额外的“需求”，进一步推升价格；当然了，反过来说，在下跌的周期中，越是下跌，中间商越要去库存，价格下跌的动力就越大。

另外，当一个商品刚上涨的时候，有人之前买的，卖了赚点小钱，但后来再涨，他就会后悔，可能会买入更多，并且价格越是上涨，胆子越大。甚至有些人在棉花 2 万的时候是看空的，但到了 3 万却敢买入了。

重点做一两个品种

我做期货（或者电子盘），可能会略微顾及几个品种，但一个阶段内一般只重点做一两个品种，大蒜也好、棉花也好、大豆（豆粕和大豆是一个品种链）也好，我都是集中精力去研究、考察、运作。

有人说要分散投资，“鸡蛋不能放在一个篮子里”，但分散投资虽然可以减少风险，但也减少了收益。**很多时候，分散投资是不合理的。**如果从技术分析的角度来说，可能应该分散投资，因为技术分析者认为，市场唯一的确定性就是其不确定性。但对基本面分析者来说，应讲究综合分析后的确定性，因此真正有水平的基本面分析者，如果对某个品种的专业度、熟悉度、把握度都很高了，则应该集中投资。

大蒜运作完之后，我就基本上只做棉花。这样集中精力做一个品种（或一两个品种），成功的概率会高一些。

人的精力是有限的，如果做事业，专做一个领域比较容易成功，做期货，一段时间内专做一两个品种比较容易赚钱。做期货，一段时间内只要对少数几个品种全面了解就够了，虽然理论上，一个人可以把所有品种都看“透”，但真正在运作的时候，也只能针对少数几个品种，因为一个人的时间、精力、金钱都是有限的，面铺得越广，摊子铺得越大，运作得就越不精细，犯错的概率就越大，而在期货中犯错的代价是很大的。而且我喜欢去实地考察，亲身感悟买方和卖方的能量对比，如果做多个品种，就无法同时去考察、去感悟。

因此，我做期货一般只关注自己熟悉、了解的品种，在发现某个品种供需不平衡时会重点研究、调研、分析，在它供需严重失衡时则是重点运作的好机会。

当然，如何识别供需不平衡，如何发现供需严重失衡的时点，则要看自己有多少能力、有多少经验、花多少心思了。

实地调研 综合分析 棉花必涨

我在预判棉花要上涨之后，花了较多时间和精力关注、打听棉花现货各方面、各渠道、各层次、各群体、各链条的情况，并且自己也开车去了周边产棉区，还有山东德州、河北等地调研。

棉花价格在13000左右一吨的时候，很多人根据棉花前几年历史价格的波动特征，认为涨不上去了，而且国家号称有500万吨左右库存，所以棉花应该要跌下去，不跌下去也不该涨上去。

而我发现这个13000的价格，十年前就到过，在2003年、2004年的时候甚至还到过19000呢！农民工资十年前15块一天，2009年已经涨到80块一天了，涨了4倍以上；小麦十年前是4毛左右一斤，2009年已经9毛一斤了，涨了1倍多；玉米十年前3毛5左右一斤，2009年已经8毛一斤了，也涨了1倍多；其他农作物价格的上涨，使得种棉花的比价效益越来越不合算，这对棉花种植造成严重打击；同时棉花又是费工费时的农作物，种同样面积的棉花要比种小麦和玉米多花2~3倍的时间精力去劳作和维护；十年前小麦、玉米、棉花都是人工作业，2009年小麦和玉米的机械化作业程度大大提高了，而种植棉花，基本上还是要靠人工作业（棉花要分几次采摘，如果用机械化一次性采摘，则会造成较多的浪费）；黄河流域的棉花春天的谷雨前后播种，直到十月份还在忙，这一期间农民都不能离开（不能出去打工），播种、覆膜、整枝、打叉、除草、打药、治虫、施肥、灌溉、采摘（采摘还得分几次收，不像玉米小麦一次性收完了事。棉花的收割是一个漫长的过程，从8月开始，一直到10月，三个月都要摘棉花。）

棉花的价格还是十年前的价格，而小麦玉米的价格都已经翻倍了，种棉花又费工费时，经济效应已经大大落后。棉花平均一亩地收籽棉500斤左右，合着国标328棉花13000一吨的价格，籽棉大约是2块7毛一斤，一亩地的毛收入是1400元，成本800元左右。种玉米和小麦可以种两季（一年两熟，一季小麦、一季玉米），一季小麦500公斤左右，一季玉米也是500公斤左右，按照平均9毛左右一斤来算，一年的毛收入有1800元，成本不到800元。这么一比，棉花的经济效益就差很多了！

另外，农村的农民出去打工的很多，农村基本上也没有闲余劳动力了，叫一个农村的家庭妇女干一天活少说也要给50块。谁还愿意种棉花呢？

而2008年的金融危机又让所有的商品都泥沙俱下，籽棉在2008年还跌到过1块8毛一斤。

这些因素的综合作用，导致很多棉花副产区能改种其他作物的都改种了。根据我2009年春天实地调查的结果来看，副产区的种植面积急剧下降，至少下降30%。而主产区则有所不同，因为某些主产区的土地是盐碱地，种植其他作物收成差，棉花耐盐碱，所以只能种棉花，在地力原因的限制下，主产区也减产了20%左右。综合来看，主产区、副产区棉花的种植面积总体下降25%左右（种植面积下降，单产也很可能下降）。

在如此利多的基本面面前，为什么还有很多人看跌呢？

一方面因为棉花过去几年的价格运行空间形成了人们对棉花价格的"固定思维"，另一方面更重要的是国家有库存500万吨，这个数字吓不吓人呢？很吓人！

当时中国棉花一年的产量才700万吨，乍一看，这500万吨的库存都快接近1年的产量了，有人觉得即使减产再多这些库存一释放，市场的供应还是充足的，因此13000的价格不会再涨，甚至反而应该跌一点才对（当时很多人还没从经济危机中缓过气来）。

但如果棉花维持在13000的价格，从长远来看就没有人愿意生产了。当时国家的收储价就在13000左右（2008年金融危机国家以12600的价格收了272万吨棉花），这个价格根本就没有吸引力。如果农民都不愿意种棉花了，国家的库存再多也用不了多久。

金融危机后的国际大环境最明显的就是各国央行都注资增发货币，美其名曰"量化宽松"，其实就是开动印钞机印钞票而已，当然中国也不甘示弱，迅速推出了一个4万亿规模的经济刺激计划（4万亿虽然在数量上和细节上值得探讨，但该政策总体上是非常正确的，没有这个政策，那么中国就真的要经济危机了）。如此，全球的流动性必然增加，未来的购买力将大大增强。在2009年上半年，还有很多人处在金融危机的阴影之下，即使了解到货币增发的严重性，也不敢预期价格的大幅上涨，当时经济“V型反转”、“L型萧条”、“M型衰退”、“二次探底”等各种各样的言论大打口水仗，经济学家们嘴巴上舒服了，但绝大部分企业和老百姓脑子里可被他们弄糊涂了。我当时就明确了简单的一点，物质还是那么多，突然一下子多了那么多货币，结果必然是价格的上涨，只是涨得快还是慢的问题，只是涨得顺畅还是曲折的问题。

虽然2008年国家收储了272万吨，但在所谓的金融危机时期，人们的吃穿消费也不会变少，生产量少了，库存的消耗是很快的。另外，2008年收储的量比较大的核心原因并不是当时市场的货太多了，而是因为中间商怕价格下跌，把货给了国家，是中间商去库存的结果。中间商怕价格下跌去了库存，等价格上涨了他们必然要增库存，增库存的需求又是一个巨大的潜在需求。

所以，我当时的判断是棉花必涨，今年（2009年）不涨，明年涨；如果今年涨多了，那么明年少涨；如果今年不涨或者涨少了，那么明年将要暴涨（今年不涨或涨得少，农民的播种积极性依然很低，明年的产量还是不行，那么棉花的供应就要出大问题了）。

该涨的东西涨得晚一天，能量就多一天，后续上涨的力量会更大。就像酒一样，多“陈”一天多一份酒味，多一份香气。该涨的时候不让涨，压着价格的时间越长，后续的爆发力就越大，某些商品的牛市，其中至少一部分价格上涨是不切实际的调控导致的。如果2009年让棉花涨到2万5，或国家的收储价不是定在12600而是定在2万或更高一点，棉农就有积极性了，2010年就不会涨到3万5了。

该涨的东西先涨比后涨好，如果不让先涨，那后涨的涨幅更大，对稳定物价和社会消费的影响更大。一定程度上的囤积居奇有利于平衡物价，如果有人先囤积一部分，然后在价格涨一些上去后卖出，是有利于后市的。为什么这么说？价格在上涨初期，囤积者的买入会让市场供应更加紧张，价格上涨更快一些，这可以促使生产者加大下一期的生产投入，也可以适当打压消费群体的消费量，如果缺货却不让涨，或者用抛储的方式压价，则会让本来就缺的东西被大家低价买走了，消费掉了，生产积极性上不来，等缺货越来越严重的时候，价格只会暴涨。而有人先囤积一些则可以让当期消费量减少一些，并在价格涨一些上来之后，囤积者有利可图了就会慢慢把货放出来，适当抑制价格的上涨，这时生产也跟上了，有利于促进商品的持续供应。让价格的适当上涨或下跌好于商品的奇缺或供应过量。

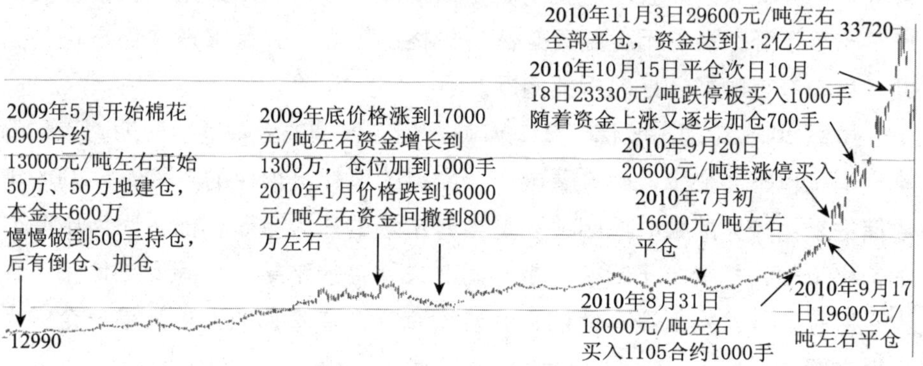

以棉花 1105 合约示意棉花期货的操作

13000 买入棉花期货

明确了棉花必涨的观点后，我从大蒜电子盘 50 万、50 万不断出金的时候，在 5 月中旬，在棉花 0909 合约上，价格 13000 左右的位置就开始布局了，当时做期货的朋友很少关注棉花，都感觉棉花的波动太小、活跃性也不好（主力合约只有 5000 手持仓），认为它不会有大的盈利机会。当时 9 月合约是主力，成交才几千手，成交不活跃，一般挂单都是十手、二十手。我就慢慢进去，20 手、30 手、50 手慢慢成交，一直做到 300 手、500 手持仓，后续还有一些倒仓、加仓的操作。

棉花的单子 13000 做进去之后，价格波动很小，基本上就是在 13000 上下。我当时就想最坏的情况跌到 12000，也不过跌 1000 块钱（如果当时真的跌到 12000，我还会加仓的）。我坚定地认为：国家不让棉花涨的话，未来的棉花就可能要“绝迹”了，没有人会继续种。这种情况不可能维持下去。

随着棉花的出苗，各种信息出来，网上说，虽然今年棉花播种面积下降了，但棉花的长势很好，单产会提高，单产的增加应该会弥补播种面积的下降，从而使棉花的总产量和去年持平。我看了这样的信息，不以为然。刚刚出苗长得好，不等于收获的时候也好，具体收成好不好还要看后续的生长。

我生活在农村这么多年，有一个经验在我的记忆中是非常深刻的，那就是：**当一种农作物播种面积大增的时候，当年往往是丰收的；而当它播种面积大减的年份，单产反而会很低**。这样就导致总产量多上加多，低上加低。我感觉这是自然规律的一部分，虽然不能一厢情愿地认为这样的事情一定会发生，但至少可以预期。我在 2009 年就预计当年棉花的单产也不会高。

整个五月六月棉花期货基本上是横盘整理，一直到了七八月份，才真正开始上涨。其实棉花就长在地里，种了多少棉花一看就知道了，比去年多还是少估算一下就明白了，长势比去年好还是不好，观察一下就了解了。所以越接近收获或新季上市的时候，能够预判到棉花要上涨的人就越多了，特别是一些从事棉花生意的人，还有专门研究农产品价格的人，在七八月份闻到了棉花要上涨的味了。他们的资金的介入，就慢慢推动了棉花的上涨。**实际上，不只是棉花，任何农产品，只要是减产较多，价格的强劲上涨往往开始于收获季节。**

但是价格还没涨多少，或者说只是有了一个上涨的苗头，国家就开始拍卖了，陆陆续续地拍卖了 260 万吨左右，相当于 2008 年的收储量基本上都放出来了。刚开始拍卖的时候，价格有所回调，但后续的拍卖根本压不住价格，因为货本来就是缺的，地里长不出那么多棉花，价格本来就是要涨的，抛储只能暂时压住价格或是减缓价格的上涨，但想要改变价格的运行方向是不可能的，除非抛储 1000 万吨。

就我的理解而言，国家的收储和抛储有国家的意图，总体上来说就是要平抑物价，确保经济运行的稳定和社会运行的稳定。从这个角度来说，是非常正确和值得肯定的。只不过收储的时机、抛储的时机掌握不好，定价掌握不好，对社会的供求可能会造成负面的影响，导致后续的供求失衡进一步扩大。

2009 年国家对棉花的抛储，我个人认为是不恰当的。棉花价格本来就低，棉农的生产积极性很低，当年的播种面积下降了，减产是必然的，这个时候不应该用抛储来压制价格，而是应该让价格有一定幅度的上升，比如涨到 20000~25000，这样棉花和其他农作物相比才有一定的经济效益可言，棉农才有生产积极性，也就能使 2010 年的棉花种植面积上升，使

2010 年棉农对棉花的维护更精心。即使要抛储也应该在价格涨到 20000 的时候才开始抛，而不是价格刚有上涨的苗头就抛了，这其实是抛储部门的人员对 2009 年棉花播种、生产等方面因素的忽视，对 2010 年提升棉农播种积极性重要程度的忽视，对社会各个环节对棉花需求（不只是包括正常的需求，还包括中间商储存需求和投机商囤货需求）的忽视。这样的压制，形成的只是暂时的价格下跌和暂时的价格慢涨，但为未来的暴涨却埋下了隐患。

国家的抛储使得收获季节籽棉的收购价格没高多少，棉农的生产积极性本来已经被打击好几年了，2009 年还是没有好的效益，积极性继续被打击，当时我预计 2010 年棉花还要减产，而如果 2010 年再减产，后续价格就要大涨。

资金增长到 1300 万　回撤到 800 万

2009 年国庆期间，我开车去山东德州/聊城、河北威县/邱县等地考察。

在德州市夏津县和武城县，我看到大量的农民拔掉棉柴（棉杆子），翻地改种小麦。如果秋天不种小麦，第二年春天还能种棉花，而如果种上了小麦，第二年就种不了棉花了。于是我预计 2010 年棉花的种植面积还要下降。

在聊城市高唐县县城以南的柏油路边，我在棉地里看到两个农民，就停好车，跨过沟，递上烟，和他们交谈。

"老乡，干农活啊。"

"你哪儿来的?"

"山东济宁。"

"干啥的呢?"

"来看看棉花。拔棉柴啊?"

"不种棉花了，种棉花不行，拔了棉柴种小麦。"

"你们村都这样吗?"

老乡四处指了指，"你看看这一大片，灌上水的地，都要拔掉棉柴，改种小麦。种小麦赚钱，种棉花没钱赚！现在打一天工 100 多，一个家庭妇女干一天小工还六七十块呢。"

当时棉花期货的价格是14000~15000，棉花是费时费工的作物，而农民工的人工工资涨得厉害，这个价格根本不足以调动农民的积极性，反而还进一步促进了农民改种其他农作物。

我一路持有棉花，国家抛储，使棉花在8月份有一个短暂的回调，到了9月份棉花就一路上涨，一直到年底。这一波上涨，涨到了17000多，我单子拿得比较牢，中间换手过，随着资金的上升也加了一些仓。在2009年底的时候，我的资金到了1300万左右，有1000手单子，这是我第一次运作1000万以上的资金，感觉自己有瓶颈还需要突破，果然接下来资金就回撤了。2010年1月棉花从17600跌到16000左右，我的资金从1300万下来，跌破了1000万，最后到了800万左右。当然，我不怕它暂时的下跌，我等着它上去。

贪心换手 错过上涨 坚决追进 成功大赚

春节前一个月的下跌，我估计和企业间、民间资金的结算有关系，春节一过，资金就会宽松，棉花就会恢复上涨。另外，春节期间服装的销售量通常会比较大，春节后服装企业的订单会促进棉花的上涨。

于是我在春节前几天几乎满仓买进（2010年春节前，我开户的期货公司保证金提得很高，棉花期货收25%左右的保证金），一过春节，棉花大幅高开，我的资金很快就赚回不少。3月、4月、5月棉花的上涨比较稳，每次回调和震荡的幅度都比较小，每次上涨则是步步推进。我的资金也就不断地创新高。

做棉花的时候，除了常在周边的产棉区走动、考察外，我还密切关注影响棉花价格的各个因素，也通过种棉花或经营棉花生意的朋友了解及时可靠的一手信息。2010年春天气候反常，寒流一来短期内会降温十度以上，不利于棉花的生长。棉花长势本来就不好，到了5月中下旬，新疆还下了一场大雪，棉花冻死一部分冻伤一部分，新疆棉花单产下降已成必然（当时补种一些，但补种的棉花必然会因为"积温"不够而导致单产下降）。我还了解到山东德州地区2010年棉花种植只有155万亩，比2009年减少32%，是十一年来面积最少的一年。当年国家发布的信息比较温和

（对减产的预估相对少一些），但实际上并非如此（国家也没有错，因为它的意图是稳定物价，稳定物价有利于社会和谐）。**要了解真实情况，要么自己去实地考察，如果无法实地考察，则要有真实可信的信息渠道，而面对庞杂的媒体信息和市场消息时，一定要有相当强的辨别力，心里要有数，要知道哪一个信息的可靠度高，哪一个信息是不能听的。如果对信息有怀疑，则要想办法核实。**

注（我国棉花主要产区）：棉花原产于热带、亚热带地区，是一种多年生、短日照作物。经长期人工选择和培育，逐渐北移到温带，演变为一年生作物。春季（或初夏）播种，当年现蕾、开花、结实，完成生育周期，到冬季严寒来临时，生命终止。目前我国棉花种植带大致分布在北纬18－46度、东经74～124度之间。产棉省、市、区有22个，棉田面积在40万公顷以上的有7个（新疆、河南、江苏、湖北、山东、河北、安徽），在10万公顷上（不到40万公顷）的有4个（湖南、江西、四川、山西），其他的各省、市只有较零星的种植。产量最高的是新疆（现在除了新疆以外，其他的棉区种植面积都在逐年萎缩）。

注（我国棉花生长周期）：我国大部分地区棉花的生长周期为4月播种期（清明—谷雨），长江流域棉花在4月上旬播种，黄河流域一般在4月中旬播种，新疆一般在4月15～25日之间播种；5月苗床期（立夏—小满），苗床期是指棉花从出苗到现蕾，长江流域4月下旬至6月上旬，黄河流域4月底至6月上中旬（棉花苗期为营养生长期，影响棉苗的主要环境因素是温度，低温可造成棉苗弱小，抗逆性差，发生病害、死苗或晚发"小老苗"出现）；6月（芒种—夏至）蕾期，棉花蕾期是指从现蕾到开花期间，一般在6月上中旬到7月上旬；7～8月花铃期，花铃期是指从开花至吐絮这一段时间，时间一般是7月上旬到8月底、9月初（又分为初花期和盛花结铃期，棉株对水反应敏感，如水分失调，代谢过程受阻，可能导致大量蕾铃脱落，并引起早衰，严重影响棉花生育进程）；9～10月吐絮期，此期为枯霜来临、生育结束的一段较长的时间，一般在8月下旬、9月初开始吐絮，持续70～80天，是棉纤维生长发育的主要阶段。

7月初，在远月棉花（棉花1101合约）16600左右的时候，我全部平仓。我之前的盈利也出过一些资金，买了写字楼，7月初我平仓后，就去忙装修办公室的事情。我当时觉得棉花远月合约在16600的时候走势比较弱，想出来以后，等价格低一点再买回来，我平仓出来后，价格跌了一些，感觉出来是对的，等跌到 16300 的时候，我就专门去搞装修的活了，没去看行情。那一波棉花跌到 16000 多，然后重新开始上涨，等我看到的时候已经 16500 了，我当时想 16300 我没有买，16500 好像有点高了，等等吧，结果就错过了买入的良机。价格稍微盘整一下就往上涨了，一下子突破了 17000，我一直在犹豫，等待回调再买入，都只是小单在试，没有正式买入。然后，价格就一路上涨到了 18000。

8 月中上旬，德州又出现了大范围的持续强降雨和连阴天气，导致部分棉花蕾铃脱落，即将开裂的底桃霉烂变黑，棉花的产量和质量都大打折扣，预计亩产将减少 20% 左右。这类消息的释放，进一步促进棉花的上涨。

我从 16600 平仓出来，一直到 18000，棉花价格涨了很多，而我却没有赚到钱，原因就是太贪心了，想要换手拿更低的价格，想赚更多的钱，而实际上却没有在价格起来的时候追进，导致错过了这一段行情。

棉花到了 18000，此价格已接近历史最高价，在恐高症的心理影响下，大多数人不敢看多和追高。

那时，我在网上看到一条消息，含水分较多的僵瓣棉在地头上就被人以 4 块钱一斤的高价收走了。这个价格是历史上从来没有过的，实在是历史之罕见。而且棉贩子似乎有点“饥不择食”的感觉，僵瓣棉还没经过晾晒，他们就很猴急地高价抢购了。

注：僵瓣棉是指棉铃在生长过程中遭到霜、病虫害、形成纤维大多不成熟而僵结的棉花。

在特定的时间，在特定的供求关系下，价格上涨才是对的，不涨反而是不对的，只有涨了才能达到新的平衡。如果价格不涨，对消费的压制依然不够，生产积极性的提升依然不够，只会导致供求更加失衡。

做期货，就是要找价格必然上涨或必然下跌的爆发点。当僵瓣棉别人都抢着要的时候，表明购买者的欲望已经大大地起来了，储存者的欲望也起来了，他们 4 元存的棉花涨到 4.5 元了，这会促使他们去收更多的棉花，而生产者、销售者则会因为有人抢购而不急着卖了。买的人越贵越买，存的人越贵越存，卖的人越贵越不卖。如果存的人或卖的人 4 块就卖了，价格涨到 4 块 5 的时候就会后悔，后续就不卖了，等 5 块再卖。所以当价格突破历史新高的时候，趋势明朗了，信心起来了，向上的力量就大了。

看到这条消息，我非常重视，因为我看到了“买劲很大”，行情似乎有马上起来的气氛。

我了解棉花这个市场，看见现货市场的动静有点反常，又结合2010年棉花播种面积比2009年再次下降，国家也没有多少库存了，而需求还在上升，另外全球金融危机的阴霾已经散去，人们对经济的信心基本恢复，而之前放出来的大量货币还在市场上。我想尽快买入棉花，但我还要核实一下现货市场的动静是否是普遍的。

我有个朋友办了一个网站，有几个会员是新疆库尔勒的，据我所知他们种了很多棉花，对棉花非常了解，就通过朋友找到其中一个会员，问他新疆那边的棉花情况如何？他说那边的棉花早就被各路收购商划块高价包掉了。和我一起做期货的朋友，他有个亲戚在东营是棉花大户（种了几十亩棉花），我又赶紧向他打听，他说他今年的棉花收成不好，减产比较多，但有个棉贩子打包票说“别人出什么价，我也出什么价，甚至可以比他们给更高的价，你的棉花我全包了，不能卖给别人！”，棉花还没收下来就付了定金。

我综合判断下来，棉花的行情马上要爆发，上涨的能量太大了，不可能被压住，我预计三天内棉花必涨。8月31日，已经快收盘了，此时不买就要错过大好机会，于是我就果断买入1105合约，18000左右买进去，开仓1000手。

第二天，没有涨也没有跌，价格就在18000附近震荡。

第三天，棉花期货涨停，连续三个大涨。价格就一路上去了。

我买了不久，棉花就涨了近2000点，这一回我大赚了一笔。不过我感觉短期内上涨太快太多了，可能会有回调，为了保住利润，也想着能在更低的价位买入，我在一个周五（9月17日），19600平仓出来。（后来证明，这次平仓想要赚点差价又是错误的动作。）

棉花价格将喷涌而上

9月17日，19600平仓后，我虽然期待着棉花短期能有个回调，然后再低价买进。但想着之前的强劲势头，总觉得有点不踏实。

于是，周六周日就开车去山东德州，还有周边的河北农村调研。

我星期六早上5点就起来，去德州的主产区。上午10点左右，我到了武城县一个农村。在路上也没看到什么人，于是我到一个村里的小卖部，里面有几个人在聊天，我买了一盒"泰山"烟（小卖部里的好烟），打开后递烟给小卖部老板、还有边上一个男的，我问道："大哥，今年棉花的收成怎么样啊？"

小卖部里还有一个妇人，她带着小孩，小孩手里拿着零食正在吃。还没等那个男的回答，这位妇人就"抢答"了："今年的棉花'超级不好'！"

我一听，坏了，不只是"不好"，还是"超级不好"，"那产量呢？"

"减产得可厉害了，差不多少一半呢！"这位妇人很热心，说起棉花也很来劲。

"棉花的质量好不好？"

"不好，雨水多，淹的。"

"质量不好的话，那价格多少呢？"

"你还别说，虽然质量不好，这棉花4块一二毛还没人卖，他们说能涨到5块！"

她说5块的时候，我心里惊了一下。我想如果现货涨到5块，那期货棉要24000多了。这时候我心里就有点后悔了，为什么19600的时候就平出来。

注：从地里收上来的是籽棉，纺织厂用的是经过加工的皮棉，棉花期货合约对应的是固定规格的皮棉，100斤籽棉加工成皮棉大约是33~40斤（不同品种、不同时期、不同含水量的籽棉加工后获得的皮棉量略有差别）。

中午的时候，我到了武城和夏津交界处的一个小镇，那里有几个收棉站，卖棉的小贩很多，公路边棉贩的柴油四轮车停在一起，一排一排的。刚好是中午，我就决定在这儿吃饭，方便打听，走村串巷收棉花的商贩们掌握的信息比较全面、更综合一些。我就走进路边的一个小饭店，果然看到四个收棉花的小贩，我看他们的桌上只有两三个菜，就走过去递上烟，"老乡，你们收棉花的呀？"

"嗯，我们收棉花的，你哪儿来的呀？"

“我从济宁过来。”确认了他们是收棉花的商贩，“老乡，今天我请你们吃饭！”

我让饭店的老板加八个菜，要一箱啤酒，又问老板有什么白酒，30 元一瓶的不行，40 元一瓶的也不行，最好的是 70 元一瓶的，那就上两瓶 70 元的白酒。

看到我“无缘无故”请他们吃饭，这四个棉花小贩有点“傻眼”，于是我就先把单买了，把钱给了饭店老板，他们就知道我是“真心”请他们吃饭了，就聊上了。

“我没别的意思，就是想和你们聊聊今年棉花的收成怎么样？”

“普遍不好！”

我一听，和我考察的情况差不多，又问：“河北那边呢？”

“也是这样，减产！”

“减多少呢？”

“一亩地减 200 斤籽棉。”

我心里估算着，这可是单产 30% 的减产，又是普遍现象，再加上种植面积的下降——可不得了了！

“那价格怎么样？”

“价格上涨得厉害，河北那边的棉农说能涨到 7 块钱呢！”

7 块钱？真的涨到 7 块钱，那棉花期货可要涨到 3 万以上了！

在我们吃饭的过程中，有一个收棉站的老板也进来吃饭。小贩们和我说：“他是收棉站的老板，你去问问他吧，他了解的信息更全面。”

于是，我就走过去，迎上笑脸，递上烟，“老板，你是收棉花的吧。”

他推开了，“我不抽烟，你哪儿来的呀？”

“我山东济宁来的。”

“哦，济宁啊，那是半个老乡了，我在济宁读了四年书。”

“哈哈，那真是老乡了，你今年收棉花的情况如何啊？”

“棉花少，不好收，现在是有多少我要多少！”

“那价格呢？”

“开盘涨停，最低 25000！”

（我想他说的应该是棉花现货电子盘的价格。）

我又去周边的农村实地去看，也到了河北产棉区威县、邱县的农村。

考察下来的情况一样，那就是种植面积下降，单产下降，棉贩子高价收棉，大家对棉花的价格预期都在25000以上，有些甚至看到28000、30000、35000。

看来这次我19600平仓出来，又犯了一个大错。

于是我在开车回济宁的路上就做好了计划，周一集合竞价就挂涨停板买进！（不然就买不到了。）

事物往平衡发展是必然而不是偶然

平衡是相对的，不平衡是绝对的，但任何事物追求平衡，往平衡点发展是必然现象而不是偶然现象。如果事物向平衡点发展只是偶然现象，那么任何事情都将不可预测。事物在某一个点、某一种状态下，往一个方向发展，这是必然过程，任何事物想要长久，就必须保持相对平衡，不能总处在不平衡之中。一段时间不平衡了，必然要往一个方向发展乃至实现相对平衡。

当然事物的状态必须达到一定的度，才会有强劲的动力向一个方向必然发展，有时候人们感觉它极端了、不平衡了，要向一个方向发展了，可能这个度还没到。在夏天的时候，今天热、明天热、后天还是热，度没有到，只会继续保持或延续，度到了，才会从热转凉。这就需要我们找准切入点。

在特定的供求关系下，如果“求”的分量很重，而“供”的分量很轻，则现在的价格必然不能维持平衡，价格必须往上走才能实现新的动态平衡。当“求”的力量越来越强，有一种喷发而出的感觉时，价格就会在短期内（几天内）急速向上运动，以此迅速打破累积已久的供需不平衡。

这是指在一个特定时点、特定供需情况下，用价格调整的方式实现的动态平衡。另外还有一个更大的平衡，则是把时间拉长，从长时间来看，供应有时候多，有时候少，需求有时被激发，有时被压抑，价格会时高，有时低，但如此循环、波动地运行下来，最终实现的是一个整体的大平衡。也就是说，现在供应少了，不会永远少，现在需求被压抑了，不会永远被压抑，现在价格高了，不会永远高，否则整体上就无法实现平衡了。

因此，从某个时点来说，价格会向着“实现特定供应分量和需求分量”的相对平衡价格点发展；而从长远来看，价格又有着高低循环、震荡趋势循环的周期运行特征。

当然，价格往一个方向的长期运行或短期爆发，都需要很多条件的配合，否则周期不到、力量不够，价格是难以单方向运行的。不同的品种，有着不同的特点，影响它供求的因素不同，自身价格的运行周期也不同，必须具体情况具体分析。而当波澜壮阔的趋势行情来临，或是价格在某个点爆发时，又应把它看作是正常的现象，这只是一个大平衡周期运行的必然，一个动态平衡点需求的必然，我们要做的只是提前分析、提前准备、打有把握之战。

而在 2010 年 9 月中旬，由于棉花的需求力量已经喷发，而供应仍然缺少，价格往一个方向变动的动力已经足够，因此它的价格必然在短期内向上发展。这就是买入的切入点。

29600 平仓出来　赚到 1.2 亿

周一，9 月 20 日，我早早地做好了准备，计算好我要买多少单量，在棉花 1105 合约以 20600 的涨停板价格挂单 50% 的单量。开盘价格在 20450，一开盘，我的单子就全部成交了，成交了以后，价格有一点点下探，我就立马把剩下 50% 的单量建仓。

没过 5 分钟就涨停了。又是连续大涨。

棉花 20000 的价格似乎很高，其实不高。**期货的价格就是如此，某些价格，你当时看是天价，回头看则是地板价**。时过境迁，今非昔比，原来和现在是不同的，过去的黄历看不了，只能作为参考。要根据现实的情况，看现实的问题，原因不同，环境改变，其结果必然改变。

2010 年国庆期间，我又出去考察。很多人做期货（包括我自己做期货的头几年），看盘的时候很有精神，聊起行情来很有精神，可是实地去考察、验证却不愿意，似乎出去考察是很累人的事，而看着 K 线则是很轻松的事。如果不出去实地考察，那么对行情的任何想法都只是空想，成功需要想象，但如果只有想象，那便是空想、假想、幻想，最终成功是靠干出来的。

看上去出去考察会比较累，但这一付出，可能会有百倍甚至千倍万倍

的收获。

在办公室里想着涨或者跌，对错不好界定，在办公室里想着一个因素重要或不重要，那也只是自己想想而已，度很难把握。“不可能”发生的事情发生了，“可能”发生的事情没发生，其结果常常事与愿违。只有出去实地考察了，才会有直观的感受，才能提高准确率，才能测量重要度。对农产品来说，实地考察尤其重要，因为作物长在地里，只有亲身看到了，摸过了，才能真正感受它的生长情况，预期它的收获水平。甚至有时候还可能遇到一个“天年”，即气候正常却突然单产增加较多或减少较多的年份，就是农民说的突然收重了或收轻了，没有明显的天气原因，就是老天的一次安排而已。比如20来年前，有一次山东的大蒜一亩地突然收了4000斤（正常年份只有2000多斤），后来20年都没有遇到过；比如2008年鲁西南济宁一带的大豆，突然一亩地收了600多斤，而正常年景亩产才300多斤；再比如2011年山东鲁西南济宁一带的玉米亩产700斤左右，到了2012年突然增产到1300斤左右，这两年都是比较正常的气候。

当然，**实地考察不可能把所有的地方都看个遍，实地考察要有技巧性，要懂得选点，要以点带面**，到有代表性的主产区、副产区重点考察。要充分了解农民心理的相似性，人们会随大流，要多种都多种了，要少种都少种了，要找到代表性的点，进行有效的综合分析。

棉花我一直是看多的，并且十分坚定。我之前已经多次去山东、河南、江苏等地的棉产区考察。这一次我决定去全国最大的棉产区——新疆看一看。

有些做期货的朋友讨厌假期，觉得假期停止交易后无所事事、非常无聊，或者觉得假期的持仓风险太大，而我则觉得假期是个资源。第一，假期可以让我从交易的紧张情绪中缓解出来；第二，正确的单子经过假期的孵化，往往会以跳空的方式赚取利润（赚钱更快）；第三，假期也给了我更多的时间去实地考察，进一步了解一个品种的供求关系，以及影响供求的各个因素的“度”到底是多少。

我没去过新疆，这次去新疆，全当是旅游了。我开车到济南，做飞机去乌鲁木齐，转机到库尔勒。库尔勒种棉花的朋友招待了我吃晚饭，酒桌上我们主要聊的也是棉花的基本面信息。聊下来的情况是：种植面积减少；单产降低。第二天，朋友帮我联系了一辆出租车，我花了1500块钱包下这辆车（司机很开心），两天时间，让司机拉我去种棉花的地方，哪儿的棉花种植多就去哪儿，不管是远还是近。

我们到了一个很大的种棉区，看到路边有积肥的农户，就停车下去和他打招呼。

“老乡，你们干活啊！”

“嗯，你哪儿的啊？”

“我是山东的。”

“到这儿干什么？”

“看看你们这边的棉花收成怎么样？”

“今年收成不好，减产严重，去年我这片地收了 50 吨，估计今年也就 30 吨。”（棉花还长在地里，下面的棉桃刚开，上面的棉花叶子还没落完，棉棵矮小，长势很不好。）

“你们这边的情况都这样吗？”

“普遍不好！据说北疆那边更严重！”（他在北疆有种棉花的朋友）

路上又问了几个地方，情况差不多。

当然，去新疆考察，也是对非凡自然的亲近，以及对非凡文化的瞻仰。当我看着 100 多公里的戈壁滩，没有一个人，其开阔壮美是中原地区任何地方无法比的。一个人，置身于这样的环境中，会感受到自然力量的伟大和自我能力的渺小。

10 月中旬，价格涨到 24000。10 月 14 日外盘涨停，10 月 15 日，外盘亚洲电子盘高开冲涨停，国内棉花只是略微高开，高开后还低走，外强内弱非常明显。根据我多年的经验，预想可能有主力机构知道外盘晚上要跌，所以提前出货（很多次出现过类似的情况）。于是，我就在 15 日当天全部平仓。

10 月 15 日内盘棉花微跌收盘，而外盘棉花跌停收盘。

下一天（10 月 18 日），我早上看到外盘棉花跌停，暗喜前一天平仓平对了，因为我依然看多棉花，所以如果内盘棉花低开很多，便是买入机会。结果内盘棉花以 23330 跌停板开盘，有 800 手封跌停，我就挂 1000 手，价格比跌停板高 10 个点，等一开盘，我就下单，以跌停板成交 800 手，另外 200 手也以高一两个价位成交了。我记得当时我在跌停板买入的时候，期货公司的同仁过来和我说：“看着你的单子，真是吓人，跌停板敢买进，而且一次买这么多！”

这么便宜的价格当然要尽快买进，要和别人抢单子，这800手单子抢不到，以后想这个价成交就不可能了。这一次换手，我吃到了1000点左右的价差，没少赚钱。后面价格涨上去，我的利润多了不少，逐步又加仓700手。

期货盘子的阴谋诡计太多了，关键的时候我们必须识破它，内盘外盘都是有诡计的，有时候主力还利用内外盘的联动来迷惑散户。

那段时间刚好遇上我母亲66岁大寿，我就回去给我母亲庆寿，我请了三个剧团，唱山东梆子，连唱了12天，只要母亲开心就好，就当是给母亲尽点孝心。

给母亲庆寿的这半个月时间，我每天都在农村家里（嘉祥县付庄村）和济宁之间来回跑，没有太多时间关注行情。当时现货的价格比期货还高，在我的预判中棉花能涨到30000。那时我持有基本的仓位，每天早上还做十几分钟的短线（做完短线赶回农村家里），当时的状态出奇地好，几乎每天短线都能赚30~50万。

2010年11月3日，棉花期货涨到29600左右的时候，价格有所停顿。因为我之前预判的价位就是30000，就在29600左右全部平仓了（1105合约）。这时资金已经到了1.2亿。

我29600平仓出来以后，棉花后来又涨了3000多点，这是我预判之外的，既然是预判之外的也就不该我赚，真的想去赚也会有很大的风险，因为在这个位置已经处在物极必反的区域了。

棉花涨到29000多的时候，某大型纺织企业（可以说是棉花市场的风向标），每天上涨1000元收购棉花，连续几天，价格抬高了三五千，后来跌了，它又不要棉花了，宁可降价3000卖出。这类有影响力的大企业也在这里掺和，把其他一些中小企业都绕晕了。不知道这里面有没有猫腻，是不是多头主力联合某些现货企业造势，便于自己出货。另外，据说国家20000左右抛储的时候，某个企业以11000左右的价格就把货拿走了，后来说是电脑出了问题，电子竞价系统出错了，11000被拿走了也就算数了。

11月中旬，随着国务院发话打击过度投机、交易所提高手续费等利空的逐个亮相，棉花价格就暴跌了。

市场是可以预测的

我此次运作棉花期货，证明市场是可以预测的（包括之前运作大蒜电子盘，后来运作豆粕和大豆，甚至包括1991年和1994年的种大蒜、1996年和1998年的养猪，都能证明市场是可以预测的）。当价格突破历史极限时，必有它的原因所在，那是严重的供不应求或供过于求导致的，供求严重失衡，价格就必须突破，只有走出大行情，才能寻找到新的平衡点，这时我们就可以大胆预测，从2万可以预测到3万。

但很多人都认为市场不可预测，市场还经常会出一些意外事件，也有人总是拿“偶然事件”、“意外事件”来为自己的亏损找借口。确实，市场会有意外事件发生，但什么叫意外事件呢？

没有预测到的事件才是意外事件，如果提前想到了，那就不是意外。提前想到了，后来发生了，那叫“应验”，不叫“意外”。某个事件看上去是突然发生、偶然发生的，实质上还是要看当事人有没有提前预测到，只要提前预测到了，当它发生的时候就一点也不意外。

有人说，市场不可预测，意外之外还有意外，这只是借口而已，不去努力思考，不去充分考察，不去认真分析，当然无法预测，也无法防范“意外”。**一切事情的发生都有其必然性。做期货就是做未来，哪怕是做超级短线，也是在预测未来几分钟或几秒钟的行情**。如果没有能力预测未来，那还是离开期货市场比较好，或者继续认真学习预测未来的方法，找到其根本性的原因。

如果播种面积减少了，单产也下降了，那么总产量减产就是必然，而不是偶然。

当然，预测市场牵扯到很多层面、很多问题，预测不是一件容易的事，准确预测需要认真的态度、深厚的功力和一定的勇气。预测市场，必须考虑当时的市场氛围，大部分人是不敢轻易转向的。预测市场，必须知道历史，了解一项商品曾经经历过的行情，必须知道供求，必须知道相关商品的比价关系，必须知道当下的经济环境和货币环境，必须对天气等所谓的突发事件有所预期。了解不全、了解不透，那是不能去预测、不能去操作的，只有全了、透了才能去预判，才能知道供求关系的“度”在哪里。只有充分准备了，才有资格去“敢想”。即便如此，想了之后，心里也难免会打鼓，因为未来是老天管的。话又说回来，虽然老天不太想让我们知道未来，但它总是会给我们很多预测未来的“线索”，我们想要预测未来，就必须站在老天这一边，必须知道如何搜集和分析“线索”，必须深刻理解何为“天道”。其实说到底，未来并不是我们预测出来的，而是老天告诉我们的。

播种面积减少了，即使单产不降低，价格也不会跌，如果单产真的下降了，就必然会涨，如果外部环境配合，则会大涨。

很多事情，可以提前三个月，甚至提前半年或更长时间去预期，要出现大涨或大跌已经具备了哪些条件，还需要哪些条件，当需要的条件真的出现时，你就能适应过来，而不是像其他人那样无所适从、不知所措、惊慌失策、临场退缩、裹足不前，你能够知道接下来市场会往哪个方向走，或者你会知道当下的市场已经是万事俱备、只欠东风了，你可以先埋伏，静等东风，东风一来，你预期中的大行情就启动了。机会是为有准备的人创造的。

做期货就是要打伏击，打提前量，否则就不是“期”货了，期货做的就是未来。做期货必须先知先觉，不能事后诸葛亮，凡是事后诸葛亮者，不可能赚到大钱。

我为什么不认同技术分析，就因为技术分析多半是事后诸葛亮。我们应该事先就通过严密的分析，预测行情要涨或要跌，并在低位买入或高位卖出，等涨起来或跌下去，突破的时候，就已经赚了不少了，即便是一次假突破，价格又回来了，也不会亏；如果是技术分析，只能是突破了跟进，对后续的行情又无法确定，价格一回调或反弹就会担心，就很容易被洗出来，甚至被“骗到”做反手。很多技术分析的“老师”说先轻仓试单，突破了加仓，再突破再加仓，我看是很危险的动作，因为加仓的成本很高，仓位也越来越大，价格一回调或反弹就会出问题。

做期货还必须有一个好心态，要有坚定的信念和强大的勇气。一个人在打仗前可能有一个好的心态，对战局分析得也很好，但真正上了战场，就不一样了，战场上来自外部和内部的干扰很多，心态变化了，甚至变坏了，就容易输掉战争。这就是为什么很多时候看对行情赚不到钱，就是因为在实际操作中会遇到很多很多问题。

另外，**即便你是做大行情的人，在平时也要少量参与市场，不能停止交易，这样才能时刻感受价格的波动，才能对市场的节奏有切身的感觉。**俗话说“三天不念口生，三天不练手生”，做交易，要时刻把脉市场节奏，再结合充分的基本面分析，才更容易得出对的方向，才便于在大势到来之前，提前做好准备，才能在大势到来之时，有充分的敏感度，才能真正把握住大势，赚到心中想要赚的“大钱”。

做期货就是做未来，如果未来不可预测，那就不要做期货了，除非是做超级日内短线。当然，市场可以预测是有条件，有基础的，我们应在可以预测的时候去预测，在不可预测的时候不要去预测。另外，以个人的能力，预测市场是有局限的，能够预测半年、一年内市场大概会怎么走就已经很厉害了，能预测两年、三年便是绝顶聪明了。像姜子牙能够预测几百年，那便是接近神一样的人物了。做期货，应该确立这样一个信念，即“未来的市场是可以预测的”。市场的性质是可以确定的，虽然不能每时每刻都确定，但在各种条件都具备了，综合分析后，可以确定的时候要敢于去确定，并敢于顺势而为。

要对行情进行分析、判断、预测，必须要有一个素质：看问题要实事求是，不能只评主观想象。发生一个事情，要了解它的根在哪里？要实事求是地研究、考察，能否看准、能否准确预测的前提条件是要客观、要全面，只有客观、全面，通过理性分析，才能推测、预期后来要发生的事情。能否具备这一能力，与一个人的学历、修养关系都不大，明白的人是少数，能做到的人更是少之又少。做实业和做期货是一样的，要有预测未来的本事，对未来的判断不准一样要亏钱，只是实业的杠杆小，亏得慢而已。

人必须要有预知能力。不管是做投资，还是做其他事情，亦或只是过生活，都需要预知能力。预知能力越强，驾驭现在、把握未来的力量就越强，从而越能在物质和精神上有所获得。有人说未来是不确定的，预知未来是不可能的，我觉得这是极其消极的看法。**从某种意义上来说，未来是可以预知的，因为任何事物的变化和发展都是有规律可循的，只要明白了事物运行的规律，就能预知它的未来。**其实，宇宙中万事万物的运行都是有规律的，这就是天道，是天定下来的规律，人类完全有能力有智慧去认识规律、适应规律、顺从规律，当然了，人类也只能去认识、适应和顺从，一切自以为是、自不量力地对抗自然规律的行为都会以失败告终。

不管多么坚定，心里有波动、受干扰都是正常的。做期货，做的毕竟是未来，一个人对未来的预测和判断，不管多么正确、多么坚定，还是难免会受相关因素的影响和干扰，心理产生一定的波动。甚至可以这么说，**期货交易者心里有波动是100%的，不管他的观点多么坚定，不管他的方法有多好，受干扰也是100%的。**因为交易者即便洞悉了天道，明白了市场运行规律，也还有很多不确定因素影响行情、影响自身、影响其他市场参与者，比如经济政策、货币政策、产业政策、价格政策有不确定性，天气有不确定性，在中国还有其他不确定性，比如白糖收储、棉花配额短期内的不确定性等。所以，哪怕我100%判断要涨，也会有所担心，因为有些东西可以预测，有些东西不可预测，何况100%要涨也不是一路涨上去，一定幅度的回调都是正常的（或是主力故意做出来的），何况有时候无法100%判断要涨，只能80%或者70%判断要涨，**那怎么解决内心的担心和实质上的风险呢？只能通过资金管理来解决，就是不满仓，能认错。**满仓操作，一个正常的回调可能就受不了，不肯认错，万一看错了或是主力深度洗盘，就会受很大损失。

如果有90%以上的把握，可以重兵（30%仓位）出击，搏一把；有70%~80%的把握，可以战略性逐步运作；只有60%的把握，则最多只能打打游击。

做期货需要认清商品自身内在价值和商品特性

一个商品会不会涨，会不会跌，会涨多少，跌多少，投资者在这方面要进行分析和预判，必须了解商品自身的内在价值，以及其内在价值的运行规律。另外，我们还必须知道，不同的商品，内在价值不同，特性不同，在分析预判时必须区别对待。比如有替代品的商品和无替代品的商品，在同样的供求关系中，在同样的外部环境中，其涨跌表现也是不同的。

这一次的棉花，我为什么敢看到3万？

棉花的主要功能是做服装的原料。

一方面，一件衣服用棉量比较少，也就用几两棉花，棉花占普通的衣服售价成本的比例并不高，比如一件衣服 100 ~ 300 元，即便用了 1 斤棉花，以 3 万 1 吨计算，棉花的成本也就是 15 元，只占 300 元的 5% ~ 15%，其实这 300 元的售价，更多包含的是商场利润、工人工资、物流、税费、房租、利息等。也就是说，棉花价格的涨跌对服装成本高低的影响不大，即使棉花涨一倍，一件衣服的成本提高也比较有限，最终体现在售价上也只是 5%、10%，最多 20% 的提升，这对买衣服的群体来说，抑制效应有限，该买衣服的大部分人还是要买，不太会在意价格的小幅上升，更何况买衣服也不是天天去买的，买者对价格小幅上涨并不敏感。这方面的原因给了棉花上涨的空间。不像鸡蛋、猪肉等商品，涨价在终端售价上会完全体现出来，消费者对涨价的幅度更敏感。

另一方面，棉花有一定的可替代性，但不是完全可替代。一件衣服可以用棉花做，也可以用涤纶化纤做，当然还可以用麻或其他的材料去做。现在很多衣服实际上是棉花和涤纶的混纺，棉花的成本高了，就少放一点棉花，便宜了就多放一点棉花，普通人穿在身上基本上感觉不出来。当然了，棉花和涤纶的质感毕竟是不同的，有些人就是喜欢棉质衣服，最好是 100% 棉花的，或是 60% 以上棉花的才要，涤纶化纤成分高的不要。棉花一定程度上的可替代性对棉花上涨空间起到了一定的遏制作用。如果它是无可替代的，那么我预判的就不是 3 万了，而是 5 万，甚至 8 万。

其他的商品，比如大蒜、生姜、花椒等，作为调味品，在百姓和餐馆的食品消费中占的比例太小，人们对它们的价格高度不敏感。不管大蒜是几毛钱一斤，1 块钱一斤，还是 10 块钱一斤，人们都只是吃那么一点点，在食品总支出中占的比例太小。就单单这个层面的原因，就可以打消大蒜大涨大跌的心理阻碍和支撑，在特定的供求关系和外部条件的作用下，大蒜价格翻倍甚至翻很多倍也是正常的，因为价格的上涨对消费者支出的影响不大，涨得不够多不足以抑制需求。

比如豆粕，它是一个具备大涨（涨百分之大几十、涨 100%）的品种，但一般不会暴涨（翻几倍）。一方面豆粕在饲料中占的比重不大，在 100 斤猪饲料中，一般玉米占 55 斤左右，麦麸占 30 斤左右，豆粕只占 15 斤左右，因此豆粕价格的上涨对饲料成本的影响不算大，这方面的原因可以助推豆粕大涨。另一方面，大豆是一个国际化的大品种，每年的产量很大，库存也不少，对美国、中国和南美诸国来说，大豆都有一定的战略价值，相对稳固的供求关系，相对平稳的生产和库存，使得它暴涨暴跌的空间较小。当然了，在种植面积下降、单产下降、库存下降、气候出问题等多方因素的综合作用下，豆粕起一波较好的涨势还是可以预期的。从某些层面来讲，豆粕和棉花的特性有些部分是相似的。

相反，还有一些品种，是不太可能大涨大跌的，比如大米。大米在百姓日常的食品消费中占的比例较高，其价格的涨跌对CPI的影响较大，不单是百姓对大米的价格比较敏感，政府也敏感。另外，大米的供应充足，水稻在我国的种植区域相当广泛，各地的水利设施都比较完备，旱了灌溉，涝了排水，基本都能保证水稻的生长和收获，气候对水稻收成的影响要比其他作物小很多，我国水稻每年的收获比较平稳，国家库存非常充足。大米的这些特性都限制了其涨跌的空间。

我们在投资一个商品时，应该对它的内在价值和特性做全面的了解，然后才去分析它的供求和外部影响因素。有些外部影响因素是很微妙的，比如工资涨了也会助推商品价格的上涨，因为收入增长可以减少人们对物价上涨的敏感度和抗性。棉花和大蒜价格的上涨，其中一部分助推原因就是农民工工资的上涨（成本助推）和市民工资的上涨（消费抗性下降）。

另外，很多人抱怨物价上涨厉害，实际上，物价的上涨远没有赶上工资的上涨。以前工资30元一个月，现在3000元一个月，涨了100倍了，而大米的价格涨了多少呢？以前买一辆自行车要存一年的钱，现在一个月的收入就可以买一堆自行车了。工资上涨快，物价上涨慢，这是物质日益丰富的表现，是经济发展的表现，是生活水平提高的表现。如果工资上涨慢，物价上涨快，那则是经济倒退了。

所以，**不了解品种特性就做不好投资，不懂经济规律就不懂投资**。若不懂投资，财富谈何增长？其实有些经济学家也不一定懂经济。金融危机的原因是什么？如果是缺钱，那就应该注入钱。花缺水了，应该浇水，这样才能开得鲜艳。“复而不苏，回而不暖”，经济学家这么说，但他们可能不知道原因是什么。殊不知，苏的时候，暖的时候，价格早就上去了。哪里还轮到你去低价买大蒜、买棉花，低价买进其他商品呢？很多经济学家自己也懵了，不敢投资。其实抓住一个要领就好，缺钱引起的经济危机，注入钱就能有所恢复。货币大量进去了，通胀要起来了，逢低买便是。这么简单的分析方法，为什么一般人不去学呢？

棉花战役的感想

做期货就是要想办法做到暴涨暴跌的行情。如果害怕暴涨暴跌的行情，那就不要做期货了，甚至都不要做投资了，安安稳稳打工赚一份工资会更舒服一些。

作为投资者，到期货市场的目的当然是来赚钱的，当然也是希望能赚大钱的。在平稳的行情中，在震荡的行情中，赚到大钱的概率很低很低，只有抓住一波“历史性”的牛市或熊市，利用期货的杠杆原理和适当的加仓方法，本金才能翻上几倍、几十倍、上百倍甚至上千倍、上万倍。期货市场的好几个传奇人物，不都是白手起家的吗？没有千倍、万倍的增长，哪来的亿万财富？所以我们做期货，应该期待暴涨暴跌的行情，不过前提是自己要有完善的分析体系和分析能力，要做好充分的准备工作，否则暴涨暴跌的行情来了，要么错过、要么做反。

2010 年棉花战役的激烈程度，财富分配的庞大程度，在中国期货史上都应该算是空前的。一个品种，只有交易活跃了，才会有足够的财富用于分配，一个品种，只有走出一波大行情，才会有财富传奇诞生。我从朋友那里了解到，2010 年的棉花，浙江一个大户赚了 40 多亿，另一个大户赚了十来个亿，北京一个大户赚了 17 亿，当然空头的亏损也是惨烈的，上海一个知名的大户亏 20 多个亿，另一个不知名的大户亏了 8 个亿（据说原本是钢材贸易商，亏到整个企业都破产了）。还有一个不可考的传说，新疆建设兵团在棉花上曾浮亏 60 亿，说是有任务让它放空压住价格，可惜压不住。**棉花的大行情，要是没有那么多资金做空，多头就缺少了对手盘，行情就无法持续，如此庞大的财富转移也就无法完成。**投机市场就是如此，魅力无穷，又惨烈无比。

做期货要小成，要么靠天分、要么靠勤奋，做期货要大成，则天分、勤奋要一起依靠，而且需要很高的天分和很多的勤奋。任何一个行业，任何人只要比较努力，就能实现 80 分，而要上 90 分、95 分，则要难很多，要么付出超常规的努力，要么激发自己的天分（不同人的天分在不同的领域，所以某个人非要在一个特定的领域激发天分往往是激发不出来的，找准了适合自己的领域才能把天分激发出来，“男怕入错行、女怕嫁错郎”

说的就是这个道理）。

一个人一旦在某个领域获得了90分以上的得分，其获得的奖赏是成几何级增长的。在一个领域，80分的人月收入2000，85分的月收入4000，90分的月收入1万，95分的月收入5万，96分的月收入10万，97分的月收入50万，98分的月收入500万，99分的月收入1亿。当然，任何人都只能无限接近100分，而无法真正做到100分。

而期货交易这个领域又比较特殊，或许只有5%的人是盈利的，也就是说，95分以下的人不管得分是多少，获得的都是负收益，只有达到95分、超越95分才能实现正收益。而一旦超越了95分，财富效应则是爆炸级增长的。

棉花战役结束后，我的资金大约到了1.2亿。如果从翻的倍数来说，算是很多了，从赚到的资金量来说，也算比较大了，但相对赚了十几亿、几十亿的牛人来说，还是差了一两个数量级，这就是山外有山、天外有天、人外有人，我和他们比还差远了。赚了这笔钱后，我曾考虑做点其他事业，但我不适合做管理，**我有能力驾驭钱，但没能力驾驭人，**所以最终我还是决定近几年的核心事业依然是做期货。

大部分人无法第一时间获得供求关系的相关信息，或是无法获得相对准确的供求关系数据，又或是弄不清楚供求力量博弈对价格的影响，不了解一个品种的特性，不了解其他相关品种或相关外部条件对这个品种的影响，所以索性就不去关注基本面了，或是只凭自己的主观偏好、一厢情愿地选择性关注某一些基本面信息，然后得出自以为正确的分析预判。这样的方法都是不可取的。这样肯定是赚不到大钱的，即使能偶尔赚点小钱，也是无法持续赚钱的。但凡在期货市场赚了大钱的人，都是对某个品种或某几个品种的品种特性、供求关系有深入了解的。**我能够在期货市场赚一点钱，并不是因为我足够聪明，而是因为我花了足够多的时间和精力去关注和研究少数几个品种的基本面情况。**

我做棉花是2009年5月建的仓，对当时的我来说，做期货的钱已经比较多了（600万左右）。我没有满仓交易，主要有两个方面的原因：一是虽然对行情很确定，想要重仓交易，但好不容易赚到数百万的财富不能受太大的伤害；二是从2007年、2008年看对行情没赚到钱的经历中吸取了教训，满仓交易不容易拿住单子，一个回调损失可能就会很大。

我 2009 年、2010 年做棉花，如果是持仓过夜，基本上都是 50% 左右的仓位，只有赚到一部分钱了才去加仓，因为我买的是低价，利润又逐步多了起来（利润越来越多时，我还从账户里转了几次钱出来），行情的波动对我的影响就小了，除非是我主动倒手去赚价差，否则反向震荡没法把我洗出来。随着资金翻倍的增多，我持仓手数也越来越多，最多做到 1700 手单子。

棉花涨到 29600 我出来了，错过了后面 3000 多点的涨幅，我并不遗憾；棉花从 33000 多点暴跌下来，十几天时间跌了八九千点，这一波行情没有做到，我反而是有点遗憾的。因为我当时已经观察到，棉花价格高了以后（现货价格更高），很多纺织厂用棉的量就减少了，因为棉花有替代物。根据我多年的观察，期货暴涨暴跌行情，最后往往是“物极必反”，比如 2008 年暴跌之后，2009 年 1 月就以连续涨停板的形式绝地反转。我预期着棉花疯狂上涨之后，也会有连续跌停的模式结束上涨行情。我从 29600 出来后，就想着要做一把空头，只是当时现货价格高于期货，我一直等着期货价格再高一点再做，结果价格到了 33000 多，暴跌下来如此之快，就没有做到。

我做期货多年的经验告诉我，价格在底部运行的时间相对长，而在顶部的时间则很短。大牛市的顶部往往几天时间就被空头“攻破”了，价格会在短期内直线下降；而大熊市的底部则需要多头力量持久积聚、多次“进攻”之后才能在一个特殊的时点被“攻破”。所以说，很多抄底的人往往等不到价格上涨就失去耐心了，而很多摸顶的人又往往因为价格下跌太快而错过了行情。如果在大牛市顶部能抓到放空的机会，财富效应是非常之大的。

另外，做期货多年以后，我发现，**期货投资的分析思路、分析方法，在现货投资、现货运作中也可以运用，实际上投资思想应该是共通的，**因为能够长期盈利的投资思想应是符合自然规律的，那么这样的投资思想不管运用到期货中还是现货中，必然都是有效的，只不过杠杆不同、具体的运作形式有所不同。

做期货做的是一种预期，做现货很多时候做的也是一种预期，只要是预期就会有对有错，只要是预期就需要运作者提前布局、提前分析、提前操作。当我这样去理解现货的时候，我甚至可以把现货也当作期货，电子盘是期货、贩卖大蒜是期货、种大蒜是期货、养猪也是期货……

只要思路是对的，做期货做现货都能赚钱、都能成功。

农产品期货的七条规律

做期货多年后，我发现了农产品期货的一些现象：

1. 在大行情中，农产品期货的涨跌幅往往没有现货大。不少人认为期货的价格带动现货价格，期货的涨跌先于现货的涨跌，期货的涨跌幅也大于现货，或许在震荡行情中，这是对的。但在单边大行情中，往往是现货引领期货，现货的涨跌幅度大于期货。甚至，现货的一波行情要比期货剧烈得多，涨跌幅度远大于期货。因此做期货的根本还是现货和现货的供求关系。预期有大行情的时候，更要关注现货市场的变化，多去了解现货产业各个链条的情况。以前的红小豆、绿豆，后来的大蒜、棉花，在大行情来临时都是现货领涨，现货涨幅大于期货（或电子盘）。

有人说期货的价格是胡来的，这说明他还不懂期货。在某个商品价格大涨或大跌时，往往是现货的涨幅更厉害。2003年国庆，原价2000出头的豆粕，现货在几天时间里提价650元 吨，当时期货的涨停板只有3%，都够10个涨停板了，但期货连续三个涨停就会协议平仓。一些期货品种，经常短时间内大涨大跌，其实那不是期货的问题，而是现货的问题，更本质的说法则是这个品种特性使然。像绿豆、红小豆、白糖这种农产品，本身就不是主要粮食，是小商品、小品种，不是生活的必需品，老百姓对价格的敏感度不高，国家的调控力度也不大，种植面积受农民积极性高低的影响很大，所以价格容易大涨大跌。当绿豆从2块钱一斤涨到5块再跌到1块5，当红小豆从3块钱一斤跌到1块再涨到3块，当白糖从9毛钱一斤涨到1块8，对应期货的涨跌实际上都没有现货那么厉害。其实，这些商品在涨价的时候，涨很多才是对的，在跌价的时候，跌很多才是对的，涨多了才能抑制需求、激发种植积极性，跌多了才能激发需求、抑制种植积极性。在供不应求的时候，如果供应缺口很大，不涨是不正常的，小涨也是不正常的，大涨以后，新的价格才能实现新的平衡，否则就永远处在不平衡中了。2010年的棉花就是如此，即便是抛储不让涨也不行，天道如此，市场规律不可逆，任何人只能影响一时、左右一时，影响不了一世，最终，最强大的力量必然是供求关系。

期货是从现货来的，是现货引导期货而不是期货引导现货。期货合约对应的始终是现实存在的商品，现实商品的供求关系决定了现货价格的走势，也决定了期货价格的走势。说到底，期货涨跌的决定因素是现货的供求，期货的涨跌是现货因素引导的。棉花现货涨了，不是因为棉花期货涨，而是因为现货的供应不足，现货本来就是要涨的，并不会因为期货的涨跌而改变自己的方向。说期货市场的投机导致棉花价格的暴涨，说期货市场的投机对稳定物价起了负面作用，这绝对是冤枉期货甚至是污蔑期货。什么是期货？期货是从现货市场衍生而来的，炒期货说白了炒的就是现货的涨跌预期，是现货的供求因素决定了期货的走势。而且在大蒜、棉花的大行情中，都是现货的涨幅领先期货，反过来应该说期货有利于压制现货的价格，有利于平抑物价，那才对呢！

2. **农产品的价格长时间低于成本，一旦供求失衡，往往会爆发成倍上涨的大行情**。一个品种的价格若低于成本，农民的生产积极性必然会下降，若长时间低于成本，越来越多的农民会放弃这个品种，改种其他品种，该品种的播种面积和总产量必然下降。如果再发生点天灾，进一步导致产量下降，或是大环境处在通胀中，那么供应和需求的不平衡将激烈爆发，价格就会有大幅度的上涨。因此一旦发现一个农产品的价格长时间（一年、两年）低于成本时，就应该去实地考察，获取最直接、最真实的第一手信息，体验买方和卖方的能量对比，感受一下让价格喷发而上的力量是否已经形成，这是捕捉历史性大行情的重要组成部分。一个品种价格跌破成本的幅度越大，价格低于成本的时间越长，价值越被低估，之前跌得越狠，就越具备投资价值，找到爆发点之后，盈利的空间越大。

3. 在供不应求的情况下，如果供求缺口很大，外围环境、其他要素也配合的话，行情就会上涨。严重供不应求导致的上涨行情，如果一开始不涨或小涨，那么后续补涨会很厉害，一开始不涨或小涨是因为人们对供求缺口的预期不到位（或有力量刻意压制），后来确认了供不应求，而且还超预期，甚至严重超预期，那就会狠狠地补涨；而如果一开始就涨了，那么后续一般就涨不动了，因为人们一开始就知道供需有缺口，推动了上涨，后来确认供不应求，但在预期之内，那只是预期的兑现而已，没有新的力量推动，行情就不会涨甚至还会回来一点。2010 年的棉花行情，为什么在9月、10月、11月初大涨，两个月时间价格就翻番，就是因为棉花收获时大家发现产量严重下降，比预期的供不应求要严重很多。2010年的棉花，从2月开始到5月中旬，涨了一波，从1万5涨到1万8，而从5月中旬开始一直横盘。如果2月到5月这一波涨得多了或是2月到8月连续上涨了，那么后续9月、10月的上涨就不会出现或大大减弱；如果2月到5月这一波也没涨，那么9月、10月的上涨还要更加凶猛。

4. **农产品历史性的大行情，往往发生在收获季节**。因为在收获之前人们对减产的预期往往不够充分，也没有充分考虑各种“不确定性”和“突发事件”。往往是预期一亩减产100斤，结果收获了才确认减产150斤，甚至减产200斤以上。大部分人都有一个特点，那就是“不到黄河不死心、不见棺材不落泪”，在大幅减产的信息确认之前，总有着各种“希望”和“奢想”，总觉得现在虽然有点供不应求，但等新的供应上来了就会缓解供求关系，非要等到收获了，确认大幅减产了，才发现供不应求没有缓解反而还加剧了，才承认自己的“错误”。而当大幅减产的信息把他一切的幻想都打破的时候，他可能又会走向另一个极端。这样，在牛市行情中，收获季节的涨幅往往就是最大的。很多事情，看上去不合理，为什么不是“青黄不接”的时候涨幅大，而是在“收获”的时候涨幅大呢？其实，事实只是按照自然的规律在发展，出问题的只是人们的预期总喜欢一厢情愿。所以在做农产品期货的时候，在通过实地调研或确切的信息认定要大幅减产，并且外部因素也配合的情况下，完全是可以提前大胆预期的，也可以在交易上进行一定的埋伏（如果不打埋伏，不打提前量，等大家都知道大幅减产了，低价买进也就不可能了）。

5. 供不应求时价格到底能涨多高？一个价格涨了，比以前高了，就能够抑制一部分需求，这个价格是否足够高了，要看它抑制了多少需求，如果它抑制的需求刚好和供应缺口能匹配，那么价格也就涨不动了；而如果它抑制的需求还不够，需要买的量还是大于想要卖的量，那么价格还是会上涨，价格一直涨到买方和卖方能达到“共识”了，才会停止。而一旦停止就有两种可能，一种是盘整，也就是实现了一个新的价格区间的动态平衡，另一种则是快速下跌，因为那个价格的临时性“共识”是建立在卖方惜售和投机买家大量跟进的情况下的，有效供应实际上没有那么少，有效需求实际上也没那么多，价格会在下跌后寻找新的“共识”点。

6. 农产品和工业品不同，用供求关系分析农产品的价格走势比工业品更有效。

农产品的消费基本稳定，经济环境好，人们要吃饭，经济环境不好，人们也要吃饭，随着生活水平的提高和人口的增多，全世界对农产品的需求基本上是逐步增长的；而工业品的需求则不稳定，经济环境好，人们的消费多，需求就上升，经济环境差，人们的消费少，需求就下降，如果遇到经济危机，需求则会急剧下降。另外，农产品的供应有“靠天吃饭”的因素，农作物都是从地里面长出来的，气候条件好，则丰收，气候条件差，则减产，如果遇到严重的自然灾害，则会急剧减产（还有遇到天年也可能导致大幅增产或减产）；而工业品供应的可调节性就比较高，供应跟不上需求了，就迅速扩大产量（工业品生产可以加班加点、昼夜不停，农产品种植面积无法迅速扩大），供应太多了，则可以闲置一部分产能（土地则一般不会闲置）。所以做农产品应更加关注供应，供应环节出了问题、有了大的变化，才会有大行情；而做工业品则要更加关注需求，需求环节出了问题、有了大的变化，就会有大行情。农产品和工业品有着本质的区别，影响农产品供应的因素，比如土地（土地是有限的），气候、种植面积、单产、农民和经营者的积极性等，还有影响农产品需求的因素，比如人口、消费频率、替代品等，可研究性强，可确定性高；而影响工业品供应的因素，比如产能、技术革新、矿产量等，影响工业品需求的因素，比如经济形势、货币政策等，可研究性差，可确定性低。说白了就是“天定的东西容易分析、预测、找规律，人定的东西不容易分析、预测、找规律”，而农产品更多是天定的，工业品则更多是人定的。就是说农产品的需求影响小，供应影响大，天气是影响供应的核心因素，如果多方条件配合，核心因素发力，就容易形成大行情，这类大行情比较好判断、好捕捉。

7. 不同的农产品价格涨跌的特性有所不同。比如蔬菜类的生姜、白菜、大蒜等，因为不易储存，卖家必须在一定时间内销完，否则会烂掉，供大于求时，卖家一旦急于出售，价格就很可能会跌破成本价，供不应求时又因为库存不多，想买却很难买到而使价格短期猛涨；而大米、小麦等粮食类农产品则有所不同，它们易储存，可调节性强，价格波动幅度就比蔬菜小很多。

宇宙的大规律——天道

宇宙的运行是有规律的。我正是遵循宇宙规律进行期货投资，之前我只是理解了宇宙规律的运行，棉花战役之后，我对自己的理解做了相对详细的整理：

宇宙运行的规律就是它以相对平衡的形式永恒发展。从大范围、长周期来看，宇宙必然是相对平衡的；从大小周期来说，一个完整周期内的不同时点不同事物可能有高有低、有好有坏、有冷有热、有多有少，但整个周期必然是相对平衡的，而且周期是循环往复的，在一个完整周期内，有高的时候，有低的时候，有不高不低的时候，有从低向高发展的时候，也有从高到低发展的时候，一个周期的某个阶段走完了必然要走向另一个阶段，不可能永远处在一个状态中，另外，一个周期走完了必然要走向下一个周期；从某一个点来看，又是绝对不平衡的，而这一不平衡发展到一定程度，又必然向平衡的方向运行，每一个点自己都会调整，它的调整不是乱调的，而是遵循着平衡的原则。**宇宙中任何事物、任何时间都遵循着宇宙的平衡规律在发展。**包括自然的运行、社会的运行、经济的运行、供需的运行、价格的运行等，都必然遵循宇宙的平衡规律。这就是“天道”，宇宙运行之道。

经济发展进入的调整期是必然的，发展快了会调，发展慢了也会调。要让经济永远不出问题是不可能的。在局部出现极端现象也是正常的，不要过于害怕，好像天要塌下来了一样。今年房价贵、明年大蒜贵、后年生姜贵，这些都是正常的，也会自动调整。就像一天里气温有冷有热，一年里气温也有冷有热，但总体上是平衡的。也像地球上有高山、有盆地、有平原、有丘陵，但整体是平衡的，不会只有高山，没有平原。

价格涨跌是正常的，要永远平稳只是想象。我们身在宇宙当中，做事情要符合宇宙的规律。自然的运行有它自己的规律，不以人的意志为转移，不要以为冬天冷、夏天热是不正常的，冬天和夏天温度差不多那才是不正常的，想要一年四季温度平稳只能是想象。天气的冷、热、涝、旱，都是正常的现象，我能做的只是看清冷、热、涝、旱形成的条件，以及转折的时点，并顺势而为，才能有所作为。天冷了穿棉袄，天热了穿汗衫，才叫顺势而为。做期货则要有更长远的打算，大旱之年买船，大涝之年卖船，才能挣大钱。期货的价格涨了、盘整了、跌了都是正常的，如果期货的价格总是很平稳，那就不符合宇宙规律了。当然，涨的时候不可能永远涨，跌的时候不可能永远跌，因为物极必反也是宇宙规律之一。最冷的时刻过去了，天气就会回暖，最热的时刻过去了，天气就要转凉。期货价格涨了再涨之后，到了极致，就要下跌，甚至以短时间跌幅较大的形式下跌。**宇宙中的万事万物，从一个时点来看，平衡是相对的，不平衡是绝对的，但不平衡始终在追求平衡。最终，从长远来看，还是一个相对的总体平衡。**

期货市场似乎是最接近宇宙真理、最遵循宇宙规律的市场。只有明白了市场运行的“道”，才能在期货市场长期生存、持续盈利，即使遇到挫折，也只是暂时的，终究能走出来。天道是永久管用的，了解市场的运行规律，成功（财富的获取）只是早晚问题，而运气则不同，有些人靠运气赚了一点钱，甚至是赚了大钱，就觉得自己很了不起，这其实是偶然因素造成的，除非赚了钱就离开市场，否则还是会还回去，甚至连本金都亏掉。运气只能管一时，靠运气获取财富只是偶然显现，运气不可能永远降临在你头上。靠运气不可能长久，靠天道才能长久。

做期货，要明白市场就是“天道”规律表现的场所之一，市场必然遵循宇宙的规律运行。因此我确立了这样的理念：**永远站在“天道”这一边，永远用基本面研究做期货，永远不做庄，永远不带资金，能赚就赚，不赚就散。**

“供求平衡”的三个层面

宇宙运行的规律就是它以相对平衡的形式永恒发展，“天道”在商品市场的表现则是供应和需求动态平衡的自我协调。

“供求平衡”包含三个层面的内容：

第一个层面的“供求平衡”是指正常需求、正常供应之下的供求平衡，我们可以称之为“正常的供需平衡”。即人们的需求是正常的，没有被临时性激发或临时性抑制（被长期激发的需求可能会变成正常需求，被长期抑制后的需求也可能变成正常需求，比如本来没有人使用手机的，但手机出现后慢慢激发人们的使用需求，如今使用手机就变成了大部分人的正常需求，再比如本来有些人是喜欢吃肉的，但因为信仰、食品安全或食品匮乏的原因，吃肉的需求被长期抑制，慢慢地不吃肉或少吃肉就变成他们的常规需求了），供应也是正常的，产能没有过度闲置或超负荷运作，（工业品正常供应弹性大，只要有产能，可以根据需求适当调节供应，供应在一个范围内都算是正常的，而农产品的供应弹性小，短时间内较难根据需求调节产量），人们的正常需求相对比较稳定，供应也相对稳定，那么就能实现“正常的供需平衡”。如果“正常的供需平衡”是绝对的，那么理论上价格就不会变动，如果“正常的供需平衡”是相对的，价格则会在一个区间内波动，平衡度越高，价格的波动区间越小。

第二个层面的“供求平衡”是需求被临时性激发或临时性抑制之后，或者（也可以是同时）供应被临时性压缩或临时性放大后，达到的“供求平衡”，这种所谓的“平衡”从本质上说是不平衡的，但它也是一种临时性、妥协性的平衡，我们可以把它称为“临时性的供需平衡”。即当供不应求时，价格上涨，价格的上涨会激发供应、抑制需求，价格上涨到一定程度，激发供应到一定的量，抑制需求到一定的量，使得卖方的供应量和买方的需求量达到了一个临时性的“平衡”（工业品激发供应快，只要有剩余产能就能马上增加供应，即便没有剩余产能，新建产能需要的时间也不长，而农产品激发供应慢，因为农产品播种面积是受限的，即便要增加播种面积那也是下一年的事情，而且天气也具有不确定性，当然也可能在技术革新下增加亩产；工业品压制需求效率高，油价涨了，可以少开一点车少用一点油，而农产品压制需求的效率低，粮食价格涨了，该吃的还是要吃，吃的量也无法减少或只能减少一点点）。不过，临时性的需求抑制总是一时的，这种需求依然是存在的，只要需求存在，供应方就会想方设法去满足，所以“临时性的供需平衡”很容易被打破。

第三个层面的“供求平衡”是指从长周期来看，供应和需求总体上是平衡的。可能这段时间供应多一点，那段时间供应少一点，上个月需求旺盛一些，这个月需求差一些，但从长时间来看，供应和需求在总体上是平衡的。

供求天平的运作原理

说简单也简单。价格的决定因素就是“供求”，也只能是“供求”（而不是图表或指标），要预测价格只要研究、分析“供”和“求”就可以了。说不简单也不简单。影响“供”和“求”的因素比较复杂，可能同一时间点，影响“供应”的因素有10个，影响“需求”的因素也有10个，能不能把这20个因素都找出来，并且把它们对供求关系的影响度的大小也识别出来，这是很难的。不同的时间点，同一个因素的影响度大小是不同的，还有可能有新的影响因素出现，因此还要用变化的眼光来看，这就更难了。另外，期货做的是未来，分析供求关系的时候，还要看长远，不能短视，比如现在吃饱了不饿了，不能推导出未来也不饿，几个小时后还是会饿，因为胃在消化，做期货要了解哪些因素是影响未来供求关系的因素，这些因素未来会有怎样的变化，这就难上加难了。

很多问题，连经济学家都搞不清楚，更不要说一个交易者、投机者了。作为期货交易者，只要弄清楚相关品种的供求关系就可以了。而弄清供求关系，以及不同供求关系之下的价格变动，只需明白“供求天平”的运作原理。

我们可以把整个供求体系看作是一个天平。天平有时候可能会左边高一点或右边高一点，但总体上，天平所追求的是“平衡”。

在“供求天平”上，左边托盘放的是“供”的砝码，右边托盘放的是“求”的砝码，中间的横梁是价格尺度，下方是可滑动的价格。价格滑动到哪里能使“供求天平”平衡，哪里就是价格支点。这一支点，可以支撑目前供应和需求情况的平衡。如果价格支点找的不对，天平就无法平衡，它会自动寻找新的价格支点。

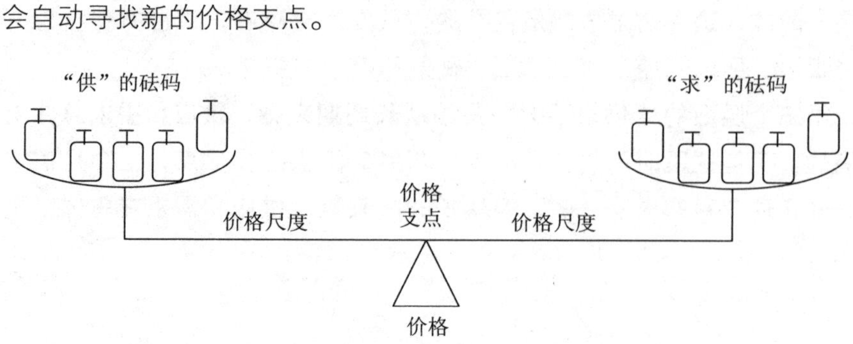

“供”的砝码代表着影响供应增加或减少的因素，“求”的砝码代表着影响需求增加或减少的因素。不同的砝码在不同的环境中，分量是不同的，会受政治、经济、天气等的影响，要具体情况具体分析、具体对待，要根据当时的实际情况去衡量每一个砝码的重量。

价格的变化：如果“供”的砝码重量是10，“求”的砝码质量也是10，价格是5000。

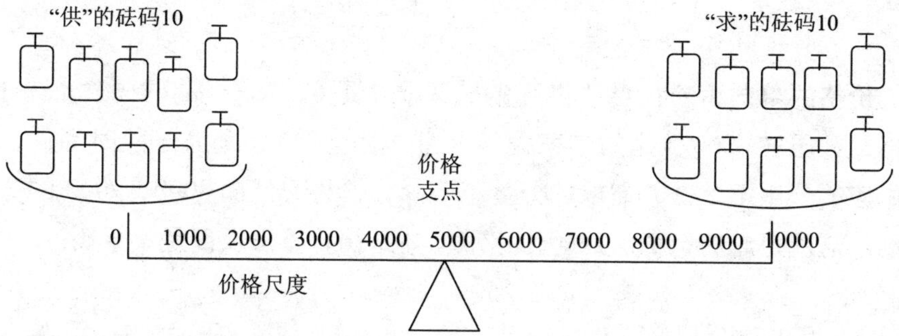

那么当“供”的砝码重量变为9，“求”的砝码质量依然是10的时候，价格可能要变为6000才能支持天平的平衡。

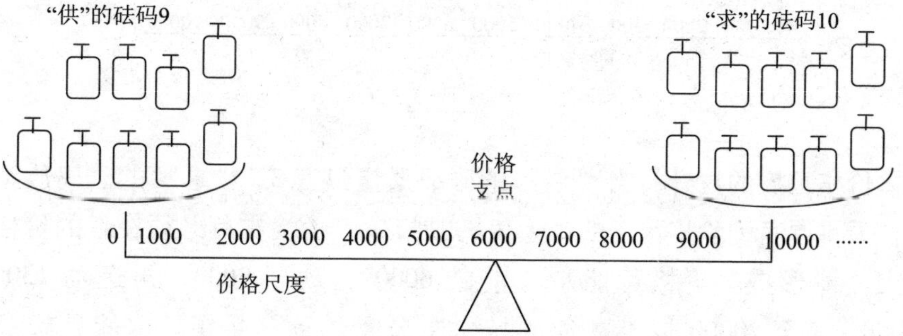

价格的震荡：当“供”的砝码重量是9，“求”的砝码质量是10，价格不一定停留在6000，更有可能在5000和7000之间波动，实现一个相对的动态平衡。

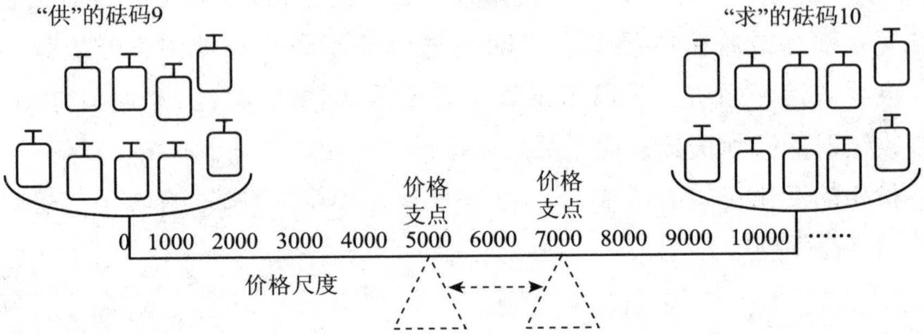

价格的单向运动：当“供”的砝码质量是6，“求”的砝码质量是10，价格却被压在6000（比如国家抛储、主力控盘等），那么一段时间后，如果供应的分量不上升、需求的分量不下降，价格必然向8000、9000的方向运动。这就是趋势行情。这时价格涨了才平衡，不涨反而是不平衡。

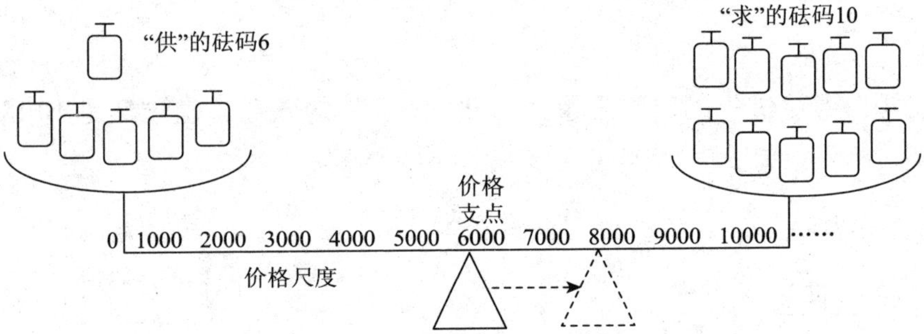

价格尺度的拉升：当“供”的砝码质量只有3，“求”的砝码质量是10，天平原有的价格尺度的最大值将被打破，价格支点必须在新的价格尺度上才能形成。价格可能从之前的6000运动到9000，再运动13000、15000，甚至20000以上才能支持供求分量的动态平衡。这就是超级大行情。

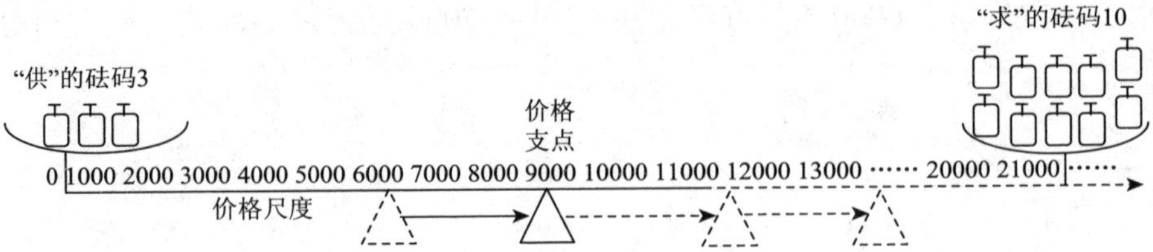

不平衡度的考量：用现在的价格去衡量当下的供求关系，可以测量出供求是处在相对平衡、略微的不平衡中，还是严重的不平衡、超级不平衡中。

怎么测量呢？一是看现在的价格是多少，二是看影响“供”的因素和影响“求”的因素各自有多少个，每一个的分量有多重，“供”的分量和“求”相比是什么情况。

就农产品而言，种植面积、单产、天气（旱涝情况、积温情况、虫灾情况等）、农民种植积极性、品种特性、相关品种比价关系、需求方情况、加工方情况、贸易方情况、社会库存情况、国家库存情况、替代品情况、国内外经济环境、货币宽松程度、加息降息情况、行业政策（比如棉花中国政府发不发配额、大豆抛不抛储、美国大豆的出口政策等）、战争或战争预期、其他突发事件，等等，都是影响供求的因素。

每一个影响“供”变多变少的因素都是一个砝码，不同的砝码的大小不同、分量不同，同一砝码在不同的时刻大小、分量也不同，这些砝码加在一起共同组成“供”的分量。农产品“供”的变化相对较大，可能去年是6，今年是10，明年则变成了15。

每一个影响“求”变多变少的因素也都是砝码，不同的砝码的大小不同、分量不同，同一砝码在不同的时刻大小、分量也不同，这些砝码加在一起共同组成“求”的分量。长期来看，农产品影响“求”的因素相对稳定，每个砝码在不同时间的变化也不大。当然短期内某个可能会从1变成2甚至变成3，从而导致“求”在短期内上升较多。

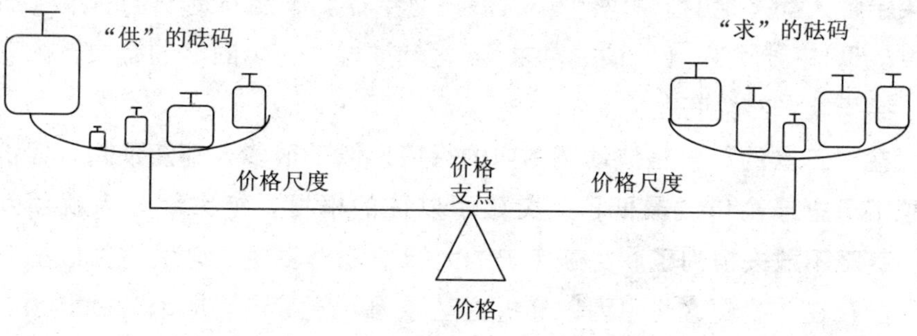

至于每一个砝码具体有多重，这个砝码这段时间的变化具体有多少，这个砝码变化后价格支点需要移动多少才能实现新的动态平衡，相同的砝

码在不同的时点对价格的影响有何不同等，这些具体的细节则需要市场参与者自己根据获得的数据、自身的考察、自己以往的经验、借鉴别人的经验或从别人身上/书本上/网络上学到的知识，还要根据自己对特定品种特性的了解、环境的了解，等等，具体问题具体分析。

夏天的时候，我们就知道秋天会来，这是自然规律，但秋天什么时候来呢？秋天来的时候会有什么变化？是哪些原因导致了秋天的到来？要抓住秋天的开始，关键点是找到夏天的末端。“一叶落而知天下秋”，是不是任何一片叶子落了，秋天就到了？还是特定的叶子，在特定的环境下落了，秋天才真正到了？

今天炒一个菜看上去和昨天炒的一模一样，但昨天只放了半勺盐，今天却放了2勺盐，味道就必然变了，即使这两份菜外相一样也要加以辨别，具体的差别要细品才能感受到，盐的分量不同，味道必然不同。

一个原因只能导出一个结果，看到一个结果，也必然能找出它的唯一原因。有时候似乎有“一因多果”，那是因为一个因素在不同的环境中发生作用的影响力是不同的，才产生了不同的结果，本质上来说在不同环境中的同一个因素，并非相同的原因，而是不同的原因。我们要明确同一个因素在不同环境中产生的影响是不同的，1 小勺盐炒一碗菜味道刚好，1 小勺盐炒一锅菜味道肯定淡了。老农民都知道“过去的老黄历看不得”，为什么看不得，因为现在的环境和过去不同了。“天”、“地”、“人”都不一样了，“同样的因素”放进去，结果必然是不同的。

一盘水果放在十个人面前，如果十个人都饿了，那几分钟就吃完了，如果十个人都是饱的，那两个小时后还有半盘。不能看到一盘水果（所谓的供应量）、十个人（所谓的需求量），就推导出一个固定的结果，人变化了，结果就必然会有变化。

在“正常的”价格波动范围内的行情，似乎很多人都能预判，但价格超越了历史最高价或最低价，突破了以往的框框，绝大部分人就预判不到，甚至不敢去预判了。突破历史的大行情能够发生，必然有突破历史的大原因存在，找到这些原因，分析这些原因，度量这些原因，就能预判到超越历史的大行情，也敢于预测价格将运行到哪里。2009 年的大蒜行情，2010 年的棉花行情，为什么能超越历史框架，就是因为供求关系的综合因素超越了以往历史的情况，其实这些因素很多人都知道，只是绝大部分人被自己“套”住了，有着自己固有的思维框框，被自己禁锢，也就不敢想象了。当然，在其他时候，如果分析的结果是综合因素还在常规的范围里，那么行情也将在常规的幅度里波动。

在结果发生后去找原因，总能想办法找到，这往往是分析师干的事情，作为交易者，必须先找到原因，先推导出结果，这样才能在投资中赚到钱，如果波澜壮阔的行情已经发生了，那么巨量的财富分配也已经结束了，我们也就分不到钱了。所有的难点在于找到原因、分析原因，并且在原因超出常规时能敢于确认、敢于预期。

价格是调节平衡点的尺度

“供求天平”并非放在真空中，供应和需求的分量也不是恒定的，所有的因素都始终处在变化之中，因此追求绝对的平衡是不可能的，但任何一个时点都可以实现相对平衡，任何一段时间都可以实现动态平衡，任何一个完整的周期都可以实现整体的平衡。这就是我一再和朋友们说到的“平衡是相对的，不平衡是绝对的，但长期来看，整体又是平衡的”。

相对平衡和动态平衡是必然能实现的，也是天平必须去实现的状态。价格是可以滑动的、调节的，价格就是用以实现平衡的尺度。在理想状态下，价格总会自动调整，自动去寻找可以实现当下供应和需求的平衡点，不同的供求关系都可以在不同的价格点实现平衡；而在现实的市场中，供应和需求的量不是固定的，时时在动态变化，市场各方力量对供应和需求也有或大或小的影响，还有市场参与者会把对未来供求的预期也作用于当下的供求关系，同时对未来的预期也会随时变化，另外，价格变化后实现了相对的平衡，但这个平衡点往往是人们心中暂时认可的平衡点，而不是绝对的供应量需求量的平衡点，因为人的想法、看法总会和现实有所差别。所以价格滑动寻找相对平衡点的运动就会显得很复杂。但不管价格的运动有多复杂，其变化动力的核心原因、本质原理是不变的。

所谓的供求不平衡，是指在现在这个价格上供应和需求不平衡，价格变了，新的平衡就会到来。在特定时点、供求明确的情况下，价格会自然调节，以此匹配对应的供求关系。如果在一个价格上供求不平衡了，总有另一个价格会让供求平衡，至少是实现相对平衡。当然，在现实的市场环境中，没有绝对的平衡，也没有绝对的不平衡。市场会自动调整价格，让供求趋于“动态平衡”。关于价格自动调节和平衡与不平衡的动态演变，从规律和理念上来说是简单的、确定的，但在判断具体的“度”时却是复杂的，在具体的操作中，方向是确定的，具体的价格和时点只能估算而无法精确到哪一个价位、哪一个时点（或许在某些时刻可以做到精确，但绝大部分时候无法精确）。这就是简单中不简单、确定中不确定，但反过来说，**不管行情变幻多么迷乱，“道”是不变的**，也就可以求得不简单中的简单、不确定中的确定，纲举目张。

我们要相信砝码，不要迷信自己的固有观点

所有影响供求分量的因素，都是砝码，不同的时间砝码有多有少，不同的砝码有大有小，同一个砝码在不同时间也会变大变小。“供求天平”一边的砝码大、数量多、分量重，影响价格移动的力量就大，价格就要向它这一边滑动。

我们要综合考虑自己所能知晓的砝码（各个层面的影响因素），以及各个砝码的随时变化，才能判断未来价格移动到哪里才能实现新的动态平衡。我就是用这样的原理把棉花的价格看到3万。

在具体判断价格如何滑移、要移动多少才能支撑两边供求分量时，我们应该相信各个真实的砝码，而不是自己固有的观点。

某个因素的砝码，大前年是1+1=2，前年是1+2=3，去年是3-1=2，今年是多少呢？如果是2+3就等于5，今年可能和往年有很大的差别，具体差别有多大，就要看两边砝码的变化是多少。

有一个小故事，能说明我们经常会迷信自己固有的观点和想象而轻视真实砝码的分量。

有一次，我去一个朋友家里，他刚交过水费，那个月费用比平时多了不少，他就怀疑，“是不是水表不准了？”

我说，“有个办法可以测一下你家的水表准不准。”

他问我怎么测？

“你知道1立方米的水有多重吗？”

“不知道。”

“1立方米的水是一吨，也就是2000斤。”我指了指边上的水桶说：“这样的大水桶，1立方米水大概要装50桶左右。”

他先是一惊，“哪有这么多啊！1立方米不就是1米宽1米长1米高吗？这50桶加在一起得有多少了！”

“我们可以放满一桶水称一下，算一算就知道了。”

于是我们拿起那个塑料水桶，装满水，放到体重称上，称一下是20.5公斤。

我说，这桶水连桶一起是20.5公斤，水桶算它0.5公斤，那一桶水就是20公斤，一吨水刚好装满50桶。

我的朋友还是不信，在他的感觉中50桶水要远大于1立方米。

“可是这数据在这儿摆着，一吨水是不是2000斤？这一桶水是不是40斤？是不是50桶刚好2000斤？”

我的朋友依然半信半疑。我们就去看水表，再装满一桶水，是不是走了0.02方。果然如此。

“还是你这个月用的水多，不用怀疑水表准不准了。”

他很感慨，“原来一方水有50桶水这么多，感觉上没这么多啊。看来我们家上个月用了好多水。”

我说，“你感觉上没这么多，但实际上就有这么多。”

我朋友他自己洗脸、刷牙、洗菜、做饭用不了多少水，所以他感觉应该没用那么多，但他不知道他们家冲马桶、洗澡、洗衣机洗衣服要用很多水，这些水用了但他没有在意。我们在计算水的用量时，必须把所有用水地方都算进去，并且每一个地方的用量都不能有大的偏差，才能把总用水量估算得准确一些。要相信数据和砝码，以数据和砝码为依据推导结果，不能凭想象和感觉。

2010年的大蒜又涨了一波

2010年，我主要做棉花行情，没有参与大蒜的投资（我熟悉的大蒜电子盘没法做了，现货我又没有精力去做），其实在2010年大蒜的投资机会也很大。从低的时候2块多一斤，涨到高的时候8块多一斤。

虽然我2010年没有参与大蒜的投资，但我对大蒜方方面面的信息还是保持着紧密的关注。在确定要涨的时候，我还会建议做现货的朋友多收点货。

因为2009年大蒜涨得太凶，再加上生姜、白糖、大豆等也一起上涨，坊间流传出“蒜你很”、“姜你军”、“糖高宗”、“豆你玩”等无奈又好玩的说法。2010年，国家工商总局还专门到金乡县调研，看看是不是有人恶意囤积大蒜。其实就是大蒜自身的供应出了问题，才导致价格大涨，是天要涨，人为影响很小。

2010年，很多行业人士认为大蒜价格已在“高位”，政府又特别“关心”大蒜的价格，所以觉得大蒜涨不了了。其实，2009年的时候大蒜还有上一年留下来的一些库存，而2010年则没有库存了，同时2009年秋天大蒜的播种面积增加有限，2010年的单产和往年比也下降了不少，所以2010年大蒜还是要涨的，更何况整个商品市场的氛围也处在上涨之中，外部环境配合。

一位姓赵的，是我的一个好朋友，金乡的，做大蒜收购、批发、销售生意的，在2010年的时候不太敢收大蒜。他知道我2009年做大蒜电子盘比较成功，就打电话问我：“海棠哥，你看今年的大蒜能涨吗?”

我心里想，你对大蒜种植、生产、收获、库存、消费等情况肯定比我了解，还来问我？于是就反问他：“就你了解而言，今年大蒜的收成怎么样?”

“很不好，有些地方比去年少收一半！”赵老弟很明确地回答。

“你综合了解下来，单产能比去年减多少?”

“至少20%～30%！”

“现在的鲜蒜多少钱一斤?”

“2块。”

“那价格太低了，要涨，上涨空间很大！”

“可政府都出来讲话了，要抑制大蒜的上涨，现在没人敢收，都在观望。”

“减产了，就要上涨，政府也拿不出大蒜来。”我寻思着赵老弟不敢买，“我现在马上开车过去，咱们见面聊。”

我从济宁开车一个小时到金乡，和赵老弟见面，他在金乡县南店子大蒜现货交易厅工作。到了那儿以后，我看到交易厅外面的大街上卖大蒜的车子很多，排着队。我走进交易厅，看到他和外地的几个大蒜收购商在交易厅聊大蒜的事情。我就对他们说："外边这么多大蒜，你们怎么不抓紧收啊?"

"政府出来讲话了，现在大家都在观望，拿不准。"

"今年大蒜减产这么多，不明摆着要涨吗？现在要不是政府出来讲话，把价格压着，价格早就上去了，你们还能收到现在这样的低价吗？现在是机会，抓紧抢收！"

我想着国家确实能从舆论上打击上涨的信心，但一个商品特别是国家没有储备的商品价格要不要涨，那是市场说了算的，国家最多是去影响价格，但决定不了价格。我和赵老弟说："大蒜的价格不是政府说了算的，那是老天说了算的，你自己都知道今年单产减产30%，总面积增加有限，又没有库存，价格肯定还要涨的，国家现在想管，也只能在舆论上管，政府手里也没有大蒜，它现在管不了价格的上涨。你赶紧收，现在这个价格还算低的，过段时间这个价格就收不到了！"

我好不容易说服了赵老弟，但他还是没敢多收。赵老弟心里还是不太踏实，只是收了一点。没过多少天，大蒜很快就涨到了4块以上。最后，最高价涨到过8块。

第六章
2011~2012年
运作豆粕大豆 仅是继续战斗
（盈利6000万）

编者按：

只要有不熟悉的地方，必然会有被动的环节。

在某些特定情况下，抄底是相对安全的，并且是绝对暴利的，有勇有谋者值得一试。

在金融投资领域，当运作的资金大了，每一个“小”错误都要用“大”亏损来买单。

人无完人，成功者也不过是在不断犯错的过程中不断成长。

做期货做的是未来，如果认为未来不可预期，那就不要做期货了。

2011 年年初 做空小麦

有人说我是个农民，在期货上赚了钱就是凭运气，这样的评价我不太计较，或许是有点运气成分吧。还有人说我只会做多，不会做空，这倒是不对的，应该说我一般只做我看得懂的行情，只做我对基本面很熟悉并且能够分析清楚的品种。我有可能长期做，也可能短期做，这要看我做的基本面分析支持一波周期多长的行情；我有可能做多，也可能做空，这要看我做的基本面分析支持上涨还是下跌。

2011 年年初，河南、山东等小麦主产区爆出干旱的新闻，报纸上、电视上甚至说这干旱"百年不遇"，说得很严重。总理也到河南、山东等地区考察了，甚至在春节的时候还在山东嘉祥县、曲阜市看望农民群众，深入麦田了解旱情。

春节前，也就是 2011 年 1 月份，强麦期货就涨到了 2700、2800，春节期间干旱的消息又比较多，我预计节后还要涨一涨。

但我在家过年考察麦田看到的情况并没有新闻报道中说得那么严重，根据我实地考察的情况，我预计冬小麦即使减产也不会严重。我还综合考虑了其他影响小麦涨跌的因素，其中有两条最为重要，一是国家对小麦价格的政策，二是小麦这一农作物自身的抗旱特点（我们做农产品期货时，对农作物的特性一定要有所了解，只看所谓的基本面信息是不行的）。

小麦不像大豆、也不像大蒜，小麦是中国主要的口粮，在国家的粮食政策中位居最高的地位，国家不会允许小麦大涨。中国的大豆大部分要靠进口，价格已经和国际接轨，政府对大豆的价格只能"协调"而不能"控制"；大蒜只是调味品，价格的涨跌对居民的日常消费几乎没有影响，不是国家调控的重点；而小麦则不同，小麦是口粮，中国一向保证小麦的生产，基本确保自给自足，对国家来说，小麦价格的相对稳定，不只是调控 CPI 的问题，更是粮食安全的问题。一方面小麦即使某年大丰收，国家也会敞开了收储，不会让小麦价格暴跌而让农民受损，另一方面小麦即使某年歉收，国家也会有大量的储备做后盾，不会让小麦价格暴涨而大幅提高市民的生活支出。

我是农民出身，对很多农作物的"品性"比较了解，比如大豆喜生地、大蒜耗蒜种、棉花怕持续大雨，而小麦则是一种抗旱性很强的农作物。小麦是不怕旱的，即使三个月不下雨都不怕，俗话说“小麦是火里炼金”，就是指小麦抗旱性强。就我的经验和亲身经历来看，对小麦来说，干旱不一定减产，风调雨顺也未必增产。其实，我们农民之间还流传着这样的话“麦收八十三场雨”，“八”、“十”、“三”是指农历的八月、十月和第二年三月，“麦收八十三场雨”的意思实际上是指小麦丰收只需要三场雨，在农历八月下一场，湿一湿地就可以播种了，到了农历十月小麦的分蘖扩杈期，这时下一场雨，可以让小麦苗壮，并且安全过冬，再到第二年农历三月，是小麦抽穗开花的成长旺盛期，再下一场雨，就可以促成小麦的成熟和丰收了。还有句话说“小麦旱个死，还得收个石榴籽”，意思是说即使小麦干旱了，也能收个饱粒（石榴籽），也会有不错的收获。因此，所谓的干旱对小麦产量的影响并没有媒体报道的那么严重。

春节后开盘，强麦期货又涨了一些，到了3100左右的位置，这个价格已经是强弩之末了。

我又多方了解到，在总理的带动下，春节期间（2月2日到8日），河北、河南、山东、安徽各省政府组织的抗旱工作比较得力，干旱的小麦得到了灌溉。另外，2月9日至12日，新疆北部、青藏高原东部、西北地区东部及中东部大部地区有雨雪天气，其中，河南东南部、安徽大部、江苏中南部等地的部分地区有中到大雪（或雨夹雪）。俗话说“冬天麦盖三重被，来年枕着馒头睡”，雨雪天气对小麦的干旱起到了很好的缓解作用。

我综合分析之后，在2月10日，建立强麦期货空单。

后来农业部也发布信息称国内小麦受旱面积正在逐步缩小。截至2月16日，河南、山东、河北等八大小麦主产区的受旱和重旱面积，比旱情最重的2月9日分别减少了1610万亩和730万亩。国家粮食局局长聂振邦也明确表示，中国粮食连续七年增产，小麦库存充裕。该部门另一位官员则称，即便今年小麦产量受干旱影响有所减产，也不会对国内粮价产生太大影响。

另外2月发布的2011～2012年度预计小麦期末库存为5788万吨，库存消费比为50%，较上月预期下降2个百分点，但供应仍然充足。

实际上小麦受干旱的影响很小，中国的小麦储备也非常充足。之前期货市场对小麦干旱消息的反应实在是过头了，价格跌下来是必然的。我的空单建仓后，强麦就跌了下来，1个月的时间，我获得了200多点的利润。

注（小麦生长周期）：小麦是一种温带长日照植物，适应范围较广，北纬17°~50°，从平原到海拔约4000m的高原（如西藏）均有栽培。按照小麦穗状花序的疏密程度，小穗的结构，颖片、外稃和芒以及谷粒的性状、颜色、毛绒等，划分为极多亚种、变种、变型和品种；根据对温度的要求不同，分冬小麦和春小麦两个生理型，不同地区种植不同类型。在中国黑龙江、内蒙古和西北种植春小麦，于春天3~4月播种，7~8月成熟，生育期短，约100天左右；在辽东、华北、新疆南部、陕西、长江流域各省及华南一带栽种冬小麦，秋季10~11月播种，翌年5~6月成熟，生育期长达180天左右。

2011年又赚了一把大蒜

2011年4月底，一个朋友问我现在还做不做大蒜电子盘，我说以前几个活跃的电子盘现在要么关门了要么没啥成交量了，想做也做不了了。他就告诉我金乡县果品公司的电子盘现在很活跃，可以关注。

我有点半信半疑，因为原来的寿光电子盘、龙鼎电子盘都已经没什么人做了，现在真的还有活跃的大蒜电子盘吗？

我到电脑上把果品公司大蒜电子盘的数据调出来一看，居然有几十万吨的持仓，几十万吨的成交，算是很活跃了，真可以做。于是我当天在期货收盘后就开车去金乡（济宁过去50公里左右）开户。

经历了2009年、2010年两年的大牛市之后，当时的大蒜正处在下跌中。冷库的大蒜从最高价8元一斤，跌到了7元、5元、3元、2元（越是临近新蒜收获，储存商越是不计成本地抛售陈蒜），没有及时卖出的储存商亏的亏、破产的破产。

在2009年、2010年连续两年的大牛市的影响下，蒜农在暴利的驱使下纷纷扩大种植面积，2011年大蒜面积不小、长势不错，田间地头都是大蒜，金乡的业内人士推算说恐怕又要跌到2毛一斤。

2011年的产量估算下来要比2007年、2008年还要高，2007、2008年跌到过2毛一斤，所以业内人士认为2011年的大蒜也要跌到2毛一斤。一时间，大蒜还要跌的言论传得铺天盖地，人人知道。

5月中旬，大蒜收获，鲜蒜一开始1块6毛一斤，隔一天就跌了，慢慢跌到1块3毛、1块2毛、1块，算下来，相当于标蒜是2块钱一斤，那时很多人预计大蒜要跌到2毛。

而我却不这么认为，一方面，2011年和2007年、2008年不同了，2011年的货币宽松程度比当时大多了，物价也上涨了不少；另一方面，因为2009年、2010年大蒜的价格上涨，蒜干几乎没有生产，原来库存的蒜干也几乎销售一空，到了2011年，大蒜丰收，蒜干的生产量会很大，会把大蒜的增产量消化一部分，我打听下来，金乡一带生产蒜干的用蒜量有30万吨左右。大蒜在2011年的大环境和2007年、2008年差别较大，不可能跌到2毛。

另外，即便是熊市也不是一下子跌下去的，1元反弹到1.5元，接着再跌下去也是正常的，或者说有一个比较大的波动也很正常。

有一天，8月份大蒜合约跌停，这是个千载难逢的机会，居然主力给我这么便宜的价格，那我就要了。我在跌停板上买1000手（1手是1吨），把空头主力封跌停的单子扫光，他再封跌停，我再买1000手，他再用单子封住，我再买。这时，来了电话，我问他哪里？他说是交易所。

我当时还有点懵，以为是大连、郑州或上海的期货交易所，怎么给我打电话呢？

不过交易所的人也没说什么，只是说他自己姓王，“看你买得这么坚决果断，对大蒜后市怎么看？”。（后来我知道这位打电话的是金乡县南店子果品公司大蒜交易所的负责人之一。）

我果断地回答：“看涨。”

接到这个电话，我就知道，空头主力实力不行，他压制价格的计划被我搅黄了。为什么我买得这么坚决，因为基本面供求关系告诉我要阶段性上涨。2010年11月18日棉花跌停板开盘，我跌停板买进也是这个道理。**在确定要上涨的情况下，空头主力压一个跌停板出来，这是在给敢于做多的人送钱，这么低的价格哪里去找啊！**如果是技术分析，在跌停板绝对是不能买的，在涨停板也是不能卖的，这样的话，捕捉行情的机会就会受限制。而基本面分析则不同，我们可以分清不同的跌停板，有些跌停板是可以买的，有些跌停板则是不可以买的，涨停板也是同样道理。比如棉花在20000点左右，如果跌停了是可以买的，而到了30000点左右时，跌停则是不可以买的，因为棉花我就看到30000点而已。（后来，在2012年6月4日，棉花期货在一轮快速下跌之后，主力合约以18640的价格跌停，我综合分析后，认为这个价位是可以买入的，但因为我听朋友说大户A是做多棉花的，如果他第二天砍仓则棉花还要继续跌，犹豫了一下也就没有买入。这次不敢买，错过了棉花短期抓反弹的机会。）

大蒜8月合约是近月，可周旋的时间短，很快会进入交割月，我是做投资的，不想接货，就找机会平掉了，盈利也不多。

2011年6月，我看到大蒜电子盘12月和8月的价格差不多（明显是空头主力压制远月的价格），都是1块钱左右一斤，这意味着12月份的大蒜相对便宜了，因为12月份的大蒜是需要储存费的，1斤大蒜的储存费大约是2毛，那么相当于说12月份的价格比8月还便宜了2毛。

当时大蒜12月份合约的持仓在2万手左右，我在一吨2100~2200元左右（1块零5分到1块1毛一斤）建仓，因为这个合约持仓少、成交不太活跃，我买进去的时候买出了两个涨停板，涨停板幅度为3%。

我买进后，大蒜一路上涨，过了一个月左右，涨到一吨3200左右的时候，我全部清仓。因为大蒜总体偏弱的格局没有改变，这一波价格的反弹应该差不多了。

我平仓出来后，大蒜又涨到了3500，然后跌到2400，又涨到3200，这时交易所被查处了。因为电子盘从2400到3200现货基本没有涨，这是多头主力通过对敲等手段把价格硬拉上去的，国家查处了这一作弊行为，果品公司大蒜电子盘也就暂停了。

在做这一波大蒜之前，我做豆粕亏了一些（我是3200买的豆粕，价格涨到过3400，但因为欧债危机的影响，豆粕下跌，跌到3200以下，我一看情况变了就止损出来，亏了1000万左右），而这波大蒜我赚了1680万，把之前亏损扳了回来，还有盈余。

我们做期货不能期待着每次都去操作历史性的大行情，历史性的大机会不是每年都有的，平时我们只能有三种做法：一是等待；二是练手；三是做波段行情。不管是练手还是做波段行情，都不能期待大赚一把，因为没有大赚一把的机会产生。

2011年这一波大蒜的行情，我就是波段操作，操作得比较成功是因为我比较熟悉大蒜这个品种的特性，对大蒜价格的涨跌规律比较了解，也能够第一时间去大蒜的第一现场考察。

中秋前放空铜亏了一把

2011 年 9 月初，我亲家（我闺女的公公）到我家来拜中秋节。他是退伍军人，在济宁的一个上市公司“山推”上班，是那里的正式工，已经有 20 多年的工龄了。在聊天中，我问他：“现在企业经营情况怎么样?”

他说：“不好，以前一个月推土机的销量 1000 台左右，现在每个月只能卖 300 台，下降很多，所有的合同工都辞退了。”

从他的话里我感觉到，实体经济不景气，工业品可能要下跌，尤其铜在高位，下跌可能性更大，所以想做空铜。当时我没有做更多的分析和信息验证，就在第二天（9 月 6 日）上午开盘后做空沪铜 1111 合约，做空的价格在 66700 左右。

没想到放空进去它不跌，反而上涨了，我心里没底，两天后就平仓出来了，亏了 1000 点左右。还好动用的资金不多，总金额亏损较少。

我刚刚平仓出来，没过几天，过了中秋节（中秋节是 9 月 12 日），铜价就暴跌了，一口气跌了 15000 点左右。

我这一把放空铜的决定，从事后来看，判断是正确的，可是操作上却亏了钱。我总结了亏损的原因，主要有：

1. 做了自己不熟悉的品种，虽然铜这个品种 2008 年也做过，但已经几年没有关注了，它当时的基本情况我实际上是不了解的，它的波动特性我也已经不太熟悉了。

2. 只是听了亲戚的一句话，没有进行实地切身考察，没有从更多的渠道全面了解信息，我就判断铜价要跌（虽然事后证明是对的），这是不全面的，判断一个品种要涨要跌，必须做全面的分析。

3. **在分析不全面的情况，做不熟悉的品种，必然会有不自信的表现，价格有一点点的反向波动就担心害怕了，单子拿不住。**

这一次我又犯了一个错误，做了不熟悉的品种，再一次用钱买了教训。当然，如果看到了一个不熟悉品种的机会，也不是不能做，但前提是加深功夫、全面了解、切身感受之后才能参与，即便这样，也不能大量参与。因为对一个品种特性的了解，没有充足的时间，必然是了解不透的，自己认为自己分析全面了，可能还有一些重要的信息被忽略。

2012年期待大豆、豆粕行情

农产品的价格往往在重要消息出来以后再涨或跌，比如利多出来时，之前往往并没有涨多少，价格又在相对低位，这时就完全可以大胆跟进多单。农产品的重大行情，一般都是先有决定性的消息，然后再大涨。重要的消息不是时时有，但也“经常”发生。

其实，农产品的历史性上涨，一般都是现货先行，然后期货才跟进。其传导原理是这样的，首先是基本面动，然后现货动，之后期货动。

2011年年尾，我开始关注大豆和豆粕，期待会有一波上涨行情。

但要预测一个品种涨多少，涨到什么位置，很难，需要弄清楚供应和需求两者的偏差有多少，也要看相关品种的价格对照。比如玉米单产多少，大豆单产多少，玉米历史价格多少钱，现在多少钱，大豆历史价格多少钱，现在多少钱。

玉米原来最高的时候8毛1一斤，到2011年12月是1块1一斤，而大豆原来最高2块8毛一斤，2011年12月只有2块1一斤，如果大豆出现供不应求，涨到2块8应该没问题，就是5500～5600元一吨。

大豆亩产300斤左右，而玉米是1000斤，如果玉米价格是1块1一斤，那么大豆涨到2块8根本不算贵，如果再遇到天灾人祸，涨到3块以上也有可能。一旦条件具备（如果北半球减产较多，这个条件就具备了），大豆和豆粕就会相对玉米“补涨”，重新回到以往的比价上。

由于我国粮食政策的倾斜，土地更多被用于生产水稻、小麦等口粮，大豆的播种面积持续减少，而我国的食用大豆、榨油大豆、豆粕的需求一直保持旺盛，导致对进口的依赖性越来越大，国际大豆，特别是南美和北美大豆的产量对我国大豆价格的影响很大，我国的大豆价格已经和国际同步。由于我国东北大豆播种面积和往年相比下降了30%左右（可以确定在25%以上），2012年美国大豆种植面积应该也就是和2011年大抵持平（因为玉米比价更好，美国的农场主也不是傻瓜，种植面积可能会向玉米偏移），如果能够确定南美减产，则虽有大豆库存的积淀，一波涨势还是可以预期的。

2011 年 10 月开始，我重点关注南美大豆产区的天气情况，如果出现干旱则会导致 2012 年上半年南美大豆的减产，这将有助于推动价格的上涨。

由于在大豆生长的关键时节，南美降雨量得到有效恢复，虽有拉尼娜天气，但 2010 年南美的大豆产量未受到实质性影响，因此在 2011 年南美大豆播种时，市场并不担忧拉尼娜会导致南美大豆减产（实际上这反而是好时机，因为大家没有减产预期，价格会比较低，如果看涨，则便于低价买入）。但 2011 年 11 月底开始，积累了数月的拉尼娜天气终于发作，导致整个 12 月份的巴西南部和阿根廷全境都处在干旱之中，又因为土地表面温度比往年偏高，土壤中水分加速蒸发，这对南美大豆的单产必然会造成严重影响。

德国有一本杂志，叫《油世界》，对油脂类农产品的分析报道有很高的价值。我因为关注大豆而关注了这本杂志的信息，这本杂志对南美大豆产区巴西、阿根廷、巴拉圭的干旱有详实的报道，并对南美大豆的减产有明确的预期，杂志指出本次南美的干旱是历史少见的，预计南美大豆减产 1600 万吨，全球减产 2000 万吨以上。

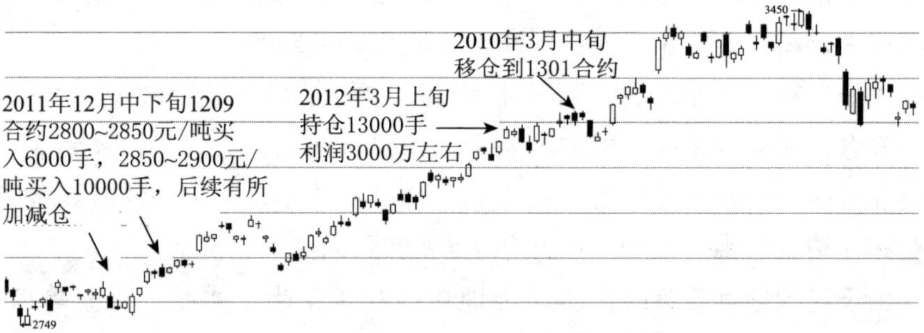

以豆粕 1209 合约示意豆粕期货操作

我在确认南美的干旱天气之后，在 2011 年 12 月中下旬，于 2800 ~ 2850 的价格逐步建仓国内豆粕期货 1209 合约，在这个价位，我大约买了 6000 手。后来南美干旱的消息被全方位报道出来，我又在 2850 ~ 2900 买进 1 万手（后续仓位有所增减）。

回头来看，2800 多买进的豆粕就像捡的一样，如果当时不敢买，等到 3300、4000 的时候买，差别就大了，一个回调就吃不消了。相对来说农产

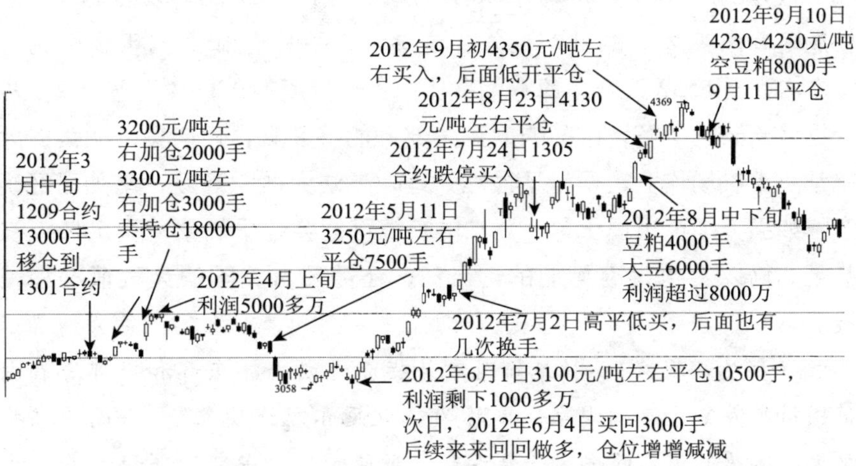

以豆粕 1301 合约示意豆粕期货操作

品的阶段底部比较好找（顶不好找），毕竟农产品的需求是稳定的，基本价值是有保障的。豆粕 2800 的时候玉米都有 2200 了，若是按豆粕价值玉米两倍的方法计算，豆粕简直就是超级地板价了。**在地板价买到了便宜货，上涨的空间是巨大的，而下跌的空间则非常有限。**相对工业品而言，在成本价附近时，农产品的基础价值要比工业品更硬。我当时认为 2800 的价格往下的空间不可能超过 10%，而实际的情况是根本就没有往下，直接就上去了。

为什么我当时判断大豆要上涨，一开始不买大豆，反而买了豆粕，也不买豆油呢？这里还有细节的考虑。第一方面，中国的食用油价格受调控的概率高（已经发生过多次发改委约谈相关食用油企业的事情），即便上涨，幅度也不大，人吃的豆油要受调控，猪吃的豆粕则不太容易受调控，大豆价格上升了，如果豆油涨幅受政府限制，榨油企业为了维持利润或不亏本，也就只能提高豆粕的价格了；第二方面，生猪价格便宜，说明猪多，猪多则饲料的需求量大，另外中国人对鱼虾类的消费需求也日益旺盛，豆粕不只是猪饲料也是鱼虾的饲料，需求量必然会上升或保持旺盛；第三方面，人吃的东西需求增长弹性小，因为人口数量短期变化小，而猪吃的东西需求增长弹性大，因为养猪的数量多起来相对快。因此，在大豆、豆粕、豆油这三个品种中，当时首选的是豆粕，次选的是大豆。

后来，事实证明南美大豆由于干旱减产较多，美国农业部的数据称巴西和阿根廷的产量由预期增产250万吨转为减产1350万吨。世界大豆的供需格局随着南美大豆的减产而发生逆转，大豆库存和上一年度相比下降20%左右，至5552万吨，库存消费比由上一年度的27.5%下滑至21.9%。

据我当时的了解，中国的大豆大部分能够灌溉，但南美、北美的大豆几乎都是大农场作业，干旱了很难处理，无法大面积灌溉，南美已经确认减产，如果美国再出现干旱，豆粕的行情可能会超乎想象，涨50%、涨一倍甚至一倍以上也是有可能的，当然，还需要看美国的天气情况和减产情况。

注（拉尼娜现象）：拉尼娜现象是指赤道太平洋东部和中部海表温度大范围持续异常变冷的现象，也称为“反厄尔尼诺现象”。东南信风将表面被太阳晒热的海水吹向太平洋西部，致使西部比东部海平面增高将近60厘米，西部海水温度增高，气压下降，潮湿空气积累形成台风和热带风暴，东部底层海水上翻，致使东太平洋海水变冷。

太平洋上空的大气环流叫做沃克环流，当沃克环流变弱时，海水吹不到西部，太平洋东部海水变暖，就是厄尔尼诺现象；但当沃克环流变得异常强烈，就产生拉尼娜现象。一般拉尼娜现象会随着厄尔尼诺现象而来，出现厄尔尼诺现象的第二年，都会出现拉尼娜现象，有时拉尼娜现象会持续两三年。1988～1989年，1998～2001年都发生了强烈的拉尼娜现象，1995～1996年发生的拉尼娜现象较弱，2010～2011年拉尼娜现象比较强烈。

拉尼娜现象出现时，我国易出现冷冬热夏，登陆我国的热带气旋个数比常年多，出现“南旱北涝”现象；印度尼西亚、澳大利亚东部、巴西东北部等地降雨偏多；非洲赤道地区、南美、美国东南部等地易出现干旱。

注（大豆生产周期）：美国大豆（占世界总产量的30%－40%）生长周期与同处北半球的中国（占世界总产量的6%左右）相似，每年5月种植、7月开花、8月结荚、9月10月收割。南半球南美的巴西（占世界总产量的25%～30%左右）大豆每年11月种植、第二年1月开花、2月结荚、3－4月收割，而阿根廷（占世界总产量的15%～20%左右）由于地理位置比巴西还南，所以其大豆生长期更短，大豆生长的每个阶段都比巴西晚2至4周。

操作豆粕的初步成功和犯错回吐

因为南美大豆的天灾越来越明确，并且减产预期越来越严重，豆粕从 2011 年底开始，除了在 1 月中旬有一个 100 多点的回调外，截止到 3 月上旬几乎是一路上涨的。我中间稍微做了一些加减仓的动作，基本上一直保持 1 万多手的持仓，那时的利润已经到了 3000 万左右。当时我心里想着，这一波豆粕我后续还能挣好几个 3000 万，一定要好好抓住后面的上涨机会。

在 3 月中旬 1209 合约是主力合约，1301 也慢慢活跃起来，但成交量还不大。我看到 1301 只比 1209 高 10 个点左右，想着在牛市格局中，远月合约应该要比近月合约更贵一点才合理，再说 4 个月的仓储费也不止 10 块钱吧。我后续看涨，当然就感觉 1301 比 1209 便宜了，又想着后续总要移仓到 1301 的，并且等大部分交易者移仓的时候，1301 会强于 1209，于是就想“占个便宜”、“先下手”，先于别人把仓位移到 1301，这样等其他人移仓过来的时候，就等于是给我抬轿子了。

在豆粕 1301 合约 3200 多的位置，我逐步把 13000 手单子从 1209 换到 1301，价格到了 3300 左右的时候，我加仓 2000 手，到 3380 时，再加仓 3000 手。我当时的想法是，在低位把仓位加足了，等涨起来就不用再加仓了。

就这样，我在非主力合约 1301 上有了 18000 手单子，而且仓位很重。当时 1301 总持仓只有二三十万手，而且算的还是双边（多头 + 空头）的持仓，我一个人单边 18000 手单子，占总持仓的比例已经比较大了（同期 1209 合约总持仓量有一百二三十万手）。

我换仓之后 1301 一直没有强于 1209，反而随着时间的推移，在 4 月份 1301 比 1209 还偏弱了，1209 在 4 月份是震荡上升，而 1301 则是震荡下跌。（后来我才想明白，我占了 1301 合约这么多的仓位，主力如果去推动 1301 的价格，就像是为我义务劳动了，他也能看到我的持仓，当然不愿意太主动去拉高 1301 的价格了。而后来到了四五月份豆粕价格下跌，则是 1301 比 1209 跌幅更大，**这完全有可能是因为我在这个合约上持仓太多，主力故意要打我出来，所以把 1301 价格压得更低。**）

世界大豆两个最大的主产区是南美和美国，在2012年南美因干旱而减产已是事实。后续重点关注的必然是美国大豆的种植和收获情况。虽然整个4月豆粕价格平淡无奇，不过截至2012年4月下旬，豆粕1209合约已经从阶段底部的2700多涨到了3400多，有了700元左右的涨幅，对豆粕来说，700个点已经不少了。我的利润也在4月上旬超过了5000万，而我依然期待豆粕后续的上涨，3400点还是便宜了，毕竟有南半球减产的支撑，价格应该跌不到哪里去，如果北半球再确认减产，那么3400就太便宜了，4400也有可能。

2012年5月初，我了解到国内的大豆正处在去库存状态。去库存是大豆上涨的必须条件，2003年去库存，大豆大涨，2007年去库存，大豆大涨，2012年也是去库存。大豆的刚性需求保持良好，中国对大豆的需求特别大，一个月消费550万吨左右，主要用于饲料和食用油，山东的压榨企业一个月压榨100万吨左右。中国政府原本几百万吨大豆库存，2012年上半年，由于南美减产，我国的大豆库存处在去库存的状态。

5月10日美国农业部发布报告，把大豆期末库存数据调低到2.10亿蒲式耳，低于4月份预估的2.50亿蒲式耳，也低于业内预期，于是美豆当晚上涨2%左右。

5月11日早上，CBOT亚洲电子盘还处在昨天收盘的高位，而中国豆粕期货开盘只是略微高开，随后就持续下跌。我一看这盘面，很像棉花2010年10月15日的情况，就是说很可能有主力机构知道2012年5月11日CBOT大豆晚上要跌，所以他提前出货，于是我在3250左右减仓7500手，剩下10500手。

果然5月11日美盘大豆跌了3.28%，下一个交易日5月14日（中间有一个周末）国内豆粕期货直接低开低走并且打到了跌停板。只可惜我当天刚好外出，没有关注盘面，剩下的10500手多单也就挨到了一个跌停板。虽说5月14日当天外出错过平仓机会是吃到一个跌停板的部分因素，但主要原因还是自己在5月11日没有把单子全部平掉。按照我以往的做法，应该是11日把单子全部平掉，14日在跌停板再全部买回来或部分买回来。（这一次的错误，让我之前的盈利回吐很多，也使得在后续豆粕的上涨中运作得相当吃力。）

5月14日豆粕1301以3118的价格跌停后，之后的两个星期都在100

个点左右的区间里震荡，虽然始终没有触及我事先设好的止损位 3000 点，但这样的行情波动和我心理预期的跌停后会在短期内上涨的情况差别较大，让我相当难受。

6 月 1 日，我在 3100 左右把 10500 手单子全部平仓。6 月 4 日下跌，我逢低买回 3000 手，后面几天赚了一点后走掉，后来再逐步建仓，但始终没有拿回原来的 18000 手单子。

按理说，如果我看涨，价格没有跌到我预先设定的止损位，为什么我会被震出场并且后续没有一次性把平掉的单子全部买回来呢？除了自己在操作中犯了较多的错误外，另一个较大的原因是因为我这一次对大豆、豆粕价格的看涨不像以前看待大蒜和棉花那么坚定，是因为这次我并不是 100% 确定大豆会上涨。

这一次（在 2012 年 6 月），我对豆粕、大豆价格上涨的确定性只有 70% 左右。为什么只是 70%，而不是 100% 呢?

原因有以下六个：

1. 大豆连续多年丰收，全球库存较高，即使出现减产，若不严重，价格会涨但也不会大幅上涨。中国政府为了保护国内豆农利益，在过去的几年中，大豆的收储量达到了 1000 万吨左右，国家对大豆市场的调控能力增强了。国家的抛储拍卖对价格的抑制是显而易见的。

2. 南美和美国大豆产区都在鞭长莫及的地方，不便于我去实地考察，我无法获得更加直观的调研信息。

3. 我在中国从各个渠道获取南美和美国大豆的信息可能会有偏差，这种偏差可能是我的理解偏差，也可能是传播者的信息偏差，还可能是发布者故意设计的偏差。即使没有偏差或偏差很少，至少我获取信息也比自己调研会延后一些时间。

4. 美国的大豆和玉米相比，比价关系也是差的，美国的农民也不是傻子，种大豆和种玉米的维护成本差不多，种玉米收入要比大豆多，按理说他们也会多种玉米少种大豆，可是我逐步得到的数据却是大豆播种面积没有减少，会不会是在美国种大豆有政府的经济补贴？另外玉米能年年种，但大豆有个特性是喜生地，如果年年种则会导致单产下降，美国那边的大豆产区如何解决这个问题？这两方面的疑问我当时还不是很清楚，一定程度上制约了我的分析判断。（后来才通过国家粮油中心的朋友了解到，

2012 年美国种大豆和玉米都没有补贴，但不管是种玉米还是大豆，效益都是历史上最好的。同时，“据说”美国比较重视土地的保养，有明确的休耕和轮作制度，大豆和玉米是轮种的，某些地这两年种大豆，下两年种玉米，一定程度上解决了“喜生地”的问题，所以大豆总体播种面积没有减少。)

5. 现在整个商品市场的金融属性越来越强，不同商品的联动性越来越高，其他商品的涨跌也会影响到大豆的涨跌。而在 2011～2012 年上半年，整个商品市场基本上处在熊市阶段，这就限制了大豆的上涨幅度。同时欧债危机成为影响商品涨跌的一个重要原因，欧债危机时不时地“发作”一下，对商品的价格波动影响较大。总体上来说，整个商品市场不具备牛市格局和牛市背景。(著名投资家孙老师在 2012 年 8 月初指出，农产品的 10 年大牛市已经结束，接下来会进入 2 年左右的宽幅调整期。)

6. 还有比较重要的是，在我的记忆中，南美和北美大豆产区同时出现自然灾害的情况没有发生过，2012 年会不会发生，是一个未知数。

所以说，**在预测中，有确定的东西，也会有不确定的东西，是否值得操作，怎么操作就要看确定性有多高还有后续的条件变化**。在大豆和豆粕的操作上，重点就是看北半球大豆产区的天气情况和减产情况。

从 2011 年 12 月到 2012 年 6 月初，在豆粕上我原本在 4 月初利润已经超过 5000 万，而到了 6 月初，利润却只剩下 1000 多万，回吐非常严重。利润的回吐主要是因为我在操作中犯了五个错误：

1. 这一次做豆粕，我的确定性只有 70%，按理说仓位不能太重。可是我心里想要“进一步做大”的欲望比较强，没有充分考虑风险性，把可动用投入期货的资金高仓买入，又在价格上涨后有加仓动作，于是一遇到回调资金就会向下波动。如果是小资金，这点波动幅度我还是扛得住的，但这次我投入的资金量比较大，资金向下波动的数字有点大，我心里就有点担心，减一下仓则让自己安心一些（事后证明不减仓才是正确的）。

我操作大蒜和棉花之后，给自己一个仓位规划是这样的，**如果长期看涨，确定性 90% 以上的，仓位 50% 左右，确定性较高但仍需要验证的，仓位 30% 左右；短期看涨，确定三天内 100% 必涨的，仓位可以达到 80%**。价格到了止损位或是基本面不符合预期则应出场。运作一波完整的行情，亏损承受能力最大是投入资金的 50%。做期货，如果方法对路，又有勇敢和坚定的心，能够持续付出、持续努力，那么成功是早晚的事，在某一波行情中赚到大钱也是可能的。赚了大钱之后，绝大部分人还会在市场中继续交易，这就会遇到大资金回撤、亏损的问题。大资金的亏损和小资金不同，小资金亏完了还可以轻松地从头再来，大资金一下子亏太多无论从财富上还是心态上对操作者都是极大的打击。赚了大钱之后，比如从小资金开始做，赚到了1千万或1个亿，那么应该把20%左右的资金配置成固定资产，剩下的80%可以按照一定的比例在不同的金融市场进行投资。大资金不管是做期货、股票或是其他金融投资，投入本金稍微亏一点那都是正常的，是价格正常波动的反应而已，但最大的亏损一定要控制好，最好控制在30%以内，放到最大也只能是50%。因为只要自己的能力还在，对市场的理解还是合理的，那么抓住一波行情翻一倍还是可以期待的，但如果亏损超过了50%甚至亏损大半，一方面证明自己在资金把控能力上还存在较多问题，肯定是犯了大的错误，另一方面，要翻几倍把本金赚回来就很不容易了，还有第三方面，那就是这么多钱亏掉了，心态肯定会出问题，要调整自己的心态也需要一段时间（有些人可能一辈子都调整不过来）。

此次我操作豆粕，明显是违背了原则，仓位放得重了。

2. 在4月初，豆粕的上涨行情不在爆发点，做多的力量没有强到一定程度，我却重仓杀进。当时的豆粕，不会像棉花在2010年9月中旬价格在19600的时候，行情会喷涌而上，没人能控制得了它的上涨，当时的豆粕不在暴涨的节骨眼上，主力倒腾的空间比较大，也有可倒腾的时间（在这样的时间和价位上利于主力倒腾摊低成本和建好仓位，不利于重仓杀进的其他投资者）。

3. 5月11日明明知道短期要跌，却没有全部平仓，导致后续的操作非常被动。

4. 我事先设置的止损价是3000点（如果价格跌到3000以下，则说明我预判豆粕上涨的前提条件变了，如果条件变了，操作上也要跟着变），价格没有跌到3000点我本不应该全部平仓，但真的看着行情较大幅度的波动（不利于自己持仓方向的波动），自己也就有了“临时的想法”，违背了事先制订的计划。

5. 从4月下旬到6月初，棉花期货价格大幅下跌。我没有做棉花，本来棉花价格的下跌和我是没有关系的，我研究的是大豆的基本面，大豆的基本面还是好的，棉花价格的下跌和大豆不会有大的关系。可是，我在和朋友们交流的过程中，听到做棉花的大户 A 在期货上输了不少钱，并且钱是输给了另一个大户 B。我就想，大户 A 的水平和能力在我之上，他这次居然也栽了一个跟头，虽然没有伤筋动骨，但输掉的数字也比较大了，看来再厉害的人在期货市场看错方向也是正常的，看错了止损晚了输一些钱也是正常的，更何况市场上可能还有着更厉害的“对手”。既然大户 A 也会亏钱，我亏钱就更正常了，虽然我没有放弃看涨豆粕的观点，但还是觉得出来一下比较“安全”，免得利润回吐过大。**这是我自己不够坚定，受了外部不相干信息的干扰，有背我做交易的原则。**

不能不止损　但不能轻易止损

有人说我做期货喜欢“死扛”，一个方向做到底，又不止损。他们非常不认同我的做法，特别是我不做技术分析、不看技术指标、不喜欢止损这几点尤其让人“不满”。

没错，我确实不喜欢止损。**因为在我眼中，止损就是“举白旗”，只有在认输的时候可以举白旗、可以止损，如果没有输，为什么要止损呢?** 在控制好仓位的前提下，做期货不能轻易止损，轻易止损会让利润变少(我 5 月份豆粕的止损，就使我少赚了不少，成了整个战役中的败笔、遗憾之举)，轻易止损还会让亏损变多，很多交易者的亏损就是来来回回不断止损止出来的。

我们假设市场上有 50% 的人做多、50% 的人做空，如果大家都不止损，那么一段时间后，一半人赚钱，一半人亏钱。可是大部分人往往在行情的上下波动中来回止损，做多的止损了，做空的也止损了，结果，同样是一段时间后，80% 的人亏钱了，甚至 90% 的人亏钱了。

止损，听起来特好听，是为了保护本金和利润，是为了在做错的时候有下次再来的机会，是为了……，给自己的理由越多，就越轻易去止损，动不动就止损，也不分清情况，不去分析自己是看对了还是看错了，行情是暂时调整还是已经走反。我并不是反对止损，止损是对的，但止损的方法不对，动不动就止损，而且还给自己很多的理由，好像止损有多么光荣，这样就错了。找到正确的止损方法，才是正确的，使用错误的止损方法，怎么止都是错的。

做股票、做期货，都说要高抛低吸，就是说在看清方向的前提下，比如做多，那就是低位买入、高位平仓，回调了再低位买入、高位平仓；或者做空，则是高位抛空、低位平仓，反弹了再高位抛出、低位平仓。可是市场上更多的人是追涨杀跌的，涨了，说是突破了，追涨，一回调就止损砍仓；跌了，也说是破位了，追空，一反弹又止损砍仓。这就不是高抛低吸，而是高吸低抛了，岂有不亏的道理。

有人顺势而为，做对了方向却赚不到钱，那也是止损“惹的祸”。很多趋势交易者说是“重势不重价”，其实要“重势”也要“重价”，买不到好的点位，单子就不容易拿住，利润就不容易获得，就是我所谓的**“买不出利来就卖不出利，卖不出利来就买不出利”，**本来价值 10 块钱的东西，6 块钱买到了才能有大的利润，如果 9 块 8 毛才买到，有利也只是小利了。“重势不重价”听上去很对，但实际操作中却很容易出问题。我们操作的期货图形是正在发展中的，而不是之前已经走完的图形，“重势不重价”容易在“势”已经形成、价格已经在相对高位的时候买入，若是之前的图形，我们就知道后面还有更高的价格，但这是正在发展中的图形，它一回调，不少人就动摇了，止损了，后来它确实又涨回来了，创了“新高”，于是再次追进，可它又回调了，再止损……这样操作，一波上涨行情走完，就变成了“看对方向，还做亏了钱”，搞得心里很痛苦、很后悔。但如果“重势”也“重价”就不一样了，看涨，在低位买，价格向上突破时已经赚了不少，就可以把止损设得宽一点，一般的回调根本洗不出来，操作心态和破位追进的人完全不同。

当然，还有很多人是看不清方向的，按我理解，看不清方向是不能操作的，但他们不这样认为，虽然看不清方向，交易还是要做的，说是“自己没有方向不要紧，市场会给我指明方向”，或者说“市场是无法预测的，只要找到对策就可以了”，如果真是如此，真的学到了这样的本事，那也是好的，问题是抱有这类观点的人，绝大部分还不具备“随波逐流”的本事。市场上还有一种流行的说法，叫做“市场的不确定性”，还美其名曰“金融市场唯一的确定性就是其不确定性”，或许有人可以通过这样的理论赚到钱，但我是不敢苟同的，市场是可以确定的，至少在某些情况下是可以确定的。

如果方向坚定（判断上涨或下跌的概率在70%以上），就应在设好止损位的前提下，没有到止损位就不要轻易止损；如果方向不坚定（判断上涨或下跌的概率在50%左右，或者没有办法去判断），就不要做；如果单子做进去了，到了之前设定的止损位，那就赶紧止损；如果单子做进去了，但发现自己判断错了，比如新的情况、新的因素出现了，决定性地改变了基本面，那也要赶紧止损。

只可惜期货投资是“想”和“做”的结合，一切都想得好好的，最终也未必能做好。就拿我自己来说，原则上方向坚定了才能去做，但手痒还是偶有发生；虽然在方向坚定的情况下，在止损位没有触及的情况下，不应该平仓，但我有时还是为了贪图差价或是有点担心而“先出来一下”。还好，我是一个知错就改的人，知道自己违背原则了，就会第一时间改掉，因此损失总算还能承受。

期货的分析和交易是两回事，有了好的方法，不一定有好的结果，还需要很多的磨炼。期货是多空博弈，是一场战争。一个人在分析战争时和参与战争时，心态是完全不同的。没有进入战场的时候，或许是理性的、全面的，但一旦进入战场，则可能变得冲动、片面。正所谓当局者迷、旁观者清，只是交易者往往一会儿是旁观者、一会儿是当局者，要时刻保持“清醒”是件难事。

如果分析、处理问题的方法是对的，又能做到战场上和战场下分析、处理问题保持一致，那打赢战争只是时间问题。

顺手做了一些股指短线

在做豆粕的时候，我还顺手做了一些股指的短线。

在2012年一月初，股指到了低位，最低的时候沪深300跌破了2300点，那时总理出来讲话了，我一听，潜台词似乎是“给我一点面子，涨一涨”。我想，庄家即使要放空也不能和总理对着干啊，于是我在那两根连续大阳线的位置买了一些，做了100手，两天赚了500万，但我很快就平仓走了。

还有一次，4月27日下午国内各大证券交易所、期货交易所宣布降手续费（6月1日实施），我一看这个消息，对股市肯定是个利好。于是就想，如果五一小长假后，股指平开或高开不多，我就开盘做多。结果 5 月 2 日开盘只涨了一点点，我一看这个价格就赶紧买，似乎投资者对节前的消息还没多大的反应，这么低的价格不买马上就买不到了，因为很多人会马上反应过来。这一把我赚了 40 个点走了，赚了六七十万，我还是不恋战，当时我的主要精力不在股指上。只是在相对确定的时候，做一两把短线，设好止损，赚了就走，亏了也要赶快跑。赚钱只能赚自己看得到、看得懂的行情，看不到的当然赚不到，也和我没关系。**其实赚钱的方式都一样，那就是做到了自己看得懂的行情，而亏钱的方式却各式各样（人性太复杂，总会犯各种各样的错误）。**

证监会主席郭树清降股票和期货的手续费是对的，接二连三地降，那就更值得称赞了。因为在期货市场，手续费是交易者的大敌，一半以上的期货交易者，甚至可以说 80% 的人亏损的核心原因就是因为手续费太高。郭树清主席降手续费，那是真真切切地为广大投资者考虑，而不像其他的某些政策，说起来好听，实施起来，投资者还是可能会吃亏。

美国大豆产量减产信息连连　我持续做多

我把豆粕的多单拿回一部分后，重点关注美国大豆的情况。

据我个人统计，在过去的十几年里，北半球和南半球的大豆播种都没有同时出过大问题，2007 年北半球减产，但南半球丰收，南北半球同时出现歉收的情况没有出现过。但我想着今年南北半球可能会赶在一起，都因为气候原因而减产。

美国大豆从 5 月播种到 9 月、10 月收割，这半年时间的气候环境将成为全球大豆能持续上涨，能涨多少的决定因素。因为从供应的角度来看，虽然库存较好，但南半球减产较多，同时中国的播种面积持续下降，从需求的角度来讲，这些年来全球大豆的消费稳中有升，2012 年的消费量只会比 2011 年更多。当然整个大宗商品的牛熊格局以及全球经济环境、货币政策也会影响大豆价格的涨跌，如果大宗商品处在熊市周期，全球经济不好，货币紧缩，那么即使美国减产，大豆的上涨动力也会大打折扣；而如果大宗商品处在牛市周期，全球经济向好，货币宽松，那么只要美国减产，大豆的上涨动力将十分强劲。

美国的天气炒作成为了6、7、8、9月份大豆市场的重点题材。

在六七月份，按美国的农业部报告，播种面积增200万英亩（1英亩=6.07亩），按照往年的平均亩产，1英亩大约1吨，增加200万英亩就能增收200万吨。但美国2012年干旱已经逐步明确了，只不过干旱的程度大不大，对大豆收获的影响大不大还不明确。单产是必然要下降的，整年美国的总产量最多是持平，多半是要下降的，只不过下降多少还不好预估，因此总产量到底如何也不好预估。据7月美国农业部的报告，1英亩单产为40.5蒲式耳（1蒲式耳=27.216公斤），这个单产预估虽然比6月发布的报告43.9蒲式耳低，但当时40.5蒲式耳还是高估了。我觉得美国农业部虽然市场化程度更高一些，但也会有国家意识和调控意识，它应是更多为美国服务的，为美国消费者、美国的农民和贸易商服务的，它也可能为了平抑当前物价（让南美大豆卖得便宜一点）、为了抬高收获时的价格（让北美大豆卖得贵一点）、为了某些机构的利益等报出一些看上去准确实际上还有待考证的数据。果然到了8月，美国农业部报告的单产又改为36.1蒲式耳。

而在大豆的优良率方面，美国农业部一直在往下调，从6月初的60%，每周下调，到了7月底只有29%了。另外，6月、7月、8月美国持续干旱，也有分析人士指出美国大豆产区遇到的是50年一遇的大旱。

美国农业部报告：大豆生长优良率	
6月5日	65%
6月11日	60%
6月17日	56%
6月24日	53%
7月1日	45%
7月8日	40%
7月17日	34%
7月23日	31%
7月30日	29%
8月12日	30%
8月19日	31%

国内的豆粕现货价格一直高于期货价格 100 元以上，说明现货市场的供应还是比较紧张的，当然也说明了期货市场一直有较大的空头主力在压制价格。

虽然没法实地考察，但根据美国农业部报告，大豆的减产越来越明确，减产幅度越来越大。这和我之前的预期越来越吻合了。在 6、7、8 月份我持续做多豆粕，中间做了部分低买高卖的动作，在这个阶段还把较多仓位移到大豆上（因为大豆涨幅没有豆粕多，性价比更高）。

7 月 2 日，豆粕 1301 高开低走，我平仓后在低位接回，赚了一个差价。后续还有一些倒仓操作。

7 月 17 日到 23 日大豆 1305 从 4900 左右跌到 4650 左右，有 250 点的回调，明显弱于外盘，当时我就想着如果晚上美盘配合下跌，第二天内盘大幅低开，就是很好的买入机会。结果晚上美盘跌了 3.7%，7 月 24 日，大连大豆 1305 以跌停板 4507 的价格开盘，比 4650 又跌 150 个点左右。我一看太便宜了，就在跌停板开仓 3000 手，只成交了 1500 手，另外 1500 手后来成交在 4520 ~4530 之间（后续几天，我又在大豆 1301 合约买入 3000 手）。空头主力这个时候打跌停是在和大势扭，而多头主力则是故意退一步，以便用更低的价格把单子接回来。

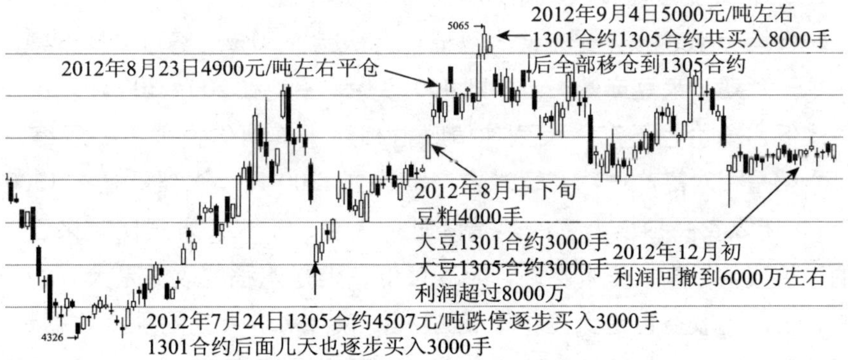

以大豆 1305 合约示意大豆期货操作

去东北考察大豆

要做好期货，其实要了解的知识和信息的涵盖面是很广的，包括一个品种国际国内的供求关系，它的种植模式，相关品种的情况，还有这个品种的独特特性等。比如大豆是喜生地的，一亩地种大豆，第一年能收300斤左右，第二年只有250斤左右，第三年可能只有150斤了，即使施肥改善的也有限，当然，东北的黑土地肥力好，可以勉强连续种，但山东和其他地方就不行了。

因为大豆喜生地，所以最好要轮作，在北美，基本上可以做到轮作（大豆和玉米的轮作），在中国则无法实现轮作，靠的是人工提升土地养料，在南美则是靠不停地放火烧森林获得新地（南美的灌溉设施最差，放火烧林得来的耕地，少有水利设施）。

其实我一直有计划到美国、南美去实地看看那边的大豆种植、生产、收获情况，了解那边的生产条件、农场设施、农场经营、各类成本、政府补贴等情况，只是因为我学历不高、不会说英文，在语言方面和其他方面受限太多，实地考察的事可能比较难实现。若能实地考察，信息的真实性就更有把握了，更重要的是，自己的切身感受，比别人给的信息更有效。

虽然去美国实地考察去不了，但去东北还是比较方便的。从2012年7月28日开始我到东北大豆产区进行了为期半个月的考察。

这次考察，我主要确认或了解到了以下六方面的信息：

1. 东北大豆播种面积下降30%左右

2011年底我的预期是东北大豆播种面积减少30%，经过实地考察，证实了这一预期。大豆产量一亩多则400多斤，平均在200~300斤。由于大豆单产低，单价也不高，大豆种植收益相对于其他作物被不断压缩（玉米、水稻是相对高产作物，玉米亩产能达到1300斤，水稻更是在1300斤以上），所以农民种植大豆的热情降低。大豆、玉米、水稻比较来看，水稻的种植成本最高，玉米次之，大豆最低，但是水稻的收益是大豆的3倍左右，玉米的收益也是大豆的2倍左右，综合来讲大豆的种植效益最差。就黑龙江地区来讲，2011~2012年度大豆播种面积在300多万公顷，西北部面积减少1/3左右，东北部面积减少更多。另外，我从种子经销商处得到的信息也是，玉米种子越来越好销（2012年甚至玉米种子卖到缺货），大豆种子则销量下降。

黑龙江大豆面积及变化

	2011 年大豆		2012 年大豆		
地区	较上年比例	面积	较上年比例	面积	2012 年大豆面积占全省比重
全省	73.58%	4826.43	66.68%	3218.40	100.00%
哈尔滨	60%	348.13	60%	208.88	6.49%
齐齐哈尔	80%	998.72	70%	699.10	21.72%
绥化	70%	357.00	50%	178.50	5.55%
牡丹江	50%	182.57	25%	45.64	1.42%
佳木斯	70%	585.34	50%	292.67	9.09%
黑河	80%	894.04	89%	795.70	24.72%
大兴安岭	100%	155.06	90%	139.55	4.34%
伊春	80%	190.57	72%	137.21	4.26%
鸡西	65%	67.39	35%	23.59	0.73%
七台河	65%	67.39	60%	40.43	1.26%
鹤岗	65%	58.08	50%	29.04	0.90%
双鸭山	62%	125.16	30%	37.55	1.17%
大庆	65%	48.04	60%	28.82	0.90%
农垦总局	80%	748.96	75%	561.72	17.45%

2. 豆粕消费量保持旺盛

我从压榨企业和豆粕贸易市场了解到的信息是，2012 年上半年豆粕的消费量高于上一年，并且需求持续保持旺盛。一方面生猪存栏量一直较高，饲料需求旺盛，另一方面水产养殖的饲料需求和往年相比有所增长。

据中国国家农业部的数据，2012 年第二季度，生猪整体供应量高于去年同期，季末存栏量达 4.6 亿头，同比上涨 0.3%，能繁母猪存栏 4930 万头，同比上涨 4.4%，生猪出栏量达 1.7 亿头，同比上涨 7.2%；猪肉产量达 1272 万吨，同比上涨 8.4%。（到了 8 月末，全国生猪存栏量再次攀升至 4.66 亿头左右，环比增加 0.9%，能繁母猪存栏量为 4959 万头左右，环比增加 0.4%。）

3. 豆粕现货价格比期货高

几个月以来，我从豆粕第一线市场了解到的现货价格一直比期货价格高，到了 8 月 21 日、22 日，价差进一步拉大，标 43 豆粕（含蛋白量大于等于 43%、符合期货交割标准的豆粕）现货价格 4500 左右，而期货价格只有 4100 左右，现货比期货整整高了 400 元。

价差的拉大，一方面说明现货市场豆粕供应紧张程度有所提升，另一方面则说明空头主力在期货上压制价格，并且空头力量依然比较强。

4. 国家抛储压制价格

进入8月，国家开始40吨、40吨的抛储大豆，这对大豆和豆粕的价格有所压制。温总理制定大豆收储、抛储政策还是相当好的，如果前几年没有保护价收储，大豆可能就没人种了，2012年的豆粕价格可能早就到6000了。

5. 大豆压榨企业利润普遍不好

长期以来，受进口大豆成交价较高、国家调控豆油价格等因素的制约，大豆压榨利润一直在盈亏线附近波动，即便有盈利也不多。黑龙江九三油脂2011年一年的销售额200亿，但净利润只有9000多万，利润率不到0.5%。全国的油脂企业2011年压榨利润很低，2012年截止到8月大豆压榨利润有所好转（国产大豆压榨好转程度好于进口大豆压榨），但利润依然偏低。

2012年8月21日大豆压榨利润估算表

地点	大豆	豆粕	豆油	利润	当大豆压榨利润为0时，豆粕成本
黑龙江（国产）	4500	4100	9850	265.25	3768.4375
大连（进口）	4800	4360	9600	254.2	4040.251572
天津（进口）	4750	4330	9600	280.35	3977.358491
山东（进口）	4850	4450	9630	281.15	4096.362201
江苏（进口）	4850	4480	9800	335.6	4057.861635
广东（进口）	4850	4400	9550	227	4114.465409

6. 玉米年度积温下降，大豆年度积温上升

2012年春天，东北大豆播种期间，部分地区降雨有限、土地干旱，一直到6月初，由于土壤偏干，那些地区大豆的初期生长条件不好。在嫩江地区，我看到地里的大豆长势还不错，但这些大豆遇到了春季干旱，籽粒不饱满（其他地区没有干旱问题，大豆长势不错）。

做农产品期货，必须关注天气，而关注天气还有很多细节因素，不少人认为天气就是晴雨旱涝，确实这些都是非常重要的，但还有一些因素也需要考虑，并且考虑的时候还要结合特定农产品的属性。大豆和玉米对“积温”的要求比较高，如果“积温”不够，产量就会下降。种庄稼就像

烧开水，必须要"积温"足够，如果不够，水就烧不开，"火力"大（温度高）则水烧开得快，"火力"小则水烧开得慢。

自己种地的农民，会有这样的常识，一亩玉米地，芒种以后，晚种一天就少收5公斤，如果晚种10天则要少收50公斤。大豆、大蒜、棉花等也是雷同。我记得有一年东北的玉米在五一节过了以后才种完（本应该在五一前种，但那一年倒春寒非常严重，五一前地还冻着没法耕作），结果当年的玉米单产下降，质量也下降。

关于大豆，还有一种说法，"伏里豆，收了也不厚"，意思是说：在三伏天种的豆，收成不会好。原因就是，大豆本应该在夏至种，如果推迟了半个月或更久，虽然能成熟，但收成会差很多。这就是大豆"积温"不够导致减产的原因。

判断大豆丰收不丰收，产量能有多大，"积温"也是一个重要的影响因素。它是正常播种的，还是晚了一些天播种的，当年的温度偏高了，还是偏低了。"积温"充足的大豆收得多、等级高，"积温"不足则收得少、等级低。

在东北地区，积温是制约作物生长的重要因素。从往年来说，黑龙江一共分为六个积温带，第二、第三积温带大豆、玉米可以轮种，第四、第五、第六积温带以种植大豆为主，因为和玉米相比大豆是喜温并且耐寒作物，玉米生长需要的积温更多。但近年来，由于玉米的种植收益明显好于大豆，第四积温带的农民开始种植对积温要求较低的玉米早熟品种。在积温相对较低的第五、第六积温带，还是以种植大豆为主。

如果积温不够，大豆、玉米单产就会下降，而且会出现籽粒不饱满、容重不够的现象，即同样装满一袋，籽粒饱满的重100斤，而籽粒不饱满的则只有80斤。积温不够，还会导致大豆的含油量、含蛋白量下降，品级下降。平均温度偏低造成的积温不够，人们平时不太注意，往往到了收货时才发现问题。因此在8月底和整个9月，都要关注大豆产区的天气情况，10月则要重点关注具体的收获情况（中国和美国都要关注，关注美国为主）。

就往年的气温而言，每年8月份应该是最热的时候，可2012年8月中旬，从我自己切身感受来看，东北某些区域气温是偏低的。比如，8月21日，吉林和长春的最低温度都只有11、12度，最高温度只有21、22度。

我原本想着如果大豆产区今年的积温少于去年，加上部分地区的干旱问题，单产下降就会比较明确了。但根据中国玉米网统计，今年东北四省区，内蒙古、辽宁和吉林的积温低于去年，黑龙江则高于去年。由于东北的大豆主要集中在黑龙江播种，而黑龙江的积温还高于去年，这就使我对积温偏少导致大豆单产下降的预期落空了（反而吉林、辽宁的玉米倒是因为积温不够而使得亩产有所下降）。

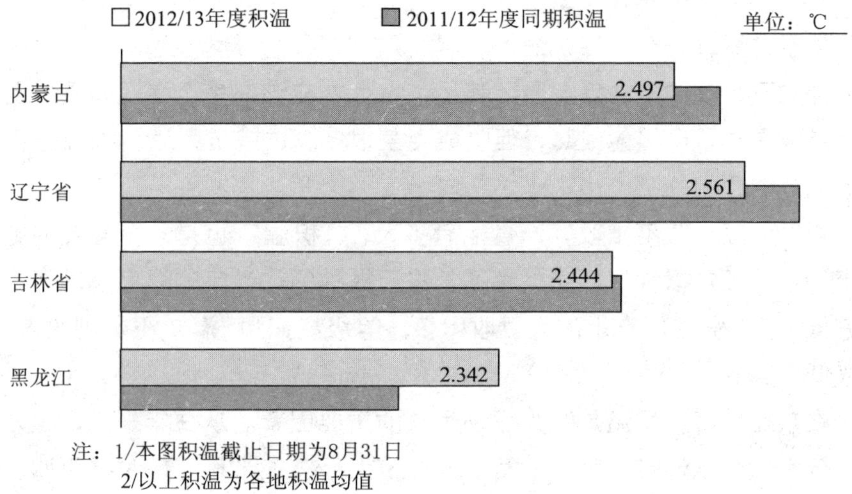

图1　截至8月31日东北各省平均积温

注：积温

积温是指某一时段内逐日平均温度累加之和。是研究温度与生物有机体发育速度之间关系的一种指标，从强度和作用时间两个方面表示温度对生物有机体生长发育的影响。一般以℃为单位，有时也以度·日表示。

1735年法国的德列奥米尔首次发现植物完成其生命周期，要求一定的积温，即植物从播种到成熟，要求一定量的日平均温度的累积。1837年，法国的J. B. 布森戈用发育时期的天数乘其间日平均温度的方法计算了各类作物从播种到成熟所需要的“热总量”，称之为“度·日”。20世纪50年代苏联在农业气象服务中广泛使用，其后在中国农业气象工作中也广为应用。

在其他环境条件基本满足的前提下，在一定的温度范围内，温度与生物有机体发育速度之间呈正相关。生物的种类、品种和生育时期不同，其生育起始温度（即开始生长发育的最低温度）也有差异。只有当日平均温度高于生育起始温度时，温度因子才对生物有机体的生长发育起促进作用。这个生育起始温度称为生物学下限温度（亦称生物学零度），用符号B表示。

计算作物所需要的积温时，应遵循以下原则：①按作物生长发育时期来划分计算时段；②只累加该时段内高于及等于B值各日的平均气温值。

积温分为活动积温、有效积温、负积温、地积温、日积温等。

①活动积温。高于或等于生物学下限温度（B）的日平均温度（T_i）称为活动温度。活动温度的总和称活动积温（Aa），适用于大量资料的计算，多在农业气候研究中运用，其计算式如下：

$$A_a = \sum_{i=1}^{n} T_i \qquad (T_i > B;\ 当\ T_i \leqslant B\ 时,\ T_i = 0)$$

式中T_i为生育期内每日平均气温，$i=1$，$2\cdots n$。n为该生育时段的天数。计算时从进入该生育时期的第2天算起。

②有效积温。活动温度与生物学下限温度的差值（T_i-B）称为有效温度。生育时期内有效温度的总和称为有效积温（简称Ae值）。其中不包含低于B值的温度，所以更能表征生物有机体生育所需要的热量，多应用于生物有机体发育速度的计算。

$$Ae = \sum_{i=1}^{n} (T_i - B) \qquad (T_i > B;\ 当\ T_i \leqslant B\ 时,\ T_i - B = 0)$$

③其他积温。冬季零下的日平均温度的累加称为负积温，表示严寒程度，用于分析越冬作物冻害。日平均土壤温度或泥温的累加称为地积温，用以研究作物苗期问题及水稻冷害等。逐日白天平均温度的累加称为日积温，用以研究某些对白天温度反应敏感的作物的热量条件。

截至8月盈利超8000万

根据美国农业部陆续公布的数据，北美的大豆生长情况不好，而中国的大豆播种面积也确认大幅减少；另外大豆和玉米的比价关系还是不好，2001～2002年豆粕最低到过7毛一斤，当时玉米只有3毛多一斤，在历史上豆粕的价格一直是玉米的两倍左右，而按照这时的比价，豆粕仍然偏低，大豆则更低。因此在整个7月、8月，我是持续做多的，并且在布局上更多偏重大豆一些。截止到8月中下旬，我手上有3000手1301大豆、3000手1305大豆、4000手1301豆粕，在这一波大豆和豆粕上盈利超8000万。

我在七八月份在网上看到有人说“傅海棠死扛豆粕”，说我认死理。其实，我有时候会死扛，有时则跑得比谁都快，我长期单向持仓，那不是“死扛”，那是心里有数，我通过供求关系的综合分析，能估算出至少涨到哪里，或者做好打算最多会跌到哪里，有这样的前提持仓当然就稳固了。在棉花刚过20000点的时候，当然要“死扛”，因为预估的目标位还差很多呢，而到了29600的时候，我则比别人跑得快，因为我只看到30000。要是这次我豆粕真的“死扛”就好了，5月份就不会被洗出来了。

从2011年12月到2012年8月，这一波豆粕大豆行情，我投入的本金大约是7000多万，到8月底盈利超过8000万，或许外人看来我做得还不错。但我自己觉得这一次的运作比较失败。失败的原因是多方面的，客观原因主要是南美和美国鞭长莫及，我无法实地考察，得到的都是二手信息。但主要还是主观的原因，比如在4~5月，我在不该重仓的时候重仓了，在不该止损的时候止损了，消耗了一些弹药，错过了一些机会；比如在1209合约依然是主力合约时，过早从1209合约移仓到1301合约，导致后续的下跌中多亏了钱。（我有时候还在想，是不是我现在的目标稍微有一点点大了，开始有主力盯上我了。）

如果不犯这些错误，在8月底，我应能盈利2~3亿，之前我还想着在完整运作完大豆豆粕行情后（到2013年）把资金做到5亿，但犯了以上的错误后，这个计划就被打乱了，可能实现不了了。**人总是要为自己的错误付出代价，在期货上，代价则是非常之大的。**

至于后续在大豆豆粕上能否有更好的收益，就要看9月、10月、11月的阶段性决战期，市场如何表现，我如何应对。

换仓大豆　长远考虑

8月23日，豆粕1301冲高回落，我在4130左右平仓，本想后续逢低再买入的，但错过了第二天的低开，一犹豫就没有买入，也就错过了后面一波300点的行情。9月初在4350又买入过一次，后面低开就全部走掉了。实际上到了 8 月中下旬以后，相对大豆来说，我对豆粕上涨的信心有所减少，因此豆粕上我并不急于再次进场，长期做多的动力也比大豆弱很多。

另外，我无法到美国大豆产区实地考察，心中总有一些担忧，同时美国农业部 8 月把大豆单产减少到 36. 1 蒲式耳，下调幅度较大（7 月为 40. 5 蒲式耳），这一数据明显有利于美国的农场主和粮商，存在着临近收获故意报低数据的嫌疑（让中国和其他大豆进口国的订单买在高位）。

虽然我依旧看涨豆类，并且豆粕的爆发力可能更强，但在有所不确定的情况下，出于长远考虑，应持有更安全的品种，所以主要选择大豆。

简单的说就是做多豆粕的“性价比”要比大豆差，所以选择大豆。在 8 月底，我决定多单主要放在大豆上，豆粕则次要参与或不参与做多。

大豆我在 8 月 23 日 4900 左右也已经平仓，等待后续买入机会。

9 月 4 日，我听到一个自认为“来源可靠”的消息，说是黑龙江的大豆只有辣椒籽那么大，亩产要下降 30%，我一听，这绝对是强烈看涨的信息，因为播种面积已经确定下降 30%，单产再下降 30%，那么原来的涨幅就不足以消化供需的失衡。于是在当天就买入大豆 1305 合约、1301 合约共 8000 手（后来全部移仓到 1305），价格 5000 左右）。

买了之后，心里有点不自在，因为根据之前的考察和其他朋友那边打听来的消息，似乎单产不会下降那么多。后面两天大豆连续下跌，不对头的感觉越来越重，于是我立刻决定去东北再次实地考察。

我先到北京，然后坐飞机到黑河。

9 月 8 日，我包了一辆出租车，一天 800 元，到黑河周边地区尽可能多到一些地方看大豆生长情况。

当时，大豆的叶子已经黄了，落了 80% 左右。我看着绝大部分大豆的籽粒都很鼓，过去捏一捏，也比较实。再问当地的农民今年大豆的收获是否正常，有没有减产，回答都说比较正常，单产没有下降的倾向。

我想，坏了。今年单产上不是减产年，而是平年（东北嫩江部分地区确实有籽粒不饱满、单产减产的现象，但东北整体平均而言，单产没有下降）。播种面积的下降已经在之前的上涨中消化了，之前考虑的积温问题在大豆上也不存在，单产若不下降，后续就没有对价格的推动力。而大连商品交易所上市的大豆 1 号，交割物就是国产非转基因大豆，因此这段时间东北大豆的长势和收获情况会马上在期货价格上显现出来。

因为我还期待即将推出的美国农业部报告是个大利好，所以舍不得平掉大豆的单子，但大豆上涨确实乏力，并有潜在下跌的动向，万一美国农业部报告是个利空，那我将措手不及。左右思量之后，我决定在豆粕上做空对锁大豆的多单。

9 月 10 日，周一，我在 4230 ~ 4250 之间做空豆粕 1301 合约 8000 手，和大豆的 8000 手单子形成锁仓。大豆和豆粕相比，大豆比价偏低，如果后续下跌，应该是豆粕跌得多，大豆跌得少。

到 10 月、11 月，回头来看，9 月 4 日听了未经证实的消息买入大豆是不对的。不过我自己认为这个错误全部是自己的问题，是我自己潜在心理要买入，所以听到了这个还没证实的消息就迫不及待地买了。

按照理性分析，我本想把豆粕锁仓的空单多拿一点时间，但还是没拿住。原因是豆粕长时间上涨对我心理的影响一时难以改变，我对豆粕的下跌信心不足，同时也认为大豆即使下跌也跌不深。9 月 11 日豆粕比大豆下跌多一些，我看着稍微有点利润就把豆粕平仓了，只剩下了大豆的单边头寸。

美国报告暗藏玄机　豆粕下跌

9 月 12 日，美国农业部报告把 2012 年美国大豆产量预估从 26. 92 亿蒲式耳下调至 26. 34 亿蒲式耳，单产预估从每英亩 36. 1 蒲式耳下调至 35. 3 蒲式耳。因为美国的大豆逐步进入收获时间，这次报告再次调低产量，被理解为利多，当晚美盘大豆上涨 2. 74%。但 9 月 13 日国内大豆期货高开后一路低走，9 月 14 日依然是盘整收阴。对此，我的理解是内外盘的主力都在拉高出货。

对原本处在上涨行情中的农产品而言，在收获季节的一个利好，可能是一个持续性的利好，它将推动行情持续上涨；也可能是一个阶段内终结性的利好，是利好出尽，主力出货的极好掩护。

9 月 17 日、18 日内盘带动外盘下跌，两天时间大豆跌了 150 个点左右，豆粕则跌了 250 点左右，如果我豆粕空单锁仓没有平掉，就能避免了大豆的亏损，还能实现一定的利润。可惜信念不够坚定，平仓太早了，导致大豆多单亏损较多。但由于我长期看好大豆，并认为国内大豆下跌的空间有限，因此继续持有大豆的多单。

之后外盘大豆持续下跌，而内盘大豆则表现出较强的抗跌性（豆粕则跟随外盘下跌，跌幅较大）。但在中秋和国庆 9 天长假后大豆还是补跌了一根大阴线（这根大阴线我没少损失）。

9 月、10 月、11 月，国家一直在持续拍卖大豆，抛储的是陈豆，刚好可以把库房腾出来收储新豆。国家的抛储对大豆价格形成了一定的压制。

10 月、11 日，美国农业部报告把单产提高到 37.8 蒲式耳，这是几个月来美国农业部首次提高单产数据，并且是在收获季节，因此是一个较大的利空，外盘大豆继续盘整下跌。而内盘大豆则依然表现出较强抗跌性，这个阶段，业内逐渐开始有政府提高国产大豆保护收储价的“传言”，我也收到朋友的消息说是收储价可能会提高 10% ~15% （2011 年的收储价是 2 元一斤）。10 月下旬到 11 月初，内盘走出一波 200 多点的上涨，在内盘的带动下外盘大豆止跌并小幅走高。

11 月 9 日，美国农业部报告再次把单产提高到 39.3 蒲式耳，在报告出来前，内盘和美盘已经开始下跌，报告出来后的第一个交易日 11 月 12 日，内盘大豆低开较多，盘中在大幅下跌后强势拉升，再次显示出抗跌性。

11 月 13 日，发改委的《关于做好 2012 年秋粮收购工作的通知》公布了东北四省区（黑龙江、吉林、辽宁、内蒙古）大豆和玉米的国家保护收购价，玉米（国标三等）收购价格为 1.05 ~1.07 元/斤不等，大豆（国标三等）收购价为 2.3 元/斤（去年是 2 元/斤，上涨了 15%）。大豆 2.3 元/斤的保护收购价，就是 4600 元/吨，若加上东北运到大连的运费，交割大豆的成本在 4800 左右。

保护收购价出来后，国内大豆期货上下波动减少，总体上在 4720 到 4780 的区间小幅震荡。有了保护收购价，我的大豆多单就更没有理由平仓了，因此我继续持有，截止到 12 月初，我运作豆粕、大豆行情一整年，利润从 5000 多万回落到 1000 多万，再赚到 8000 多万，然后回落到 6000 万左右。

经过这一年豆粕大豆行情的运作，我对美国农业部报告的解读有了新的理解。我猜想，国际大粮商对美国农业部可能有暗中影响，让它利用美国大豆产区的干旱因素，在 9 月之前，不断发布单产减产消息，并且一次比一次严重，借此炒高价格。9 月后，当美国大豆的订单接的七七八八的时候，即中国油脂企业向美国粮商高价订购大豆之后，再把单产的数量上调（更接近实际的数据），虽然相对2011年依然是减产，但实际减产比原先被炒作出来、推动出来的预期小多了，价格自然就会下跌，从而使得中国为主的油脂企业损失较大。（有个朋友曾向我透露，他的一个朋友去美国实地考察大豆生长情况，发现虽然美国有干旱，但大豆地里有滴灌设施，所以这次干旱的影响并不大，大豆涨势较好，他当时判断美国大豆单产也就下降5%左右，因此他在适当的时机做空了一些，赚了。）

美国农业部报告：大豆单产

日期	单产（蒲式耳/英亩）
6月12日	43.9
7月11日	40.5
8月10日	36.1
9月12日	35.3
10月11日	37.8
11月9日	39.3

大豆这个品种，国内的生产量占全球的比重太小，外围因素对其价格的波动影响更大，而国内的期货投资者却很难去国外实地考察大豆播种、生长、收获情况，得到的美国农业部信息也要比某些机构慢一些，同时这些信息还夹杂相关利益群体的意愿，数据也未必完全可信，这些因素都会影响大豆操作的效果。

但从另外的角度来看，这些问题都是小问题，也都是能想办法解决的问题。**真正影响成败的大因素只有两个，一个是如果有大势，我们能否看清这个天定的大势并跟随这个天定的大势；第二个是我们在操作的过程中自己有没有犯错误，如果犯了错误则有没有及时改正。**如果在这两个点上没有致命问题，则无非是进场出场时机好一点差一点的差距，多赚少赚而已。

错过土豆粉上涨

2012年国庆前，我在朋友圈里了解到土豆粉只有5800元一吨，结合我这些年对土豆价格间接性的关注，觉得这个价格有点低，有买入的价值。于是专门到一些生产土豆粉的厂家、经销商、土豆种植地调研。黑龙江一亩地可以生产4000 斤土豆，小土豆2 毛一斤，大土豆3 毛一斤，一亩地收入800 ~ 1000 元，而成本在700 ~ 800 元，所以不少农民对这个价格已经没有了生产积极性。调研结果进一步坚定了我买入的信心。

当我想买入土豆粉时，问题出现了：

1. 我没有地方储存，如果买了，就要放在别人的仓库了（仓库在东北），我自己又不会去看着，这就存在不安全的可能性。

2. 我想买入1 万吨土豆粉（买少了没意思），但据我了解，全国的土豆粉产量总共就25 万吨，如果我一个人买了1 万吨，就占二十五分之一了，这对以后的出货可能会造成不便。

3. 如果真的买入1 万吨土豆粉，我还必须聘请2 个仓库管理员24 小时值班，还要1 个财务，几个销售人员，但我又不太愿意去管理这么多人（做期货的人怕烦）。

我一犹豫就没有买入，错过了土豆粉的阶段性底部。两个月后，土豆粉涨到了8000 多元一吨。

豆粕波段操作　一顿饭吃出200 万

进入11 月中下旬，我持有7000 手大豆1305 合约（9 月初5000 左右买入的），1500 手1309 合约（11 月中旬4750 左右买入的），这些单子我总体计划是要拿几个月的（当然也要有随机应变的预案），没有大的问题，基本上不会动。另外我还会做一些其他的短期单子，比如11 月26 日我买入2000 手豆粕，11 月30 日平仓。

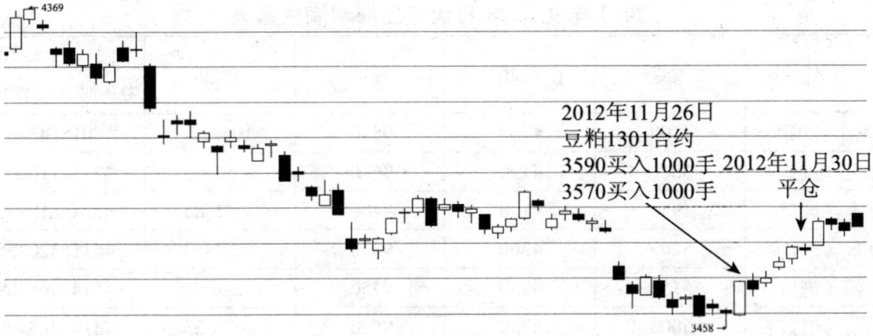

豆粕1301 合约短波段的操作

11 月 23 日，周五，济宁一个大型榨油厂购销部总经理邀我和他一个来济宁的朋友一起吃晚饭。

我之前了解到国内油脂企业因为榨油亏损而有停产现象，由此豆粕供应就可能会短期偏紧，就问他豆粕现在的库存情况如何？他说豆粕油厂库存少、饲料厂库存少、养殖户库存少。

在聊天的过程中，我还证实了豆粕现货一直高于期货 200 元左右的现象，并了解到，豆油的库存还有不少。没有豆粕库存，有豆油库存，榨油厂开机榨油的动力不足，开榨还赔钱，这会导致短期内豆粕供应不足，而豆粕的需求还是正常的（猪、鸡等每天还是要正常喂食），短期内豆粕会上涨，可以做一个短线波段。

于是，我在 11 月 26 日，在 3590 买入 1301 合约 1000 手，又在 3570 买入 1000 手，买进去的当天还套了一些，但第二天就开始上涨了，连涨 3 天后，11 月 30 日，我看着盘面略微有点弱，就平仓了，赚了 200 万多一点。虽然下一天又有上涨，似乎平仓早了，但我这个单子做进去，本来就打算做短线波段的，赚了 3 天也就差不多了。

我做期货，不管是长线还是短线，依据的都是基本面分析，有些基本面信息“管”长期的走势，也有一些基本面信息“管”短期的走势。就看自己能否识别，能否运用。

从 9 月开始，油厂压榨利润急剧下降，并全面亏损，到 10 月、11 月亏损更加严重。油厂只要榨油就亏钱，并且油厂有豆油库存，所以选择部分停机。一停机，豆粕生产量就少了，而豆粕在各个环节的库存本来就少，也就会出现短期的相对短缺现象。现货价格很快就会敏感上升，而现货价格推动近月合约的效果最明显，因此当时我选择 1301 合约做多。

2012 年 9 月 28 日大豆压榨利润估算表

地点	大豆	豆粕	豆油	利润	当大豆压榨利润为 0 时，豆粕成本
黑龙江（国产）	4700	4150	9850	105.25	4018.4375
大连（进口）	5000	4190	9680	-66.55	4273.710692
天津（进口）	4950	4170	9400	-82.85	4274.213836
山东（进口）	5200	4260	9300	-279.3	4611.320755
江苏（进口）	5150	4230	9450	-226.15	4514.465409
广东（进口）	5000	4250	9500	-51.25	4314.465409

2012 年 10 月 16 日大豆压榨利润估算表

地点	大豆	豆粕	豆油	利润	当大豆压榨利润为 0 时，豆粕成本
黑龙江（国产）	4700	3950	9700	-79.5	4049.375
大连（进口）	5000	3950	9200	-343.75	4382.389937
天津（进口）	4950	3950	9250	-284.75	4308.176101
山东（进口）	4950	4100	9150	-183.5	4330.81761
江苏（进口）	5000	4000	9200	-304	4382.389937
广东（进口）	5000	4060	9150	-265.3	4393.710692

2012 年 11 月 20 日大豆压榨利润估算表

地点	大豆	豆粕	豆油	利润	当大豆压榨利润为 0 时，豆粕成本
黑龙江（国产）	4500	3700	8950	-203.25	3954.0625
大连（进口）	5000	3520	8600	-793.6	4518.238994
天津（进口）	4950	3590	8550	-696.95	4466.666667
山东（进口）	4450	3610	8550	-181.05	3837.735849
江苏（进口）	4950	3580	8550	-704.9	4466.666667
广东（进口）	5000	3600	8450	-757	4552.201258

2012 年 12 月 5 日大豆压榨利润估算表

地点	大豆	豆粕	豆油	利润	当大豆压榨利润为 0 时，豆粕成本
黑龙江（国产）	4500	4000	9200	78	3902.5
大连（进口）	5000	3840	9050	-458.2	4416.352201
天津（进口）	4950	3880	8900	-403.4	4387.421384
山东（进口）	4400	3900	8830	149.9	3711.446541
江苏（进口）	4950	3850	8900	-427.25	4387.421384
广东（进口）	5000	3850	8750	-504.25	4484.27673

菜籽油短波段、股指长波段操作

11 月上旬，郑州菜籽油期货 1301 合约跌到了 9700 多。我对菜籽油比较熟悉，知道油菜籽的国家保护收购价是 2.5 元一斤，就是 5000 元一吨，出油率大约是 37% ~38%，按照国家对油菜籽的保护价，油厂榨油折算下来的菜籽油价格应该在 10500 元一吨以上，如果低于 10500 油厂就是亏钱的。

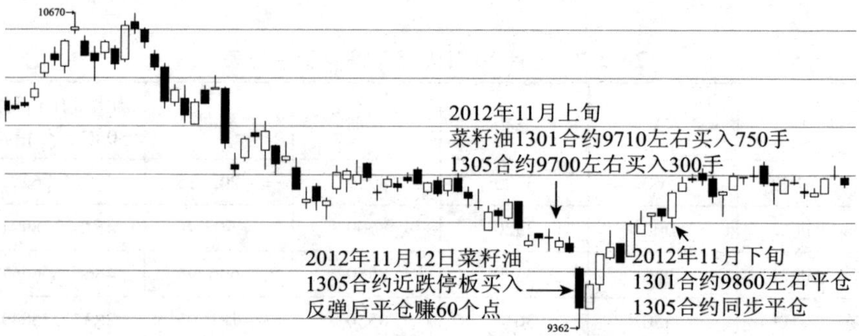

用菜籽油 1301 合约示意短波段操作

我看到菜籽油期货价格已经相对偏低，又有国家的收储价撑着（国家收购价不会说变就变），即使再跌也没有太大的空间，于是在 1301 合约上以 9710 左右的价格买入 750 手，在 1305 合约上以 9700 左右的价格买入 300 手，买入后一两天价格没有太大变动。

11 月 12 日，在大豆和豆粕大幅下跌的带动下，菜籽油期货也大幅下跌，我的持仓出现浮亏，但没有平仓，反而在 1305 合约上做了一把短线当天赚了 60 个点（原持仓不动，短线仓位接近跌停板买进，反弹盈利后平仓）。

11 月 13 日开始，菜籽油就持续上涨，11 月下旬 1301 合约在 9860 左右我平掉了所有的多单。

因为菜籽油和大豆属于同一类品种（油脂类），而且我对大豆更熟悉一些，这一把菜籽油做了一波短线，就没有再太分心去做了。当然，如果后续菜籽油有重要的机会，我还是会关注和参与的。

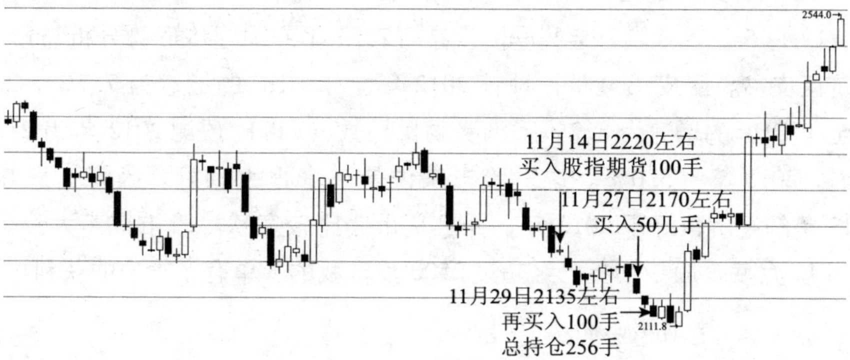

用股指期货主力合约示意长波段操作

（三次买入后，后续有少量倒手，12 月底依然持有多单）

2012 年股指期货几乎是持续跌了一年。股民们损失惨重，大部分基金机构也损失不小，但下跌不可能永远持续下去，当绝大部分人都亏损的时候，可能上涨的曙光就要到来了。

11 月 8 日到 11 月 14 日是党的十八大，这一期间股市还是“不给面子”，继续下跌，眼看就要到 2000 点了。这就是黎明的黑夜，中长线买入的机会到来了。

第一，我看好 2013 年中国的经济形势，并认为新一届领导会有较好的经济政策和政治政策；第二，制造业 PMI 指数已经连续两个月上升，经济向好的迹象有所显现；第三，2012 年的 2000 点和 2008 年的 2000 点不一样，如果算上货币发行和通胀，2000 年的 2000 点相当于 2008 年的 1700～1800 点，2008 年经济危机、全球恐慌才跌到 1664 点，2012 年并没有经济危机，还能再跌多少呢？（当时我想着最多 200 个点，如果跌幅大于 200 个点，则说明我阶段性看错了经济形势。）

于是我在 11 月 14 日 2220 左右买入股指期货 100 手，我当时的想法是“抢跑”，即抢在新领导政策出来前动手，抢在底部到来前动手。之后几天股指小幅下跌横盘，到了 11 月 26 日，股市再次下跌，我一看价格更便宜了，就在 11 月 27 日 2170 左右买入 50 几手，11 月 29 日 2135 左右再买入 100 手，这时我的股指总持仓达到 256 手。之后股指基本就止跌了。

12 月 1 日，当 11 月制造业 PMI 指数出来时，已是连续 3 个月上涨，加上新一届政府领导通过媒体传达出来的初步话语和动作，我进一步加强了对2013年经济的看好。

12月5日，中国社会科学院发布《2013年中国经济形势分析与预测》经济蓝皮书。蓝皮书分析，预计2012年全年GDP的增速为7.7%，2013年全年GDP的增速为8.2%，消费物价指数（CPI）预测2012年为2.7%左右，2013年为3.0%。这对股市来说是一个重大利好，因为这意味着2013年的经济将好于2012年，并且货币会比较宽松。股市应声大涨。截止到12月底，股指期货已经超过2500点，我的多单有了颇丰的获利。

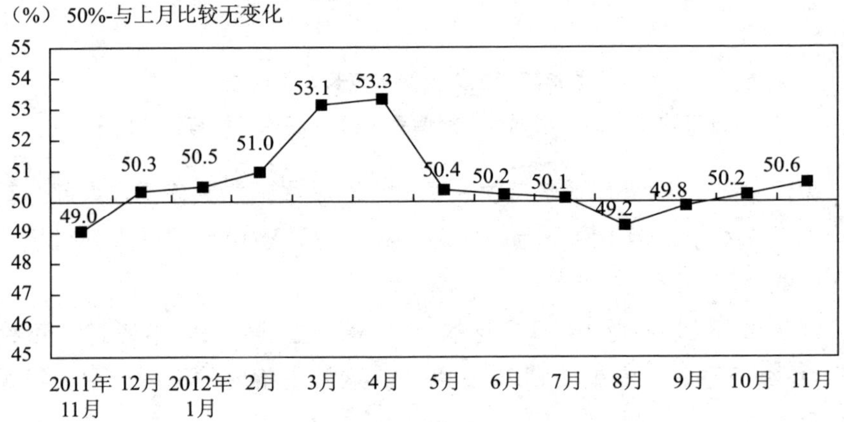

制造业PMI指数（经季节调整）

这一次做股指期货和以前短期参与不同，我这一次是准备较长期参与的，当我看到一个长期的物极必反的底部，我岂能轻易放过呢？

当然，我对股指期货的熟悉程度远比农产品期货要差，对影响股指上涨的因素分析能力也没有农产品强，因此**我对股指上涨的把握度也就只有70%而已**。所以我用先少量参与的策略操作股指，等熟悉这个品种、等上涨的把握度更大了，再考虑加大参与量。

另外，本次做股指期货时，我原本也想买一些股票，因为我看到了股市的投资价值。股票和期货的操作在很多方面是相通的，而且股票还比期货好做一些，因为股票买进持有不会爆仓，什么时候被低估了也更容易分析，价值投资更有用武之地。只不过股票要比期货慢一点，**如果说股票是飞机，那么期货就是火箭，股市的整体运行周期要比期货慢**，股市从6000多点跌到1600多点，要再回到6000多点，需要的时间比一般的期货品种要长。后来没有买股票，只做了股指期货，一方面是因为我做股指期货更熟悉一些，另一方面则是我自认为自己的选股能力不够，而做股指期货就省得选股了。

2013 年大豆 继续战斗

进入 2013 年，对我而言，短期来看，除了大豆，其他品种要么不甚了解，要么觉得没什么可预期的行情，因此做大豆依然是相比之下较好的选择。

下个年度南美、北美、中国大豆产区种植情况、天气情况、其他相关情况的信息还没有特别明显的有用信息，我对大豆有上涨的预期，但信心并不大，只不过大豆有国家的保护收购价撑着，还是比较安全的。4600 的保护价，在期货上不是说一定不可能跌破，只是说跌破的概率低，即使跌破了也不会低太多。2012 年底大豆的收储和上半年棉花的收储有很大的不同，棉花收储价 20400，拍卖价 18500，所以期货价格跌破了收储价。而大豆收储价 4600，而拍卖价 4500，并且拍卖的还是陈豆，折合成新豆还是要 4600 甚至以上（若加上运费则比期货价格贵了 200 ~ 300），相对来说期货跌破收储价的概率就低很多。

大豆有一个特性，就是放久了会“跑蛋白”、“跑豆油”，国产大豆一般蛋白含量 42% 左右，豆油含量 16% 左右，如果放一年，会跑 1 ~ 2 个蛋白，会跑 1 个左右豆油，因此陈豆拍卖到 4500 元的价格，说明现货市场价格还是比较坚挺的。

我对 2013 年大豆价格相对看好，主要理由如下：

1. 国产大豆价格比较坚挺

大连商品交易所上市的大豆 1 号交割物是国产大豆（标准三等黄大豆），2012 年 9 月下旬 10 月初，黑龙江的大豆收割下来，新豆 2.5 元、2.6 元一斤也比较正常，如果算上运到大连的费用，价格都要到 5400 了。如果当时没有外盘的下跌和国家抛储的压制，现货价格涨到 3 元一斤也正常。

2. 大豆和玉米比价仍处在劣势

玉米的国家保护收购价比去年涨了 7 分，而大豆的则涨了 3 毛，大豆的保护收购价涨幅为15%，是玉米涨幅的两倍。这说明国家早就看到了大豆和玉米比价关系的不合理，以此来稍作改变。但这只能拉近比价，还远没有到比价平衡的状态（玉米和大豆比价1∶3才算是平衡区域，玉米1.05元一斤，相对大豆要3.15元了，而现在只有2.3元），大豆相对玉米，依然相对便宜。

3. 东北大豆播种面积可能继续下降，国产食用豆越来越少

随着玉米种子的改良，以及大豆玉米比价的持续不合理，东北越来越多原本种大豆的土地改种玉米了，这是农民考虑自身利益的自然选择，这一现象已经持续了几年，2012年大豆播种面积比2011年已经少了30%。按照2012年收获后的售价，农民种植大豆的积极性依然不高，相对而言还是更愿意种玉米（我之前在调研中还发现2012年某些农民想种玉米但因为买不上玉米种子而退而求其次种了大豆，玉米种子商看到利益必然会在2013年增加种子供应量），因此2013年大豆播种面积可能继续下降。

按照今年全国国产大豆800万吨左右的产量，和国内大豆食用的需求量刚好处在紧张平衡状态，现在豆浆、豆腐、豆干、豆皮、大豆食用蛋白、酱油等用豆量都比较旺盛，若东北大豆播种面积再下降或是单产减少，那就不够吃了。如果期货价格依然在4700左右，不足以提高农民种植大豆的积极性，2013年食用豆不够用的可能性较大。（另外，如果2013年食用豆在现货领域就不够用，就不利于期货上的做空，因为做空的很可能买不到充足的符合标准的黄大豆去交割，相对来说更利于做多。）

4. 2013年国家可能提高大豆收储价

近年来，为了保护农民利益，增加农民收入，国家逐年提高相关农产品的保护收购价。2012年大豆收储价更是达到了15%的涨幅，其实国家已经意识到大豆价格偏低了，再不提价种的人会越来越少。2013年农民放弃大豆转种玉米的比价动力依然存在，另外2013年的通胀预期高于2012年，因此我推算国家在2013年可能提高大豆收储价。

从国家粮食战略的角度考虑，中国的大豆进口依赖度已经很高，不能再过多提高了，20世纪70年代“石油危机”时期，美国大豆紧缺，它只会考虑本国利益，禁止向日本出口大豆，在日本引起大面积食品短缺（当年日本大豆的进口依赖度太大）。因此提高大豆收储价，激发农民种植热情，维持或增加大豆播种面积，是符合国家利益的。另外，中国最好能有

2000－3000 万吨的大豆储备，每年收 1000 万吨新大豆进来，放 1000 万吨陈大豆出去，以此轮库，这样即使遇到南美、北美大豆都歉收，也不至于我国没有大豆用以榨油和食用。

5. 气候的不确定性

近年来全球气候不确定性增强（或许地球运行到了一个区间，这个区间气候不太稳定才是正常的），对农产品的影响很大。很难保证 2013 年南美大豆产区、美国大豆产区、中国大豆产区都风调雨顺。2012 年 11 月，在南美大豆种植季节，又出现了巴西西北太干燥、巴西南部阴雨、阿根廷洪水泛滥等情况，导致大豆种植受阻。

只要把现货基本面研究清楚了，就能知道期货价格往哪里走、走多远。**当一个商品的价格相对其真实价值而言有所扭曲，这扭曲会要回归。**就大豆本身行业的基本面而言，2013 年是有利于做多、不利于做空的，当然，还要根据政策面、宏观面等外部环境的变化来调整策略。

当然，基本面也是动态的，它本身会变化，我必须动态地看大豆的基本面情况以及它的变化情况，做到随机应变，才能做好 2013 年的行情。

做期货就是做未来

做期货不能只看当前的环境、当前的供求关系、当前的因素，还要看将来的变化，因为做期货做的是未来，必须要考虑、预判未来才能做好当下的决策。**当前的因素，只是决定了当前的价格，未来的价格，必然是未来的因素决定的，谁能充分考虑未来因素的变化，谁更有把握确定未来的供求关系变化，谁就能在当下把握未来价格的变化，并在期货市场赚到可观的利润。**

现在的供求平衡、供大于求或是供不应求，不代表未来也是如此。几个月之后，供求关系可能会有较大的变化，能否把几个月后的供求关系预计出来，这是做好期货的关键。大豆和豆粕在 2011 年 9～11 月低位运行，那是因为当时的供应比较充裕，全球的库存不少，对南美丰收的预期也很高，其他品种的下跌也把大豆带下来不少。而我在多方面信息综合考虑后，发现 2012 年中国大豆种植面积下降是事实，南美受天气影响产量下降也有可能，因此就重点关注大豆。到了 11 月底拉尼娜天气爆发，南美大豆从丰收预期变为减产预期。到2012年5月，大豆的供求关系一定和2011年底不同，供应会紧张起来，而2011年底豆粕的价格刚好在低位，这就是低位买进的机会。当时的豆粕，2700是低位，2800、2850、2900都是低位，这些价格别人不要，我都要。买的时候，我也做好了准备，虽然价格暂时可能会稍微下去一点，但未来是必然要涨的。

到了2012年7月中旬，大豆（1305合约）的价格已经在4700左右，并且价格在"高位"盘整了半个月，不少人认为豆类已经见顶了。其实，当时的豆粕现货价格要比期货贵400左右，美国农业部两次的报告都进一步明确了美国大豆减产的情况。也就是说，未来的9－10月份，全球大豆的供应会更加紧张。那么这个位置的价格盘整就不是"高位"了，而是"中位"，越是盘整越是买入的机会，恰好7月24日有跌停板，那便是空头主力送便宜货，当然要重点买入。

到了2012年11月，美国的减产信息已经明确，并且减产没有原先预期的那么严重，大豆价格出现回落后的盘整是正常现象。这时做大豆，应该重点考虑的已经不是美国大豆的收获情况，而是南美大豆的种植情况，因为美国大豆2012年的收获情况已成事实，而南美大豆的种植情况却可以影响未来大豆的生长和收获，也就能影响未来价格的变化。

商品，特别是农产品是有价值的，它的顶部不好找，但底好找，找到了底部，确认了上涨，那便是买入的最好时机。因为商品是有价值的，低于价值本身（成本价）就是低价，不可能长期持久。另外，在价格上涨的过程中，如果基本面显示未来上涨的动力没有消失，那么阶段性回调的低位也是买入机会。但并非任何时候都可以逢低买的，只有在种植面积下降，库存下降，外围因素配合的时候才可以买，如果种植面积不降，库存不降，或者降得太少，那还是不能买。低了买，还要看低在什么时候，在什么环境中，关键是要看未来会继续下跌还是会很快上涨。有时候即便价格跌破了价值，跌破了成本价，也不能买，因为有时候跌破价值会马上反弹甚至反转，但有时则会持续下跌（2008年金融危机后的橡胶跌破成本价13000之后还是继续跌，甚至跌破10000之后还跌破9000），关键是看未来一段时间的供求关系力量的博弈，是供应的力量变大，还是需求的力量变大，变大的量又有多少。低位买入，买的是未来的价格上涨空间，种植面积大，库存大，天气好，说明未来的供应还是大，则价格可能进一步下跌，那还不能买；如果种植面积下降，库存下降，天气恶劣，说明未来的供应会减少，则价格应该会上升，能上升多少，还要看供应减少的量是多少。另外要看外围环境的影响，通胀环境（2009 ~2010 年）会加强上涨的力量，可以买，价格可以看高一点，经济不好（2012 年）则会减小上涨的力量，也可以买，但价格不能看太高（2012 年的大豆、豆粕行情不能像 2009 年的大蒜、2010 年的棉花行情那么看、那么运作）。

计划要买入了，还要找具体的买入点，找进场信号， 2011 年 11 月、12 月拉尼娜天气终于发作，确认南美未来必然减产，这就是买入进场信号；2012 年 7 月 24 日，在基本面分析继续看涨的前提下，跌了几天后出现跌停，这也是买入进场信号。

对未来的判断清晰了，对行情的发展有把握了，心态就稳了，就拿得住单子，也敢于在下跌的时候买入，不被洗出来。如果单子拿不住，那必然是自己没有足够的把握。

对未来的判断一定要比较明确了才能出手（把握度要达到 70% 或以上），如果仍在怀疑自己的判断，对一个品种涨跌的预期只是一个模糊的概念，对未来会不会供不应求不敢判断，或者只有 50% 的把握看涨，那么如果买入了，价格一向下波动就会心乱，承受不了波动就会割肉、断臂，今天割一点、明天割一点，那也就必亏无疑了。没有方向或者没有把握就不能做。

除了长线的单子，也可以适当做一些短期的单子作为辅助。比如做进去的时候，就告诉自己做的是一个“小消息”、“小波段”，进去之后，本来就打算过两三天、三五天就出来的，并且一旦不对是马上要止损的。长期的单子如果 2850 进场了，跌到 2800，短期的单子可以买一点，跌到 2750 还可以买一点，涨一点了则可以出一点，这样可以让长线的单子成本下降，虽然是 2850 买的，但实际持仓成本只有 2700 甚至更低。

当然了，如果是纯粹做日内短线，也可以不考虑未来因素的变化，甚至连当下因素也可以不看，纯粹地从瞬间盘面的变化中寻找盈利机会，但这些盈利机会必然都只是很小的机会，而且一般人做日内短线都会亏钱，即便是买卖点位不亏，手续费也会损耗很多。

正因为期货做的是未来，所以要盈利是不容易的，即便说起来容易，做起来也是不容易的。人总有各种各样的弱点，即便方向分析清楚了，对涨跌有把握了，但在实际的操作中，赚了一点或是亏了一点，心理就可能发生变化，就想要赌把大的或是做点额外的动作。**做期货的风险，有些是来源于市场，但更多的则是来源于自己。**

做期货做的是未来，任何人对未来的预期和判断，可能对也可能错，因此必须要在做好了犯错的准备下，才能行动，否则错一次就可能全军覆没。另外，即便分析能力再强，对一个品种再熟悉，对未来的判断也无法做到每次都100%确定，但交易还是要做的，行情还是要把握的，如果确定性只有50%左右，当然宁可不参与，但有了70%的确定性，就可以逐步参与了。

附1　七禾网专访傅海棠：天道就是市场，有自己的运行规律

（2012年4月24日）

访谈精彩语录：

一般我看准的事情，只要基础没有改变，任何人怎么说什么我都不会动摇。

（从5万到1.2亿）具体是做两个品种，三波行情。第一个品种是大蒜，第二个品种是棉花。

天道就是市场，市场有自己的运行规律，任何人都干预和左右不了。

价格多少是市场说了算，某一个机构说了是不算的。

有的品种3~5年一个周期，或者是10年，甚至20年，说不定哪天就冒出一个历史大机遇。

具体操作主要做一个品种，或者在一个主要品种以外，两三个品种轻仓少量参与。

我种过地，期货上的很多品种都生产过，比如大豆、玉米、小麦、棉花、大蒜等。

我能知道大多数农民是怎么想的。

多次对大行情的看法，虽然不能说一个点位都不差，基本上还是比较准确的。

有些人炒了很多年的期货，却不知道期货是什么。

盘面上挂单买卖本身是不均衡的，这不公平是自然的，没法改变。

他们亏损的主要原因是不知道什么是期货，没有解开期货之谜。

亏的时候不能怨行情，要先怨自己。

行情不能由自己的性子来，自己的性子是可以改变的，但是行情不能改变。

再大的人为力量也只能左右一时，左右不了一世。任何人和市场对着干总会走向灭亡。

技术分析不能确切定位，而只能是如果。

期货做的是未来的价格，技术分析是事后诸葛亮。

行情是等来的而不是做出来的。

世界上成功的投资派都不是技术家，包括索罗斯、巴菲特都是基本面分析。

国家发布的信息不能不信也不能完全相信，需要去伪存真。

收集信息需要自己亲自调查，通过调查然后再结合心理分析。

信息是最值钱的，我建立这个信息体系就是让他们时时刻刻提醒我，强迫我每天对各个品种都看一遍。

时时刻刻关注这些品种，一旦某一个品种来了机会，提前察觉，不然可能这个品种的行情走过去才发现自己忘了。

如果市场的条件突然改变，观点也要及时改变，一切以市场为准，要客观，不能主观。

我不能算超长线，也不能算短线。长线中间也有倒仓、平仓、开仓。长线短做，以防万一。

大势就是极端的或相对极端的行情，超出常规的、历史性的罕见的行情。这波行情和爆发之前的价格波动范围相比是很可观的。

反向运动的时候，在我们的心中应该有数，涨了一段的价格之后，回调的幅度有多大，保证金受到的损害有多大。

通过综合条件分析，如果条件具备就能做到 100% 确定，一定涨或者一定跌。

世间没有想不到的事情，只有做不到的事情。

我的方法别人完全能够复制。研究的方法是对的，目标正确，早晚有一天会成功。如果不成功，那就是下的工夫还不到，前提条件不够。

农民是最质朴的，我是一个有经济思想和哲学思想的农民。

从农民的角度去研究，得出的哲学思想是最正确的，没有什么装扮的成分。

财富给我带来最大的变化是能做我想做的事，能为社会带来一定的有益的影响。

我觉得自己能够驾驭财富。对于驾驭财富的大小，我自己很有信心，多多益善。

如果将来还会有所发展，最后我的财富还是要回归社会，为社会做更有利的事情。

七禾网1：傅海棠先生您好，感谢您在百忙之中接受七禾网的专访。朋友们称呼您为“农民哲学家”，认为您的投资思想是最纯粹、未受任何污染的投资思想，您是否认同朋友们对您的称谓？

傅海棠：对于这些称谓，我真不敢恭维。我是一个农民，说我的思想最纯粹谈不上，没有受到其他思想的污染倒是对的，这个我认可。**我一般不受外界的影响，确实有自己独立的思想，一般我看准的事情，只要基础没有改变，任何人怎么说什么我都不会动摇。**

七禾网2：从5万做到1.2亿，有人说您用了3年，有人说您用了1年，也有人说您用了18个月，请问具体用了多长时间？主要是做了哪个（或哪几个）品种的哪一波（或哪几波）行情？

傅海棠：从2009年的春节以后，大概是阳历的三月份左右，一直到2010年的秋天，国庆节以后，具体的时间是18～19个月，大约是棉花到了29600的时候。**具体是做两个品种，三波行情。第一个品种是大蒜，第二个品种是棉花。**

七禾网3：您一般同时研究几个品种？操作几个品种？

傅海棠：我所有的品种都研究，但不一定做。盘面上所有活跃的品种我都看，同时还要研究，因为要捕捉机会。**有的品种3～5年一个周期，或者是10年，甚至20年，说不定哪天就冒出一个历史大机遇。**

具体操作主要做一个品种，或者在一个主要品种以外，两三个品种轻仓少量参与。

七禾网4：您说自己是地地道道的农民出身，还养过六年猪，您觉得“农民生涯”对自己的投资理念、交易手法的形成是否有较大的影响？

傅海棠：有影响。**我种过地，期货上的很多品种都生产过，比如大豆、玉米、小麦、棉花、大蒜等**。对于这些品种的特性和特点我很了解，生产的成本，各个品种的价格，对于价格的高低，下一年要种的面积以及影响，我都十分了解。**我能知道大多数农民是怎么想的，**相对于价格有多大的偏差之后，多长时间周期对方向性的影响我很清楚。这些对我的交易手法有很大的影响，比如做长线，我就能拿住单子，知道这一波大行情根据涨势条件的变化，大概价格能到什么地方。**多次对大行情的看法，虽然**

不能说一个点位都不差，基本上还是比较准确的。比如 2003 年的大豆，2007 年的大豆，包括刚刚说的棉花、大蒜，它们还没涨之前，价位大概能到哪，和我之前的看法基本上相差不大。1996 年的大豆涨到一块八，2003 年我看大豆能涨到一块八到两块，到了 2008 年，那波大豆疯狂涨到了 6000，包括 2010 年棉花涨到 35000 左右，美国的棉花涨到 200 美元以上，没涨之前的估计还是比较准确的。**根据我之前预测的度，然后与其他相关品种的对照，就能知道过程中会回调多少，这是能拿住单子的主要原因。**

七禾网 5：您认为做期货，一定要弄清楚期货的本质，请问您所理解的期货的本质是什么？

傅海棠：期货的本质包括很多个方面。第一期货是什么，**有些人炒了很多年的期货，却不知道期货是什么。**一定要深入了解期货的交易制度、规则制度。商品运行的价格规律，包括庄家对期货的操作以及对价格短期或者长期的影响。**盘面上挂单买卖本身是不均衡的，这不公平是自然的，没法改变。**盘面上两个价格，买和卖总是有差距。比如豆粕卖报价 3000，买报价 2999，这个价格本身一买一卖就不公平了，产生了价差。不能小看 1 块钱，买了以后，就已经形成了 1 块钱的价差，不管涨与跌，这 1 块钱都少不了，所以赚钱的时候赚的少，亏钱的时候亏的多。赚钱的时候始终会少赚一个点，赔钱的时候始终要多亏一个点，就有这个原理。就算成交了，也很可能是和庄家成交，与主力成交，不是与一个自然的价格成交。庄家挂上买单和卖单，买和卖都存在着差距，一般人对这个可能没有研究过。买和卖本身就产生了一个价差，同时还要加上手续费，无论是赚钱还是亏钱，都要加上这个手续费，那么整个市场群体就一定会亏钱，这是 100% 的事情。赔钱的时候相当于赔一块五，赚钱的时候只赚了 5 毛。久而久之，做 50% 的对和 50% 的错的时候就会亏，甚至 10 把做对了 7 把也会亏钱。

七禾网 6：期货市场异常残酷，据统计 95% 左右的投资者是亏损的，您认为他们亏损的主要原因是什么？

傅海棠：他们亏损的主要原因是不知道什么是期货，没有解开期货之谜。虽然在做期货，以为自己对期货的了解很透彻，实际上他不知道什么是期货，不知道市场运行本身的价格规律以及它的特点和特性。**做期货不**

是消费，而是虚拟的囤积商品，所囤积的商品最终要走向市场，在这个过程中，一买一卖或一卖一买，都增加了市场的需求或供应，对价格的产生和变化增加了能量。买的时候是虚拟需求，卖的时候是虚拟供应，一手有一手的能量，一万手是一万手的能量，再小的单子都有能量，对价格肯定有影响，只是影响大小的问题。因此，自己的单子下进去或平出来，也会对自己想要的价格形成打压或抬升。

对自己做的品种没有进行深入了解，对于这些品种的自然规律没有弄清楚，糊里糊涂在做期货，亏钱的时候还不明白自己为什么亏钱。**我们在亏钱的时候一定要找出亏钱的原因，这对投资肯定有很大的好处。亏的时候不能怨行情，要先怨自己。行情不能由自己的性子来，自己的性子是可以改变的，但是行情不能改变。**

七禾网7：您做期货，只做基本面分析，不做技术分析，请问，关于基本面您主要研究哪些方面？

傅海棠：从大的角度来说，主要是研究供求关系。如果供大于求，价格又在相对的高位，那么价格变化只是时间问题，必然会下去。如果供不应求，价格又在相对的低位，这也是时间问题，必然会上来。这是任何人左右不了的，包括主力机构，**再大的人为力量也只能左右一时，左右不了一世。任何人和市场对着干总会走向灭亡。**

七禾网8：您为什么不做任何技术分析，甚至否定技术分析？

傅海棠：技术分析不能确切定位，而只能是如果。如果突破上涨要跟进，如果破位下跌也要跟进。**期货做的是未来的价格，技术分析是事后诸葛亮，**不能对市场未来的判断和趋势作出准确的定位和分析。因为不能准确的定位和分析，虽然你最初是看涨的，行情一波动，你的信心也动摇了，不能确认就会产生怀疑。很多人拿不住单，看对的行情还要赔钱，就是这个原理。比如豆粕现在是3000，我就确认能涨到4000，即便再跌，我也不怕。如果涨到4000的概率是90%，涨到3500是100%，如果3500非常确定，那么3300出来就是100%赚钱了。所以技术分析都是事后诸葛，事后去看图形怎么都准，如果今天给你一个K线图，看明天怎么走，根本就不知道，都是自欺欺人的手段。

七禾网9：您对技术分析的观点可能会伤到不少深信技术分析的交易者，如果有技术派的人要和您发起挑战，比实盘，您敢接受吗？

傅海棠：我就不和各位老师挑战了。真比赛我也不是不敢。有些高手的技术分析不可能比过基本面。比赛的时候要看时间长短，比赛双方做的盘都允许不互相看，比多少年也不一定，最好比的时间越长越好，不能说挑战就挑战。**行情是等来的而不是做出来的。世界上成功的投资派都不是技术家，包括索罗斯、巴菲特都是基本面分析。**

七禾网10：您认为国家发布的信息不能完全相信，那么，您如何收集信息？

傅海棠：国家发布的信息不能不信也不能完全相信，需要去伪存真。收集信息需要自己亲自调查，通过调查然后再结合心理分析。一个价格长期停留在一个价位上以后，它对农民的种植肯定有影响，要分析某一个价格对播种面积产生多大的影响，再多结合点实地调查，得出一个综合的结论，凭这个结论以点带面。

七禾网11：据说您现在一年要支付200万的信息费给为您提供基本面信息的合作伙伴，您觉得值吗？

傅海棠：这个信息费是今年刚开设的，大概的费用接近200万，我觉得十分值。养兵千日用兵一时，即使3年不起作用，也可以为以后服务。相对于我目前的资金量而言，这个费用还是很小的，在具体的行情当中，一个震荡，亏的钱远远大于这个数。**信息是最值钱的，我建立这个信息体系就是让他们时时刻刻提醒我，强迫我每天对各个品种都看一遍。**如果我对各个品种忽视了，偶尔一段时间对某个品种就淡忘了。**时时刻刻关注这些品种，一旦某一个品种来了机会，提前察觉，不然可能这个品种的行情走过去才发现自己忘了。**

有一次我在火车上，朋友给我发了个信息，内容就是网上摘的，是国家发布的信息，看到信息以后，我评估这个信息不假。当时在火车上就打电话，开仓进去10000手。

七禾网12：您通过基本面分析得出一个品种的方向后，是否会长期坚持？会不会因为某些因素而改变原先的观点？

傅海棠：基本上是可以长期坚持的。但是市场的条件突然发生变化时也需要改变，不是一成不变。这需要综合的、变量的分析。**如果市场的条件突然改变，观点也要及时改变，一切以市场为准，要客观，不能主观。**

七禾网 13：从交易周期上来分，如果说期货投资可以分为日内短线交易、隔夜波段交易（持仓几天）、中长线交易（持仓 1 个星期到几个星期）、超长线交易（持仓 1 个月到几个月），那么您是否属于超长线交易？

傅海棠：我不能算超长线，也不能算短线。长线中间也有倒仓、平仓、开仓。长线短做，以防万一。一个单拿几个月不动，在我的交易中确实没有过。方向是看几个月，做的时候可能会坚持几天不动，也可能一个星期平仓，也可能每天平仓，隔夜仓基本上还是有，空仓的时候少。

七禾网 14：您认为做期货要“看大势”、要“顺势而为”，请问何为“大势”？

傅海棠：大势就是极端的或相对极端的行情，超出常规的、历史性的罕见的行情。这波行情和爆发之前的价格波动范围相比是很可观的。2000 到 3500，甚至超过一倍，150% 以上，两倍等，这些都是**大势，任何人都左右不了。**正所谓大势所趋、天意如此，任何主力和个人凭个人的喜好和主观臆想，凭自己相对的资金优势和一时对行情的影响，违背大趋势，冬天里穿汗衫，夏天里穿棉袄，和趋势对着干，最终的结果只有死路一条，走向灭亡。

七禾网 15：有时候一个品种的趋势顺畅，但还有时候则跌宕起伏，请问您遇到一段时间的反向运动或无方向震荡时，怎么坚持？怎么处理？会不会动摇？

傅海棠：反向运动的时候，在我们的心中应该有数，涨了一段的价格之后，回调的幅度有多大，保证金受到的损害有多大。如果预计回调的幅度有 30%，按 50% 的去算，这就比较可靠了。这样就能坚持。甚至你看到未来还能涨上去或者一定能回来。这些情况一定要心里有数才行，不然单子会拿不住，甚至还会反着做。

七禾网 16：很多人都说期货市场唯一可以确定的就是它的不确定性，

而您却认为做期货就是要追求100%，一定涨或一定跌，这能做到吗？

傅海棠：能做到。通过自己定位、定量的分析，透过基本面研究供求关系和近期的发展形势，就是政治、经济、气候等因素的研究。**通过综合条件分析，如果条件具备就能做到100%确定，一定涨或者一定跌。**条件对了以后，没有不可能的事情，**世间没有想不到的事情，只有做不到的事情。**当然，看问题要全面分析、综合判断、分清主次、看清大势，不能主观，要客观现实，瞎子摸象、以偏概全是不对的。

七禾网17：有人说“傅海棠的成功虽然传奇，但可以复制”，您觉得别人能够复制您的成功吗？您自己以后能够复制自己的成功吗？

傅海棠：我的方法别人完全能够复制。研究的方法是对的，目标正确，早晚有一天会成功。如果不成功，那就是下的工夫还不到，前提条件不够。

至于我自己能否复制，这是一定的，我有信心。我这几年资金的增量不是偶然的，市场的机遇来了，我还是能做到。

七禾网18：您觉得自己现在是一个农民？是一个投机分子？一位金融投资人士？一个思想家？还是一个哲学家？

傅海棠：农民是最质朴的，我是一个有经济思想和哲学思想的农民。农民是社会的最底层，也是最实实在在的阶层。**从农民的角度去研究，得出的哲学思想是最正确的，没有什么装扮的成分，**一到了上面，概念性的东西太强了，反而不好定位和理解。

七禾网19：从“一穷二白”到身家上亿，财富给您带来的最大改变是什么？

傅海棠：财富给我带来最大的变化是能做我想做的事，能为社会带来一定的有益的影响。我为山东梆子戏投资了200多万，让一些老年人去听戏，这也是敬老爱老的一部分，让老有所乐，老有所依，让老年人享有很好的精神食粮。

七禾网20：莽红尘，多浮华，有些人驾驭了财富，有些人被财富驾驭了。您觉得自己能完全驾驭财富吗？您觉得自己能驾驭多大的财富？

傅海棠：我觉得自己能够驾驭财富。对于驾驭财富的大小，我自己很有信心，多多益善。

我有目标，如果将来还会有所发展，最后我的财富还是要回归社会，为社会做更有利的事情。

七禾网21：您现在仍积极参与投资，畅快体验人生，请问您在金融市场更大的目标是什么？在人生中更大的目标是什么？

傅海棠：在金融市场的目标就是继续增长我的收益，在人生中的目标就是将来为社会做更大的贡献。

七禾网 www. 7hcn. com

主持：沈良　录音整理：李婷

2012年4月24日

附2　笑傲江湖大赛专访傅海棠：一位期市传奇人物

（2012年5月6日）

问题1：您什么时候进入期货市场？之前有过其他的投资经历吗？您的期货投资之路是否顺利？经历过怎样的波折和收获？

傅海棠：在进入期货市场以前我是以做生意为主的，到1996年开始搞养殖业。我是2000年进入期货市场的，算起来也有13个年头了。进入期货市场以后，投资不算顺利，也经过了很大的波折，赚赚赔赔、赔赔赚赚，亏光过好几次，最不幸的时候也是死去活来的。真正的转折是从2009年开始的，从2009年到2010年的国庆节以后，不到两年的时间，我的资金增长得很快，当然有行情的配合：**赚了一波大蒜，两波棉花，资金翻了2000倍，最终的收获还是很大的。**

问题2：您觉得期货投资者想要从亏损走向盈利，最需要克服的困难或难点是什么？最需要掌握的知识或技能是什么？

傅海棠：期货投资者要从亏损走向盈利，**第一，要有良好的心态与正确的观点、方向，亏钱不能怨行情而应该怪自己。**行情是不可改变的，只能改变自己。很多投资者亏钱后喜欢怨行情，这就是严重的心态不好。亏钱后应该找到亏钱的原因，看交易的方式方法对不对，以稳定的心态，以正确的观点和方向，这样久而久之就会不断提高自己的水平。**第二，不能"赌"，**很多投资人做期货是靠"赌"，期货是未来商品价格的涨与跌、高与低，是一个预期，做期货做的是这个"预期"。有很多投资者可能做了很多年的期货，不知道期货是什么，解不开期货之谜。你做的是一个未来，对未来价格的走势判断，看一天行情的走势不说明未来的方向，即使今天一个涨停也不能代表未来的行情是涨。所以判断未来的行情不能只看一天，要从长期的和宏观的政治角度、经济角度、历史角度、心理角度、哲学角度等综合判断。所以要掌握很多知识和要领，如果掌握不透的话，对于行情走势的综合判断就是一个难点，就如盲人摸象。

问题3：关于基本面和技术面的纷争一直不断，有人认为基本面决定价格，应该按基本面操作，而又有许多人以严格的技术分析为交易指令(几乎不看基本面)，请问您更倾向于哪一种？您是怎么做的？

傅海棠：价格就是由基本面决定的。期货的走势是根据基本面的供求关系为准则的。期货的价格是围绕现货的价格上下波动的，不会偏离太大。这就是基本面供求关系的体现。技术指令那是机械语言，做交易可以只看交易指令吗？交易指令是死的东西，行情是活的，是时时刻刻发生变化的。基本面也是时时刻刻发生变化的，应该根据这个变化来实时调整交易的方向。如果不看基本面，单看技术面肯定是不会长久的。我主要看基本面是否出现供需失衡，一旦发现就长期持有，就比如这波豆粕，我是2800、2900的时候进去的，持有到现在。

问题4：请问您是根据什么原则来选择交易品种的？

傅海棠：我交易过的品种很多，但主要交易的还是一个到两个。当然我也会关注其他的品种，关注其他品种是否会有供求方面的转折，**我选择交易品种主要还是根据基本面。**有时候某个品种短时间内的基本面有变化，利多或利空，我就会短线做一把，然后就出来。

问题5：您的投资业绩非常优异，我们一直非常关注您的操作，从大赛前20名持仓了解到，您持有豆粕多单很长一段时间，目前为止也没有获利了结。请问您是如何看待豆粕的这波上涨行情的呢？

傅海棠：豆粕上涨多少目前看不能够确定，可是下跌的空间有限。虽然上涨的空间不确定，但是上涨的可能性大于下跌的可能性，当然可能会回调。目前豆粕09合约的价格是3400，相对玉米来说还是一个很低的价位。我们都知道今年的南美大豆减产，北半球由于受前几年大豆行情的低迷和玉米客观的种植效益，今年北半球大豆的种植面积也不会增长。中国最大的大豆产区黑龙江，例如黑龙江东部地区的佳木斯，大豆基地无人种豆。所以豆粕今年继续上涨的可能是很大的。

问题6：长期趋势投资会面临较大的权益波动，当大资金账户的权益遇到较大的波动时，您是如何管理资金曲线的？账户本金的回撤和利润的回撤一般控制在多大的范围内？

傅海棠：做期货不能把它看成钱，**期货市场上的钱就是一个数字，今**

天变大、明天变小，这是一个很正常的现象，所以要有一个良好的心态。做期货也不能追求我的资金一定要直线上升。总体上升就是上升，我的最大回撤控制在 -50%。

问题7：大资金一天的盈亏可能会有上百万、上千万甚至更多，您如何看待短期内的盈亏得失？这种波动带来的心理压力您是如何缓解的？

傅海棠：短期的盈亏我一般不在乎，资金短期的波动很正常。但是有一个基础，你对趋势的把握度越高，你的心理稳定性就越强，回调的行情就不会给你带来大的精神压力。所以归根结底要对基本面中价格有个很好的认识。

问题8：成熟的期货投资者都知道运作大资金要比运作小资金难很多，而您操作大资金也游刃有余，就实际操作的经验来看，操作大资金和小资金相比，主要需要克服哪些困难？

傅海棠：在期货中，操作大资金确实比操作小资金要难很多，因为船大难掉头。建仓的时候也有困难，因为期货是对手交易，要有相对应的对手才能够开仓。相对于小资金而言，市场容量大，进进出出对市场的影响比较小。小资金可以进出相对频繁一些。对于大资金而言，一般以长线为主。所以操作大资金，一方面要认清趋势；另一方面要克服心理上的问题，心态要稳定。

笑傲江湖大赛编辑

2012 年 5 月 6 日

附3　傅海棠的经济学观点（2012年）

观点1：国家（银行）在不该收钱的时候不能收钱

有一个经济学家在讲课时说到，一个人存了100万，身边另一个人看到一个生意能赚钱就找他借5万，说好一年给多少利息，有100万的人去考察了项目觉得可行就借了，借出去之后一年得利了。后来很多人都有看好的生意要做，都去向有100万的人借钱，100万都借出去了，但大家都还不上，这个有100万的人就破产了，经济危机就产生了。

先不说这位经济学家如此解释经济危机是否合适，我最重要的疑问是“这100万的本钱去哪里了?”

这100万不同的人借出去，做生意要花在成本的投入上，变成了固定资产、生产资料，这钱是被国家（政府和银行）收走了。如果国家收走钱之后，不放钱出来，社会上就会缺钱，工厂就无法开工，社会购买力就大幅下降，这才是经济危机的原因所在。

100个人做生意、搞生产，10个人亏损是正常的，那是管理问题、技术问题、运气问题，而如果90个人都亏损，那肯定是不正常的，往往是钱被收走了，或者钱的利息太高，高过正常的利润，这样要么社会购买力没有了（钱被收走），要么社会生产力没有了（钱的利息高过利润），经济必然走下坡路甚至发生经济危机。

企业看到生意机会，在扩大再生产的时候，动用的资金一般不全是自己的资金，如果钱被收走了，社会购买力不够，必然会导致连锁反应，企业生产的产品销不出去，企业利润下降，企业雇员减少，社会购买力会继续下降。

所以说，银行家往往是又贪婪又错误的，在人家缺钱的时候不肯借钱，在人家不缺钱的时候非要让人家借钱。

观点2：通胀了就收货币是不正确的

2008年经济危机的发生，是资金链断裂导致的危机。

2008年之前，物价上涨已经连续几年，商品的高价格让生产企业有了利润，甚至利润很不错，这就必然伴随着生产规模的扩大，也就会让未来的商品供应量增多。

同时，企业扩大再生产需要更多的厂房、设备、原料、工人，自有资金往往会不够，贷款就会增加，企业负债量会上升。

企业的扩大再生产无形中增加了社会购买力，会成为商品上涨的推动因素。

一段时间后，产能上升，更多的商品上市，这就需要社会更多的消费动力。

但在这时，经济运行给人的错觉是通胀比较厉害，结果出台了收缩货币的政策。这就导致了在生产规模上升、商品供应上升的背景下，购买力反而下降。这样就必然导致很多商品卖不出去，商品价格只能下跌甚至大跌，导致企业利润急剧下降甚至倒闭，从而也会让大量的工人失业，形成恶性循环。

这种经济调控逻辑是完全错误的，在企业扩大再生产、商品供应更多的时候，即便物价处在上升通道，也不应该收缩货币，因为大量的商品上市自然会让物价逐步稳定。如果一时间商品供应太多，反而应该维持宽松的货币政策。有货，就要有钱去买，如果钱被收走了，买货的动力就不够了，钱收走太多则会造成价格急跌，造成经济不稳定。

商品供应不足导致通胀，如果后期供应依然不足，这时收货币才是正确的。如果后续供应充足，则不应收货币。

观点3：通胀比通缩强

很多媒体、经济学家谈通胀色变，这是在误导决策层、误导企业、误导生产者和消费者、误导老百姓，对社会发展是不利的。

我们不要怕通胀，恶性通胀确实不好，但适当的通胀（10%以内的通胀）不一定是坏事，只要工资上涨的幅度比通胀大，社会的总体消费力还是在提升的，老百姓的生活水平还是在提高的。

比起通胀，我们更应该警惕的是通缩，只有价格缓慢上升（适当的通胀）才能促进企业的生产和百姓的消费，如果物价是下跌的，企业的生产将受打击，经济将倒退，收入将无法增长甚至减少，失业率将上升，社会购买力将下降，如此进一步促进价格下跌，形成恶性循环。而轻微的通胀则相反，它有利于形成良性循环的经济发展。

在稳定的基础上有点通胀，比较利于经济发展，比较利于创造更多的财富，而通缩则不一样，它会加速经济的下滑，减少财富创造。财富创造多总比财富创造少要好，经济过热总比经济下滑要好。

另外，通胀更有利于资源集中者，不利于劳动者，对中国来说，因为较多资源是国有的或是政府垄断的，因此通胀是有利于政府的，对劳动者而言，适度的通胀则能激发贬值担忧和工作动力。

我甚至认为**根本就没有"经济泡沫"一说，因为物质多总比少要好，有总比没有强，**如果房地产泡沫是盖了很多房子、大家都买房子，那才好呢，房子盖得越多社会财富才越多嘛！

观点4：通胀产生实际负利率是好事，最好是没有利息

中国利息高，印度利息高，这是鼓励"钱生钱"，有利于有钱又不投资、不生产、不干活的人获得财富，不利于踏踏实实经营企业、勤勤恳恳工作的人获得回报。钱生钱太容易了（银行利息高、民间借贷利息更高），就会打击劳动和创新，也会打击生产积极性和投入再生产，一方面本质上形成了一定意义上的财富创造和分配的不公平，另一方面会成为通货膨胀的推动力。

如果通货膨胀率高于银行存款利率，造成了实际上的负利率，这也未必是坏事。甚至最好是没有存款利息才是好事，存款利息低才是鼓励消费的好手段。

贷款利息也要低，这样可以鼓励生产、鼓励劳动、鼓励创造。（2011年、2012年，整个社会的隐性利息达到了很高的水平，对民营企业来说，大部分企业的利息成本在10%以上，不少企业在15%以上，甚至在30%以上，导致众多企业无法从生产经营上产生利润，进而打算逐步放弃实业生产。社会资金被吸引到"放贷收息"这种不劳而获的途径上，而不是"生产创造"这种创造财富的途径上，实在是令人惋惜。）

观点5：农产品不应该作为主要的价格指标

其实农产品和相关产品（肉鱼蛋奶）不能作为主要的物价指标，因为这些商品受天气的影响太大，很多时候它们的产量不是人说了算，而是天说了算，价格容易忽高忽低。

当气候不好、甚至受灾的年份，收成不好，价格高是正常的，这不是

货币太多的问题，而是货太少的问题，不应该以此减少货币。同样，当气候好的年份，收成好，价格低一点也是正常的，那是货多了的原因，不是货币太少的原因，不应该以此增加货币。

观点6：调控物价上涨，要分情况

农产品今年供应少了，明年供应多了，这些主要是天定的，不能因为今年受灾减产涨价了，CPI 高了就收货币，明年难道还受灾吗？

工业品今年消费多了，明年消费少了，这些主要是人定的，如果因为消费太旺而涨价，CPI 高了可以收货币，这样，可以一定程度上抑制消费。

物价涨跌，要分析它涨跌的成分和原因，弄明白了，才能针对性调整，面对农产品和工业品的策略是不同的。

观点7：过多存款是通胀的引发器之一

2008 年发生的经济危机，是人为调控经济的结果，是一种资金量断裂后的经济表现。

引发经济危机的本质原因有两种，一种是资金链断裂，会导致企业生产困难，工厂关门，工人失业，企业和家庭的消费能力都急剧下降，原本社会上的大量商品出现价格暴跌。

另一种是通货急剧膨胀，存款太多是通货急剧膨胀发生的一个条件。个人和家庭可支配的货币太多了，其实也是一个“隐患”，是引发通胀的“隐患”，对这种“隐患”有时候政府也无能为力。因此不能过分鼓励存款，要充分鼓励消费，如果价格涨了，百姓手里有很多存款，那么就会出现“抢货”现象，价格会进一步上涨。过多存款是通胀的引发器之一。

国家应该制定更好的分配体系，鼓励劳动收入，鼓励创新、创造，打击利息收入，压制资本收入，压制不劳而获。

在价格上涨早期和中期，可以降息，把钱早点放出来，让存款者的购买力下降，让他们更加注重劳动创造，而不是坐着收利息，这样更有利于国家和社会的公平和发展。

对个人和家庭来说，不能老是存款存款，存款所代表的财富有虚假成分，因为社会上根本没有那么多资产和商品对应银行里的大量存款金额，应该少存款、多消费、多配置资产。如果少数人存款，多数人不存款，那么存款的人有保障，如果所有人都存款，都有1000万在银行里，那么所有人都没有保障了（财富没有增多，货币共同贬值）。

美国是过度超前消费，导致社会缺资金，从而引发危机。中国是过度存款，导致社会资金过剩，从而促进通胀。

观点8：腐败也会造成通胀

腐败无论在法制上、政治上、道德上都是坏事。腐败在经济上也是坏事，因为一方面腐败中利益输送造成了社会财富分配的不公平，也会打击正当经营、合法创新的积极性，另一方面行贿者、受贿者，腐败中各方利益获得者，均有不顾成本高消费的冲动，容易形成某些资产或消费品的过度需求，从而推动通货膨胀。

观点9：不能简单根据CPI的变化制定经济政策

CPI数据不是没有用，而是滞后性太强，就像期货中的技术分析。

如果CPI从3%涨到6%，那确实是说明物价在上涨，上了一个台阶。

但如果CPI一直维持在6%左右，则说明物价已经稳定了，CPI比的是上一年的同期，如果CPI的数值基本不变化了，就说明后续的价格并没有上涨那么厉害。

出CPI数据时，要说清楚，不能让经济政策制定者和人民误解。

观点10：看物价应该看环比为主，看同比为辅

本来CPI数据已经是滞后性数据了，再根据CPI出来后制定政策，那就太晚了。往往是经济已经下滑了，还在收缩货币。

CPI不是没有用，而是不科学。

应该想在前面，才能提前准备，才能做在前面。

看到滞后的数据，就只能做在后面，而做的动作又是想改变前面的问题，这是很不合理的。我们应该要想办法改变的是后面可能出现的问题。CPI高，制定经济政策把CPI拉下来，这是有问题的，可能不用制定政策后续的CPI就不高了。CPI高，后续可能会出现什么问题，应该针对可能出现的问题来制定政策，CPI高不一定要收缩货币，如果后续可能出现的问题是社会商品总体上供过于求，那就绝对不能收缩货币，反而还应该放货币、鼓励消费。当然，CPI高，而预计后续没有什么问题，那就不用出

什么政策。

或许，我们应该用大宗商品的综合库存为标准，代替 CPI 的“指示”。如果库存大，那就应该放货币，如果库存小，那就应该收货币。

观点 11：经济学，简单来说，就是货币学

经济学看上去很复杂，似乎很多“满腹经纶”的经济学家都搞不清楚。但我们要善于把复杂的问题简单化。经济学简单来说，就是货币学，就是通过货币的收缩和扩张调节经济发展。温总理是懂货币学的，温总理当政十年，我国的经济繁荣发展，一部分原因就得益于好的货币政策。

普通人会把简单的问题复杂化，最后可能把自己搞晕了，而聪明人会把复杂的问题简单化，让自己时刻保持清醒。

观点 12：要发展经济，必须适度印钞

适度印钞有利于发展经济，对社会也是有好处的，当然印钞不能乱印。

适度印钞最大的好处是调动人的积极性，人性当中存在着天然的懒惰。适度印钞会造成适度通胀，通胀是隐性交税。如果没有通胀，大家乐于存钱，不消费，甚至因为存款太多、物价低迷而不愿意好好劳动；有了适度的通胀，大家才会有一定的忧患意识，今年的钱不消费明年购买力就下降了，现在的钱存起来十年后就不怎么值钱了，这样大家才会努力工作，为社会持续创造财富。

我们不能只从自己的小利益出发，认为通胀是不好的，我们应着眼全局，从社会大利益的角度考虑，适度通胀对发展经济是有利的，社会在持续发展，个人才能有更大的发展空间。

另外，现在国家调控货币流通量的能力比以前强多了，资金回流的渠道有很多，比如税收、银行、金融投资、土地、矿产、汽油等，一个阶段内，如果流通的货币确实多了一点，国家也容易收回。

观点 13：要通过增发货币和收缩货币调控经济和价格

有人说，想要保持价格稳定，那就按照有多少商品发多少钱就可以了。其实没有那么简单，打个简单的比方，今年小麦生产 1000 斤，明年小麦生产 800 斤，那么今年发的钱到了明年就多出来了，怎么办？烧掉吗？

肯定不是的，应该是通过增发货币和收缩货币的方法调控经济和价格，如果货多钱少，就增发货币，如果钱多货少就收缩货币。当然，在增发和收缩时，不能用过去的统计数据，不能只看现在的经济环境和价格涨跌，要看未来一段时间内商品和货币的关系。

观点14：股票、期货等金融投资市场可以缓解通胀

有钱，要么生产、要么消费，消费有利于社会发展，但生产能力跟不上消费能力的提升，或货物增量跟不上货币的增量，则会造成物价上涨、通货膨胀。让一些闲余的钱进入金融市场，虽然这些钱没有直接为社会带来生产或消费，但它们被金融市场吸进去了，并在手续费和亏损的效应下总量减少了，从这些角度来说，金融投资市场可以吸收部分闲余货币，从而减缓通胀。

观点15：钱投到股票、期货市场，不会影响实体经济发展

有专家说钱投到股票、期货市场不利于实体经济发展，会导致实体经济缺钱。这个观点是错误的。

不管哪个领域的钱，都不是只流通一次，钱会回到银行，还是可以贷款出去的。如果实体经济有问题，那就找出问题，解决问题，不能把问题推到股票和期货市场。如果实体企业无法从银行贷款出来，要么是企业的问题，要么是银行的问题，再或者，就是国家政策导向的问题。

观点16：经济危机可以避免，只要找得到经济危机的原因

有人认为经济危机是必然会出现的，因为经济周期有繁荣有萧条。

但所谓的经济危机是可以避免的，只要能找到引发它的核心原因，所谓的经济周期也是可以调控的，只要能明晰它的运行原理。2008年的金融危机，实际上就是货币跟不上，各国都紧缩货币，钱少了，货还那么多，并且货的价格都处在高位，当然要暴跌了。如果货币供应跟得上，所谓的萧条就不会产生。

诚然，经济的发展速度必然会有高有低，以波浪的形式向前演进，有波峰就会有波谷，这是宇宙规律在人类经济活动中的反映。但波浪的波峰抬多高，波浪的波谷落多低，这些是人类可以调控的，如果调控适当，就能减小波浪的波幅，实现相对平稳的经济发展。

如果收缩货币会引发经济危机，那就不要收货币；如果恶性通胀会引发经济危机，那就提前治理恶性通胀。如果大量的企业没有利润、负担太重会导致经济衰退，那就想办法减轻这些企业的负担，或是引导他们突围；如果商品价格抬得太高，没人买了，然后掉下来造成经济衰退，那就想办法不要让价格冲得那么高。

通胀了就加息是不对的，这样反而会引发经济危机，强化经济萧条，2008 年的金融危机就是如此被错误激发的。通胀要分清通胀的原因，很多时候通胀了不应该加息，反而应该减息。车慢了要加油，加了油，车子就快了，这时减油，车速必然会慢下来，如果要保持车速，必须保持一定量的供油。

当然，很多事情说起来容易，做起来难，但是总有人能做到，就像开车一样，驾驶员的水平高，就能在相对高的速度上持续行驶，也能绕开一个又一个的障碍。重点是，修一条好路（经济运行的体制、机制、法制），找到那个有水平的驾驶员（制定经济政策、产业政策、货币政策的人）。

观点 17：要奖励劳动和创新

从本质上来讲，财富是劳动者创造的，而创新者则提高了创造财富的效率。财富被创造出来后，在整个分配机制和分配体系中，劳动者和创新者能获得多少，这直接影响着他们再劳动和再创新的积极性，若是分配合理，则可以推动社会的财富创造数量和财富创造效率。

被创造出来的财富应该更多地奖励给劳动者和创新者，比如美国就是如此；而不是更多地奖励给懒惰者和退休者，比如欧洲就没做好；也不是奖励给资本拥有者（高利息）和权力拥有者（权力寻租），比如印度就没做好。

好的制度应该引导人们通过劳动和创新获取财富，而不是通过在家休息获得补助，也不是通过钱生钱和权力寻租获取利益。

在当前的中国，应引导大家努力工作和创造，并给劳动者、实干者和创新者更多的财富肯定和法律保护，而不是向抱怨、对立的方向引导。

观点 18：农民工不再那么“无私”了

中国这些年（近二三十年）的发展是因为农民工的“无私”奉献，他们拿着最低的工资，干了最多的活，最脏、最累、最危险的活，而且他们还很高兴，因为虽然拿的工资不高，却比务农收入高多了，他们的生活也有所改善了。

中国近年来巨量财富的创造，是建立在大量的农民工任劳任怨地干活这个基础之上的，他们没白天没黑夜地干活，还不太消费，这种优势美国是没有的。

但这种优势，中国也正在消失。如今，农民工们不再那么“无私”了。一方面，中国的劳动力没有像以前那样富余了，甚至已经有点缺少了；另一方面，农民工们通过多年的劳动，已经存了一点钱，并不是那么穷了。因此，现在给他们低工资，他们就不干了，他们也要求适当的享受了。

整个社会确实也到了该偿还他们的时候了，毕竟这么多年，这么多的财富主要是由他们的双手创造的。让创造基本财富的人有钱了，让他们的生活水平达到小康标准了，才对得起他们。现在农民工的工资比大学生毕业生高，那是合理的，这也是供求关系变化的表现。农民工现在供小于求了，价格自然就上去了，大学生现在供大于求了，价格自然就上不去。

其实我曾在十几年前就和朋友说过“以后大学生不如农民工”。当时别人都说我不对，现在看来，似乎慢慢在往对的方向发展。我分析问题很简单的，就是看供求关系，如果人全部往一头跑了，另一头怎么办呢？

中国某些地区的某些企业甚至还出现了“工人像老板、老板像工人”的现象，老板好吃好喝好住地伺候工人，给工人高工资，但工人还不好好干活，要求还越来越多。这种现象就有点走极端了，必须防止它从个别化演变为普遍化，否则还有多少人愿意办企业做老板呢？社会的财富创造如何延续呢？国家的经济发展如何保证呢？

只要工厂在生产合格的产品，就是在创造价值，创造财富，哪怕企业利润微薄或负债经营也都没关系。最怕的是工厂关门，工人失业，那才是对社会资源最大的浪费。

观点19：所谓的“中等收入国家陷阱”可以解决

所谓的“中等收入国家陷阱”是指当一个国家的人均收入达到中等水平后，由于不能顺利实现经济发展方式的转变，导致经济增长动力不足，最终出现经济停滞的一种状态。一个经济体从中等收入向高收入迈进的过程中，既不能重复又难以摆脱以往由低收入进入中等收入的发展模式，很容易出现经济增长的停滞和徘徊，人均国民收入难以突破1万美元。进入这个时期，经济快速发展积累的矛盾集中爆发，原有的增长机制和发展模式无法有效应对由此形成的系统性风险，经济增长容易出现大幅波动或陷入停滞。大部分国家则长期在中等收入阶段徘徊，迟迟不能进入高收入国家行列。

按照世界银行的标准，2010年我国人均国内生产总值达到4400美元，已经进入中等收入偏上国家的行列。当今世界，绝大多数国家是发展中国家，存在所谓的“中等收入陷阱”问题。像巴西、阿根廷、墨西哥、智利、马来西亚等，在20世纪70年代均进入了中等收入国家行列，但直到2007年，这些国家仍然挣扎在人均GDP3000至5000美元的发展阶段，并且见不到增长的动力和希望。经济学家认为的目前摆在东亚国家面前的陷阱就是“中等收入陷阱”。东亚许多国家，近几十年来飞速发展，由低收入国家步入了中等收入国家之列，但随之而来的很可能就是“中等收入陷阱”。

虽然表面上看，我国目前的经济运行模式缺少动力，劳动力不再便宜，产业升级又迟迟不能如愿实现，似乎中国也进入了“中等收入国家陷阱”。但中国完全可以摆脱“中等收入国家陷阱”，继续保持较高速的经济发展，直到成为发达国家。

中国要怎么做才能摆脱“中等收入国家陷阱”呢？

1. 要打击不劳而获、投机赚钱的思维，倡导劳动致富的理念；

2. 要鼓励创新，切实保护知识产权，重罚剽窃者；

3. 要适度提高退休年龄，降低退休工资，特别是吃国家饭的那些人的退休工资；

4. 要降息，不鼓励钱生钱，而鼓励生产创造生钱；

5. 要保持适度通胀，谨防通缩，可以适度超发货币，激发经济发展动力和人们货币贬值的忧患意识；

6. 要严打官员或相关人员的权力寻租，努力实现真正的公平竞争环境；

7. 要适度减税，减少企业负担，让企业有更多的资源和精力进行产业升级和产品创新；

8. 要落实法治，重要的事情允许就是允许，不允许就是不允许，不搞灰色地带。

9. 不要遏制产能的发挥，企业有产能就让它发挥出来，创造更多的物质财富，不要刻意引导产业升级，要提倡自由竞争，愿意维持现状的就维持现状，想要升级的自己想办法升级；

10. 在各个领域落实公平，央企、国企和民企公平竞争，城里人和农村人福利对等，不同省份的高中生考大学平等竞争……

以上十条，**最最核心的原则就是“要公平，谁劳动创造多，就让谁致富”**。

如此调整、如此操作，以中国目前的经济底子，可以实现较高速的持续发展。

如今社会有很多不好的现象，必须及时扫除，扫除了才能确保经济发展的持续。比如普通劳动者一个月赚 2000，但有些退休者一个月拿 8000（我看拿 8000 退休金的人他们之前对社会的付出也不比一个普通农民、工人多多少，实在不应该拿 8000 的退休金），这是极不合理的，应该让劳动者多拿，退休者少拿（只要能保证退休者有足够的吃喝、基本的医疗、适当的休闲就行了，不能让退休者太有钱，退休者有钱，那是对“钱”的闲置和浪费）。比如 100 万元放在银行拿贴息一年就能赚 7 万，而一个普通人工作一年都没有 7 万的收入，社会的显性利息和隐性利息都太高了，钱生钱太容易了，必然导致投机思想泛滥，打击劳动创造，长此以往会物极必反，应该尽早把利息降下来，让生产者、劳动者、创新者用更低的成本去创造财富，才真正有利于社会的发展。再比如一个辛辛苦苦做实业的企业家，他现在是为政府在打工（高税负），为银行在打工（高利息），为房东在打工（高租金），为原材料供应商在打工（国内外的原材料资源垄断者），为员工在打工（高工资），可自己的获得却少得可怜，他们从老板变成了最可怜的人，一个国家绝对不能把这一批最有创造力、最有激情、最能吃苦耐劳的人忽视了。

观点 20：提高退休年龄、降低退休工资是对的

如果很早就退休了，而且退休工资比年轻人上班还多，就会造成社会财富过多地往退休人群转移，而非流向劳动群体，这对整个社会的财富创

造、经济发展是不利的。老年人的消费力哪里比得上年轻人？给他再多的退休金，他也是存着，或是给自己的子孙，他的子孙从老人手里拿的退休金比他自己劳动所得还多，这对年轻人而言不是好事，是对他信心的打击和依赖性的激发。

退休工资太高，不一定是好事。虽然退休工资高是高福利的表现，但西欧的高福利体系，在运作几十年之后，事实上已经被证明是很有问题的，欧债危机便是其直接体现之一。社会劳动者一段时间内创造的财富总量中，如果退休者分得更多，那么劳动者就分得更少，这不利于鼓励劳动致富和创新致富，也不利于激发年轻人的劳动积极性和创造力，而社会的基本动力应是劳动者而不是退休者，应是年轻人而不是老年人。

以前我们国家的劳动力富余，60 岁退休，现在劳动力不富余了，为了能够持续发展，政策就应该调整，再说现在绝大部分人的身体素质和以前相比已经大大提高了，工作到 65 岁退休根本就没有问题。再说了，等人口老龄化了，退休人员越来越多，那又由谁来养活老年人呢？在我国香港地区、在日本，很多 70 岁的人还在工作，做出租车司机或是服务员等。退休工资也要往下调，不能让退休的人工资比普通的年轻人高，否则会打击年轻人，应该把财富更多地分配给正在劳动创造的年轻人。

观点 21：温总理很懂经济

不少人对 4 万亿政策的推出有较多负面谈论，但我觉得温总理是很懂经济的。

重要物资国家储备的建立，收储放储政策的实施，对物价平稳运行有着重要的作用。这些政策可能让极少部分人减少了或丧失了商业机会，但却能让中国的绝大部分人受益。

4 万亿的推出，让全球性金融危机对中国的危害降到了最低。虽然不少经济学家批判 4 万亿，说 4 万亿推高了房价、物价，但若没有 4 万亿，可能我们面临的就是严重的经济衰退，其实真到要让这些所谓的经济学家出主意，他们也拿不出更好的方案。

4 万亿是没有问题的，是一个好政策，社会上某些人士给予太多的抱怨，是他们不懂经济。也许 4 万亿在分配和建设的过程中，有些人得了好处，有些人没得好处，存在一些不公平，但这是现实，即便如此也不能抹杀 4 万亿对经济拉动的正面作用。

温总理是一位深谙中庸之道的好总理，是和谐社会的推动者。

现在，我们国家的大部分家庭都达到小康标准了，小康家庭基本上都有自己的住房了，却还在埋怨房价高；绝大部分家庭每餐都可以吃肉了，还在埋怨肉价高。这些埋怨有情绪因素，也有不合理性，我们应该理性看待社会的正面发展和我们切实得到的好处，当然对政府的要求也应该是水涨船高的，否则政府就会安于现状、不求上进了。

观点 22：美国人内部比较公平、比较实际、比较守规矩

相对中国人而言，美国人更遵守本国国内的制度，他们在制定法律、制定制度、制定规则的时候很谨慎，一旦制定了，就会去遵守，而中国人似乎随随便便就能制定很多条条框框，但具体做事的时候又似乎经常打擦边球，甚至打界外球。

在美国国内，美国人比较公平，谁更厉害谁就获得更多；比较讲公理，谁更正确就获得更多肯定和支持；比较看重实际，谁能给众人带来实质性的好处，谁就能当领导（团体、社区、企业、国家都是如此）；比较守规矩，一个官员哪怕是贪污了 1 万美元也要抓起来。

观点 23：垄断的两面性

垄断从大范围来看是错的，总体是错的，垄断意味着低效和不公平。

但在特定情况下，特定行业中，垄断是好的。垄断有利于集中资源、稳定物价，有利于国家和社会的和谐发展。虽然某些垄断型的国有企业效率低，但对整个国家来说还是有好处的，中石油、中石化的存在，战略意义大于经济利益。

垄断的作用有它的两面性，不是绝对好，也不是绝对坏，不是绝对错误，也不是绝对正确。

重要的粮食品种，国家有收储政策，丰收了，国家不压价收购，保障了农民的利益，收储的价格要给农民一定的利润空间，不然会打击他们的积极性；歉收了，国家放储平抑物价，维护了消费者的利益。其实国家在粮食收储政策的运行中，除了能够维护物价平稳，还能获得经济收益，而即便国家一时亏损了，对整个社会效益而言，那也是微不足道的。

中国经济 30 年的高速发展，原因之一就是政府垄断，土地国有，重要

的资源国有，货币发行和调控中央说了算，这是有利于经济发展的。在经济发展的过程中，中国的国有化、中央集权要比美国的私有化、自由市场要好，政府的整合协调能力强，可以集中力量办大事，不用耗时间精力在整合资源、动员资金上，运作大项目，办大事的效率就会高很多。经济特区说搞就搞，在中国，似乎政府画个圈事情就办成了，据说印度也想学中国画个圈，可就是办不成，因为印度的资源不是国有的，无法大力推动这个圈的发展（中国的国家垄断，总比印度的个人垄断要好，毕竟国家垄断的资源总体上还是要为国家服务、为全民服务的）。

当然，垄断的坏毛病也要去掉，去掉了经济才能更快发展。垄断部门要注重外部的社会公平和内部的效率提升，央企国企不要养太多闲人，不要让不劳而获的人拿的工资和劳动者一样多甚至更多。

在中国搞完全国有化不行，那样企业就没有了活力和竞争力，完全搞自由竞争也不行，那样很多关乎国计民生的资源就无法高效调用。中国的“两桶油”、移动通信、粮食收购等领域的垄断是对的，其他某些领域的垄断则有待探讨。

观点 24：现在的房产调控政策是有问题的

现在的房产调控政策是有问题的，房价高的本质原因是供不应求。需求有居住需求、有投资需求、有投机需求，任何需求都是购买力。房价增长过快，可以增加供应、打压需求（特别需要打压投机需求，适当打压投资需求），但如果打压需求的同时也打压了供应，甚至打压供应比打压需求更严厉，房地产市场不会好起来。应该增加供应，适当打压需求，而不是需求和供应一起打压，如果维持这样的调控政策，本来 10 年能完成的事业，要变成 15 年、20 年才能完成。

现在中国的房地产市场应该建更多的房子，因为有更多的人需要房子。应做到以下三点：

第一，降低开发商门槛，不是看开发商的资质，而是看房子的品质。光让少部分企业有资格建房子，房子还是太少了。

第二，银行不应该减少房产企业的贷款供应。应让市场自由竞争。减少贷款或停止贷款，可能会让一些资金周转不好的优质企业跟着倒霉。

第三，打压需求的同时，不能打压供应，而是应该增加供应。等供应量大了，再放开需求。现在买房子的少了，盖的房子也少了，钢铁、铜、铝等大量原料的产能就不可能较好释放，大量的企业都要面临利润下降甚至亏损。我们既然有这个产能，为什么不让企业生产呢？就像解决堵车问题一样，应该是大力建设公路、高架、铁路、地铁等，而不是限制买车、限制开车。

观点25：房子多了是财富，而不是泡沫

有人看到房子建多了，每个城市都是工地，就说房地产行业发展太快了，有泡沫。

这样的观点是扯淡，是不对的。

房地产市场从一开始市场化运行，就有人说它有泡沫，说了十几年了，房子都盖了多少了，几乎家家都住上宽敞的房子了，还说有泡沫。我想问，这泡沫在哪里？是不是没房子住才没泡沫，如果是这样的，那我宁可有房子住，有泡沫在。

物质生产创造多了，哪里就是泡沫呢？那是财富，是好事。如果大家没有房子住、物质财富少，那就是贫穷落后了。

房子也罢、衣服也好，生产更多才是好事，哪怕物质财富有适当的宽裕也是好的，生活水平、居住环境搞得紧巴巴的才是不好。物质生产多了，不是泡沫，如果牛奶生产多了往沟里倒，那是分配出了问题，牛奶真的太多了，那就一人发一瓶，还多，那就一人发两瓶，房子真的太多了那就一家分一套。物质财富，只怕少不怕多，最好是家家都物质丰富。人们不怕货多，只怕钱少，或许在人类心中，物质永远不够多，金钱永远太少了。

现在整个社会还是缺房子，如果房地产企业有这个生产能力，就不要让他们闲置了，不要让某些优秀的能盖出好房子的企业停工不盖了，也不要让一个建筑工人一个星期只上三天班，这都是资源的浪费，效率的低下。等哪一天整个社会不缺房子了，大部分人都住得非常舒适了，再把投资在房地产的资金引导到其他行业，把房地产行业的从业人员引导到其他行业，也不迟。

房产调控，不能把房子的建造速度也调下来，该造的房子还要让它造，最好能加速房子的建造，这才是正确的方向，更有利于提高老百姓的生活质量。

如果城市拥堵，那就多建桥修路（没有车太多的问题，只有路太少的问题），如果房地产有产能，那就多盖房子，让更多的农村人口进入城镇生活，中国也就能早日走向发达国家。

观点 26：中国房价不会大跌

2011 年开始的这一轮房地产调控，力度是空前的，不少有购买能力的人被限购了，市场需求下滑较大。

有人预期，甚至某些所谓的“专家”也这么说：中国的房价要跌 50%，和当年的日本差不多。我觉得是完全不可能的，中国和日本哪能一样呢？中国还有 50% 的人口是农民，城市化发展远没有结束。即便那 50% 的城镇人口，还有很多是居住在各个“小镇”上的，农村人口和小镇人口都有进城的实际需求，另外一些三四线城市的人口也有到一二线城市发展的实际需求，因此房子的需求量还是很大。

调控只能暂时打压购房需求，但这些需求并不是一打压就不存在了，庞大的购房需求依然存在，今年、明年不能买，那就后年买，需求在适当的时候总会表现为消费力的。所以全国的房价一年时间里下降 10% 都不太可能，个别地区，比如三亚可能多跌一点，跌 20%、30% 有可能，但一些二三线城市价格涨一点也正常，全国综合来看，即便降价，幅度也会很小。

现在一户普通的人家，如果有四个劳动力，每人每年存一万，5 年就是 20 万，在很多地方都可以付首付买房子了，这些地方的房价肯定不会降，甚至还会升。

至于一些大城市，有人认为现在房价太高了，年轻人结婚买不起房子了，还把人都变成了房奴，不利于社会的发展。我倒是认为，年轻人买不起房子才是对的，买得起就错了，年轻人的父辈们辛苦工作十年、二十年才买得起房子、盖得起房子，凭什么他们一毕业就要买得起房子呢？另外，房价高才是合理的，它可以把“钱”锁起来，“钱”锁起来之后，人们要维持高水平的生活质量就要继续努力工作。甚至还可以略偏激地认为把人变成房奴才有利于社会的发展呢！有贷款要还，才能继续努力工作，如果手里有大把的现金，还有几个人愿意努力工作呢？如果大家都是有钱人了，那谁去劳动呢？人是需要适当的激励和制约的，要让人们拥有物质、拥有健康、拥有思想自由，但不能给人们太多的可支配现金，否则惰性就会占上风，社会发展、经济发展就会变慢。当然房价也不能过高，比如年轻人靠自己努力十来年能买得起房子，这样的房价比较合理。

有朋友说上海的房价一定会跌，还说内环内要跌30%，我觉得完全不可能，不会跌，要跌也就10%，所以我和他还打赌，谁输了谁请客吃饭。

在中国，房价真的要跌，那也是10年或15年后的事情。只有当中国出现人口老龄化、城镇化进程结束时，房价才会真正跌。

观点27：调控不是调以前出现的问题

经济调控，调控的应该是未来，即希望通过调控，让未来发生什么或不要发生什么，是为了让未来的经济更好，更加平稳、快速、良好地运行。

现在的调控，都是调以前的问题，以前的问题已经出现了，如果要去调控，那得先分析以前出现过的问题以后还会不会出现，如果不会出现，何必去调控，如果会出现，那么会怎么出现，是相同出现还是变异出现呢？不能简单根据以前出现的问题，制定调控的政策和措施。

观点28：不管能不能调控好，应先把理论放在正确的位置上

主流的经济学理论、货币学理论是有问题的，起码是不科学的，有待完善。

就像开手动档的车子，不是路况好就可以猛踩油门，要想开得更快，总要先换挡。

另外，车子要怎么开，要看前面的路，而不是看已经走过的路。走过的路好走，现在未必要保持高速运行状态，走过的路不好走，现在也未必要低速运行，重点是前面的路况好不好。

车子没人开不行，市场没有调控也不行，但车不能乱开，市场也不能乱调控。有时候需要给市场的自由运行一点空间，大白菜3块一斤不要紧，不用调控，价格贵了自然会有人多种，明年价格会回落的，不要来个错误的调控导致价格暴跌、农民破产。要让CPI每年都保持在2%不行，宇宙有宇宙的运行规律，自然有自然的运行法则，社会有社会的运行机制，春夏秋冬的天气不同，但如此循环，总体是平衡的，正常人不会冷死也不会热死，去年CPI为2%、今年4%、明年1%，这都是正常的，无需特别的调控，总体平衡就行了。

当然，把车开好这件事，说起来容易，做起来难，而且能不能开好车和学历高不高无关。

一个调控政策出台能不能起到好的作用这还是后话，至少应该先把用来制定调控政策的理论基础摆正确。

其实，中国的政治制度是有利于国家调控的，因为中国政府有能力也有权力调动资源调控经济，只要把理论放到正确的位置上，合理、有效调控就自然而然了。

观点29：美国的经济学、货币学理论不能简单用到中国

美国低利率、贷款消费，中国高利率、存款消费，美国和中国的消费理念、货币运行模式是不同的。适合美国的经济学、货币学理论，不一定适合中国。更何况，2008年经济危机起源于美国，说明美国的经济学、货币学理论用在本国都出问题了，我们还要去用它干嘛?

当然，我们适当参考美国的一些经济学、货币学理论也是可以的，只不过不能简单用到中国。物价上涨，通货膨胀严重时，用提高利息的办法来抑制消费，增加存款，在美国这种方法很有效，因为美国是贷款消费，提高利息就会增加贷款成本，也就能抑制消费者的贷款消费；而中国存款消费多，用加息的办法来抑制消费，增加存款，是不妥的，短时间内看似减少了消费，可利息提高后存款者的收入增加了，后续的购买力更强，并且这种收入的增加是不劳而获，是没有实际创造价值的，没有生产相应的商品，也为下一轮通胀埋下隐患。

观点30：社会主义需要适当的资本化，资本主义需要更多的调控

完全社会主义的计划经济，不符合市场的自然法则。完全的资本主义自由竞争，不符合人类和谐发展的需求。因此社会主义需要适当的资本化，资本主义需要更多的有力调控。

观点31：中国的美元储备应该少买美债，多买物质财富

中国有着世界第一的美元外汇储备量，这是中国人民辛苦劳动30多年的积蓄，怎么用好这笔钱关乎所有中国人的利益。

中国的美元储备要少买美债，多买铜、原油、铁矿石、粮食等物质财

富，要买资源性的财富，而不是财富的符号——纸币。当美国有支付能力的时候，它的纸币是真的财富，而当它没有支付能力的时候，它的纸币就是假的财富。**把美元纸币换成切切实实的物质财富才是硬道理。地球上的资源才是财富，把铁矿石搬到中国来才是好事。**

某些人认为进口铁矿石价格高了就不好，就是国外什么什么团体阻击中国，这真是杞人忧天。进口铁矿石的价格高一点，或低一点，都是好事，把铁矿石留在国内，建设在中国，高楼大厦起来了，铁路高速公路铺好了，这多好啊，没有这些铁矿石还真不行呢！

观点 32：产能闲置是很大的浪费

企业有产能，却因为经济环境不好、消费不旺、出口不畅等而使较多产能闲置，这是企业资源的浪费，也是社会资源的浪费。如果是因为政府的产业调整、产业升级政策而使企业的产能闲置，那就是更大浪费。本来有 100 的产能，却只发挥了 30，企业会亏损，工人收入会减少，社会购买力会下降，从而导致恶性循环。

企业有产能，政府应该想办法让这些产能尽可能发挥出来，制造出充足的商品，提升老百姓的生活水平和消费质量。有生产能力的时候，应该让生产能力发挥出来，有消费能力的时候，应该把消费能力使用出去。新陈代谢快一点，可以促进社会的发展，促进社会的就业。如果没有生产能力和消费能力，那么确实应该鼓励勤俭节约，但有生产能力和消费能力，则应该鼓励消费。问题都应该辩证地去看。如果有 10000 件衣服，大家都不买新的，都把旧的缝缝补补继续穿，那么工厂就要停工、工人就要失业，有消费能力的 10000 个人买了穿了，穿新的更体面更舒服，那么就能促进生产、促进经济发展。

至于企业是否应该转型，应该往哪个方向调整，这是企业的事，政府要做的是创造一个自由竞争、优胜劣汰的环境，或许部分企业会安于现状，但作为正常的企业，追逐利润应是其重要的任务，社会运行制度和治理环境应让有心转型的企业自己去转型，让它们自己主动地往更好的技术迈进，去生产更优质的商品，这样，消费者自然就会选择它们，形成正向激化，从而使更多的企业追求转型。

观点 33：追求物质享受未必是坏事

追求物质享受未必是坏事，追求物质才会想办法赚更多钱。赚更多钱的过程，就是为自己创造财富的过程，也是为社会创造财富的过程，其实，人们为自己服务的同时，也同时为社会服务。一个普通人，直接和间接地创造了财富，才能获得财富，总体上来说，他创造的价值远大于他得到的。追求物质不是去犯法，如果有人追求物质触犯了法律，那么应该用完善的法律去制约他。

追求物质享受的过程中，和别人攀比一下也未必是坏事。中国的攀比心理、不安逸心理，要面子、好强、好胜、有些虚荣、容易眼红等，在一定意义上可以促进竞争、促进消费、促进个人进步、促进家庭和事业发展、促进经济和社会繁荣。不去和别人比，那就没有动力了，太安逸了、不思进取、没有危机感，也没有动力了。

观点 34：财富创造多了，钱自然就多了

我十几岁的时候和村里人聊天说："以后家家都能盖上大房子，家家能买小轿车。"

边上的老人就问："上哪儿弄钱去啊?"

是啊，家家有房有车，那得弄多少钱啊?

其实，只要物质创造多了，自然就有钱了。大家都劳动，你帮我盖房子，我给你造汽车，你帮我种菜，我为你做衣服，大家都在创造了，财富就多了，财富多了大家就富了。

所谓的货币只是财富的符号而已，钱是可以印出来的，财富无法印出来，财富必须靠劳动者的双手和头脑创造出来。只有创造的财富多了，国家才能印更多的钱，流通的钱多了，看上去大家都有钱了，实际上大家有没有钱不重要，拥有多少物质财富才重要。

GDP 的增长，就是财富的创造和消费，大量生产大量消费，GDP 才能上去，才叫经济发展，物质财富的创造和消费循环得越快，需要的钱（货币）就越多，国家就要印更多的钱出来。

观点 35：人多为胜

如果连人都没有了，那还能有什么？创造财富的主体是人，掌握财富的也是人。不是财富领导人，而是人领导财富。中国创造财富的人是世界上最多的，中国会在 20 年内，经济上成为世界第一，综合国力成为世界

第一。

观点 36：80% 的人有问题，是不正常的

一个企业，20% 的员工表现不好，60% 的员工表现合格，20% 的员工表现优秀，这是正常的企业；一个行业，20% 的企业效益差，60% 的企业效益平平，20% 的企业效益好，这是正常的行业。

如果，一个企业 80% 的员工表现不好，只有 20% 的员工表现合格，那么肯定不是员工出了问题，而是这个企业出了问题，是企业的运行、管理有问题，首先需要改变的是企业的管理者而不是员工。

如果，一个行业 80% 的企业都效益不好，只有 20% 的企业正常经营，那么肯定不是企业出了问题，而是整个行业出了问题，是行业的市场、行业的定位、行业的政策、行业的竞争出了问题，首先需要改变的是行业的生态链和行业的竞争模式，而不是提升单个企业的活力。

如果，一个国家 80% 的企业效益都不好，只有 20% 的企业正常经营，那么肯定不是企业、行业出了问题，而是整个经济环境出了问题，是经济政策出了问题，调控出了问题，首先要解决的是国家的经济发展定位，而不是单个行业、单个企业的转型。

观点 37：员工是没有问题的，人民是没有问题的

车子开得不正，那是把方向盘的人没有水平，或是开小差，或是故意为之。如果整个行业是好的，一个企业经营出了问题，那么一定是老板的问题、经营者管理者的问题，员工是没有问题的，即使员工有问题那也是小问题，可以迅速解决的问题，但老板的问题、经营者管理者的问题则是大问题，是方向性问题，方向错了，战略错了，员工再使劲，这劲使的地方不对，效果也不会好。

同样道理，如果国际大环境挺好，而一个国家治理不好，那也必然是政府的问题，人民是没有问题的。

观点 38：引导穷人仇富是不对的，至少是不合理的

当今社会，某些媒体和相关机构似乎有引导百姓仇视富人的倾向。这是需要谨慎的。

富人之所以成为富人，必然有他超越常人的地方。如果是他的“违法乱纪”超越了常人，如果是他的“违背良心”超越了常人，那么确实应该把他抓起来，依法处理。

而一般来说，**合法经营的富人，在致富的过程中，直接和间接创造的社会财富远大于他个人获得的财富**。应该说富人在致富过程中，社会所得要远大于他个人所得。我们从世界各地都可以看到：哪里有富人，那里的穷人一般就不穷（甚至也有点富）；哪里没有富人，那里的穷人也会很穷。合法经营的富人，其社会贡献度远高于常人，也理应受到高于常人的礼遇。

观点39：适当的贫富分化有利于社会发展、经济发展

均富实现的条件必须是社会生产力极度发展，目前来看较难实现。而均贫则不利于社会资源的集中利用，反而会阻碍生产力的发展。因此，一定程度的贫富分化，可以让资源掌握在更有驾驭能力的人手里，并产生更大的社会效应。其实权力也是如此，所有的人实际权力都相等的时候，反而不便于社会的管理和发展，适度地让更多的权力掌握在执政者手中，则有利于社会的协调发展。

观点40：有利于社会发展的就好

有利于社会发展就好，不能以个人得失为标准，对大多数人好就是好，对少数人好不一定好，对自己不利对社会有利也是好。一个人要获得社会认同，要创造和获得财富，本质上必须符合更多人的利益才能达成。

观点41：欧债危机暂时没有问题，但随着时间的推移问题还要暴露

欧债危机暂时没有问题，互相妥协一下，逐步注入经济发展所需的流动性，随着时间的推移，经济就会慢慢好起来。

附4　傅海棠的其他观点（2012年）

观点1：宇宙在一个既定的程序中运行

宇宙中存在的一切，其运行都在一个程序之内，这个程序是“天”定的，是既定的。银河系、太阳系、地球、四季、风雨雷电、冷热、人类活动等所有的一切都按照这个程序运行。当某个层面运行到一个阶段性极端时，会按照程序自动调整，从而可以达到长期的平衡，并且可以在变化中循环、发展。

万事万物都有其必然性，都能用天道平衡的理论解释清楚。若不相信必然性，机会看准了胆子也不够大，就不会有大成就。

观点2：南极冰川的融化和增加都是正常的

据说南极的冰层平均厚度为1700米，最厚处可达4000米，冰川总体积约为2800万立方千米。有科学家说因为人类活动导致地球变暖，南极冰川加速融化，到2100年海平面会上升6米，但也有科学家说南极冰川并没有加速融化，反而还在增加。

不管南极的冰川目前是在融化还是在增加，都影响不了地球的“大局”。人类活动的影响是有限的，即使短时间内让南极的冰川融化了一点点，也不会影响南极冰川增长和减少的运行周期。

在地球上，水不可能全部结成冰，冰也不可能全部化为水。

看到冰川融化就担心害怕、杞人忧天，说是人类活动破坏，二氧化碳增多，地球变暖，其实这都是地球正常的周期变化，要是南极的冰川不融化，年年在增高，全球的水都堆积在南极，那才不正常呢！那样地球不是缺水了吗?

再说，南极的冰川是从哪儿来的? 肯定是从无到有的，只要能“从无到有”，就可以“从有到无”，然后再“无中生有”，以此循环。就像人一样，先生后死，先造生，后造死，万事万物终有循环，表现不同而已，周期长短而已。比如人的寿命70年左右，马的寿命30年左右，冰川的寿命可能是几十万年、几百万年，甚至几千万年。

南极的冰川积累了几千米，融化一点或增加一点都是正常的。即使没有人类活动，它也会有增加或融化的现象。可能这些年融化大于增加，那些年增加大于融化。短期来看是一种趋势或不平衡，长期来看必然是平衡状态。这是冰川的运行规律、地球的运行规律、乃至宇宙的运行规律决定的，人类只能观察体悟，想要改变浩大的宇宙规律是不可能的。

观点 3：天气预报为什么不能精确

天气预报只能报道明天有没有雨，是大雨还是小雨，但无法预报明天具体什么时候下雨。这是为什么？

因为影响下雨的因素除了冷暖空气的对流，还有大地磁场的变化。只研究冷暖空气，就只能预测会不会下雨（少数时候连下不下雨的预测也是错误的），只有研究了大地磁场的微妙变化，才能精确预测下雨的时点。

观点 4：吃亏是一种投资

似乎作恶是占便宜，行善是吃亏，因此当今社会越来越势利，行善吃亏的人越来越少了。而我家乡有句俗语，大概的意思是“作恶一时好，行善终有福”，其实每个人都想自己好一点，每个人都必须在社会上立足，那就需要行善积德。

一个人必须懂得吃亏、敢于吃亏、乐于吃亏，才能被大多数人认可，才能获得更好的回报。

站在别人的角度考虑问题，也是为自己好。要把吃亏当作一种投资，一种长远投资。这种投资在当时不见效益，甚至还有所损失，但这所谓的损失其实是投资的成本，比起将来能得到的收益而言，这点成本的付出绝对是值得的。就像农民不播下麦种，怎么可能收到小麦？今年种下 20 斤麦种，明年就能收 1000 斤小麦，而今年要是舍不得这 20 斤麦种，或是把这 20 斤麦种吃掉了，那么明年就没有 1000 斤小麦可以收了。

名利双收，有名才有利。图利的人，只能当时得好处，未来不一定好；图名的人，当时只是付出，并不得利，但有付出就会有回报，只是时间问题。

在金乡县马庙镇我有个姓何的朋友，和我年龄相仿，是我山东梆子戏的戏友，他介绍了一个做了多年期货并且做得很好、赚了不少钱的人给我认识。这个人就是一个懂得吃亏的人，他说想要做好期货，就要先把人做好，把人做好了，期货才能做好，他认为做人一定要懂得吃亏、学会吃亏，他儿子结婚请亲朋好友去金乡最好的饭店吃饭，舍得在朋友圈里花钱。我和他说做期货可以有 100% 确定的事，他说我是“期货狂人”，实际上，他才是我佩服的人。因为他做期货已经连续好几年盈利了，只不过他比我更淡泊，和他相比，我似乎更好面子一些。但有一点我和他是相同的，那就是做人懂得吃亏，知道如何做长远投资。

不付出就得回报，或是少付出就得多回报，都是透支行为，透支越多亏空就越大，最后可能把本金都全部亏完。只是大多数人都只图眼前的利，而不图长久的名。

当一个人在一件事情上只是图名，而不得利，可能会有人说他傻，说他该得的都被别人拿走了，自己不懂得争取。其实不然，现在的付出只是一种投资，将来的回报才是真正的获得，我们应当争取的是将来的回报，而不是当下的利益。

人生的经营，需要从小做起，孔子说“己所不欲，勿施于人”，这是千古的真理，做事多考虑别人的利益，多吃一点眼前亏，这是好事。有些道理，最好早一点知道，早一点实践，到了 40 岁才明白可能就已经晚了，如果 20 岁就知道，那么十年成长、十年经营，40 岁的时候就有人回报了。

做期货也好，做其他事业也好，都要有智慧，吃亏也是一种智慧，是一种投资，小肚鸡肠的人做不好事业，更做不好期货。

观点 5：做投资不可能光赚不赔

做金融投资，不可能光赚不赔，也不要想着去找光赚不赔的方法。做股票、做期货，一次赚一次亏很正常，一次赚两次亏也不要紧，只要总体是赚的就可以了；或者说两年赚一年亏、一年赚一年平一年亏也正常，只要总体是赚钱的，并且收益率还不错，那就是高手了。

巴菲特和索罗斯也是亏过钱的，他们也不是每年都盈利的。

观点 6：在大树底下还迫害大树，以后怎么乘凉呢？

人是高等生物，但“等级”太高了，就容易自私、怀疑，而且喜欢争来争去，如果用正规的手段去争就算了，总有人还会用不正当的手段去争（似乎用不正当的手段，在短期内可以赢得更快）。

在处事中对别人好就是对自己好，老板在管理公司中对员工好就是对自己好，职员在工作中对同事好就是对自己好，对公司好、对老板好也是对自己好。如果说公司是一棵大树，我们是在大树下乘凉的人，总不能去算计大树、迫害大树，还期待着大树对自己好，还期待着能在大树下好好乘凉。

人应该为自己谋利，但不能只为自己谋利，在为自己谋利的时候还要对相关的人好一点，尽量把自己的利让一点出来，这样才能和谐共处，并在将来获得更多的利。

观点7：专制是寄托于君王，民主是寄托于百姓

君王可能很英明，但不可能个个英明。百姓每一个个体都会犯小错误，但整个群体的选择必然是让社会往更好的方向发展。调控和自由，专制和民主，都有好有坏，没有绝对。从当今的世界来说，多一点民主、少一点专制是主流。

观点8：人与人交往，看理

不管是亲人还是朋友，不能亲就好，不亲就不好；不能对自己有利就好，对自己不利就不好。如果有两个苹果，两个人要分配，有两种合理的方法，一种是谦让，那是美德，另一种是抓阄，那是公平。

观点9：地球是一个活体

地球的产生应是外力制造的，不是偶然发生的，人类的产生也是如此。

水必然流向大海，这么多的高山大川都没有挡住它，这必然是一种设计，就像人类的血必然流回心脏一样，地球上的水必然流回大海。

地球看上去是自己在转动，绕着太阳在转动，人类看上去是为自己在做事，实际上，地球和人类都是在为宇宙服务。

观点10：人的终极目标是不劳而获

人的终极目标都是不劳而获，现在辛勤努力付出，其实是为了以后不用再付出，不劳而获是一种希望，一种动力，推动着人们持续地付出。

但实际上，人们在获得很多后，还在劳动，达到了自己原本定的目标后，还在劳动，生活已经比圈子里任何人都好了，还在劳动……因为即使

在物质上的获取已经足够了，人们在精神上还有着众多的需求。

因此，虽然人的终极目标是不劳而获，但整个过程却始终是先劳后获。

还有一些杂言碎语：

宇宙是和谐的，又有不和谐之处，在纷杂变化中发展进步。

人有老实人，也有不老实人，有对比才有区别，有区别才好定位，才好选择。

医学再发达，也有疾病、死亡，有疾病、死亡，人们才珍惜健康、珍惜生命。

无论怎么做，总有人不满，让更少的人不满，就可以了。

君子爱财，取之有道。要靠自己劳动、创造，或雇佣别人，而不是偷盗。

君子爱才，取之有道。要靠自己学习、创造，或借鉴参考别人，而不是剽窃。

真理可能永远无法完全到达，但只要走近一步，就比别人领先一步。

达尔文的"优胜劣汰、物竞天择"是对的，但"从猿进化到人"是错的。

在学校能学到知识和技能，在生活中也能学到知识和技能，而智慧则是天生的，或是自己在后天的感悟下获得的。

做人要勇敢，要不服输，但不是每时每刻都乱来，做事、抓机会是需要智慧的。

一个人如果在险恶的环境中都没有被打败，那么在顺利的环境中就要大发展了。

每个人真正的对手是自己，进步了就是打败自己。

别人进步或不进步，你是左右不了的。

任何一次失败，都是败给了自己，都是因为自己放弃了，才失败了。

路是人闯出来的，方法是人想出来的。

虽说"没有过不去的火焰山"，但大部分人还是过不去。讲道理，每个人都懂，做起事来，绝大部分人都有各种问题。也只有这样，少数人才能脱颖而出、与众不同。

后悔和遗憾唯一的用处就是，在下一次做出改变。

知识，知识，知是知道，识是识别，先要知道才能识别。知道的越多越全面，识别能力就越强。当然，知道了很多不管用的知识还不行，要学管用的知识。

眼睛可能会骗人，要用眼观察，更要用心体会，用脑评估。

没有绝对的好，没有绝对的坏，好中有坏，坏中有好，好大于坏就是好，坏大于好就是坏。

现在普通人的待遇可能比以前的皇帝还好，现在冬天夏天有空调吹，可当年的皇帝没得吹。

完美是一种理想，一种追求，任何事都有对立面，有完美，必然伴随不完美。

优点和弱点是同一个点，成功因为如此，失败也是。

没有对立面，就没有竞争，没有竞争，就没有发展和进步。

有说名利双收的，没说利名双收的，名转换为利比较容易，利转换为名比较难。

在中国，中庸不是妥协，而是真理。在中国走任何极端都是办不好事情的，其实和谐就是中庸。

人和人产生矛盾，大多是从误解开始的。你想着他不好，他就真的越来越不好了。

别人对你不好，就想着他应该不是故意的。

尽量追究自己的责任，而不是别人的责任，这样才是真正对自己好。

骂人、发脾气，在 99% 的情况下是不好的（100 件令你不满的事情，99 件都有其他方法解决，只有 1 件需要发脾气才能解决）。

缺智慧、缺心胸者，难有大财富。

男人没有责任心，就失去了一切。

夫妻之间有点小矛盾，吵吵嘴，那是“排毒”，老是不吵架反而不好。

老天最公平。男人相对强势，但寿命短，女人相对弱势，但寿命长。

看似无缘无故的付出，到头来也会有回报。

做慈善，最大的回报是自己对自己的肯定和信任。

年轻人精力旺盛，但很可能经验少，心太活；年纪大了精力差，却往往经验丰富，办事稳重。

小不忍则乱大谋，万事万物都是平衡的，小事上斤斤计较可能要坏大事，如果别人在小利益上和你斤斤计较，那就把利益让给他。小事坏了，大事可能就好了，小事好了，大事可能就坏了。不要捡到一粒芝麻，却丢掉一个西瓜，不要因为一个虱子，而烧掉一件棉袄。毛主席也曾表达过这样的意思“小事糊涂一些，大事清楚一些”。

绝大部分人做事是为自己好，感觉上是为自己好，其实不然。实际上，绝大部分人做着对自己不好的事。

天道平衡，天要你好，必先让你吃苦。

对朋友、亲人、邻居一定要100%真诚，在战争中、生意中、竞争中，则要有谋略。**欺骗亲友，就是侮辱自己；欺骗敌人，就是善待自己。**

我把“万有引力”理解为朴素的为自己好的“私心”。

老天奖励有心人，奖励爱思考、爱劳动的人（脑力劳动和体力劳动）。

人一生的成绩，虽然是自己做出来的，但也是老天安排的，是老天赋予的。

刘邦当了皇帝，卖狗肉的樊哙也成了大将军，首先要服别人，自己才能提高。但也不能完全服人，全听别人的，自己没有辨别力。

现在和过去，虽有相通之处，必有不同之点。

后　记

结识傅海棠先生这样一位基层出身的成功投资者，是我的荣幸。能和这样一位有大智慧的人合作出一本书，是我莫大的荣幸。

其实我自己也是从农村走出来的，父辈以上都是农民，我小时候养过蚕、种过水稻、打过油菜籽，虽然现在居住在城市，但农村的生活经历对我的人生观、价值观、做事方式依然有很强的影响，就像傅海棠先生所认为的“土地能给予我们伟大的智慧”。

傅海棠先生做期货的成功不是偶然的，这是他特定的人生、人性、人品的良性爆发。他若不做期货，经营其他行业也将是佼佼者，这一点从他早年养猪、种大蒜的成功经历中就能验证。若他不做期货，或许无法短时间赚取亿万的财富，但若他不做期货，也不需要承受近十年的苦痛生涯。期货只是一个放大镜，把一个人的优点放大，加倍奖赏，同时也把一个人的缺点放大，加倍惩罚。大部分人往往会疏忽自己的缺点，或是刻意躲避自己的缺点，这是他们做期货无法持续盈利的人性原因。傅海棠先生也曾因为自己的缺点而在期货市场屡战屡败，但最终他很好地克服了缺点，并充分发挥了自己的核心优势，从而创造了财富传奇。

“市场运动遵循天道规律，价格趋势源于供求动力”，这是傅海棠先生做期货的核心观点和具体操作的指导依据。这明显高于目前期货市场绝大部分的交易哲学、投资理论和操作方法。

傅海棠先生的人生故事，还有着很强的激励意义，不单是对六七亿农民，对所有进行投资和想要进行投资的人，甚至对所有奋斗中的人，都有很大的借鉴意义、激励意义。

他的操盘方法、投资逻辑、经济思考也很有价值，体现了他的独到思想、实干精神和讲究实效的出发点，不愧于他“农民哲学家”的称号。

“傅海棠”是一个个例，要复制他是不容易的，因为投资环境发生了变化，“傅海棠”又是一个群体，改革开放后，经济洪流势不可挡，期货市场恢复经济地位和社会功能后，财富效应与日俱增，一个优秀个体的成功是必然，一个群体的崛起也是必然，一批人从农民成长为企业家、科学家、艺术家、投资家，都是“顺了大势，抓住了大势”，然后取得了非凡成就。

傅海棠先生的故事，让我们感受到一位基层人士的成长和光芒，让我们怀念一个时代的艰辛和璀璨，也让我们对期货投资有了深刻的认识和美好的憧憬。

傅海棠先生的故事，更让我们知道“天道”、“大势”均不以人的意志为转移，想要成功只能“遵天意”、“顺大势”而为，其实，大机遇都是天给的，但它只为具备了综合条件的人准备，其他人只是看客。

因为本人生活经验、投资经验有限，对书中某些事件发生时的历史环境、经济环境、行情运行等不太熟悉，另外文字表达水平也一般，可能对傅海棠先生阐述的部分观点有不甚理解的地方，或是有疏漏错误之处，请读者们多多担待，并不吝指正。

本书的主体内容由傅海棠先生口述，我只是记录整理而已，所有智慧的光芒都归于他。

本书在出版前由济宁智博商品信息咨询有限公司的梁锋、冯春华、王艳丽、郑邵通、谢文文、孔柚力、付长江等做了先期文字检查工作，在此表示感谢。

沈良

2013 年 1 月